国际关系研究 2008 年第 2 辑　　总第 9 辑

New Changes in World Market and Non-stable International System

世界市场的新变化与非稳态国际体系

上海社会科学院世界经济与政治研究院

时 事 出 版 社

编辑委员会

目 录

世界市场的新变化

多重视角下的非稳态国际秩序

聚焦印度经济

中国对外战略的新走向

Contents

Focus on Indian Economy

New Trends of China's Foreign Strategy

世界市场的新变化

百年反倾销与贸易保护主义

王中美*

内容提要：反倾销的历史已逾百年，已经发展成为进口国削弱进口产品竞争力和保护本国产业的重要工具。从全球反倾销实施的阶段性特征来看，反倾销对关税的替代作用明显，而且与经济周期和贸易地位等都密切相关。20 世纪 90 年代以后，随着贸易保护主义的重新抬头，反倾销有扩大使用的趋势，这种扩大不仅表现为反倾销立案数和肯定终裁比例的上升，还表现为反倾销的主要使用国范围不断扩大，越来越多的国家积极启用反倾销工具。反倾销带有浓重的贸易保护色彩，是政府采取的导致短期的静态优势的政策。许多反倾销措施的采用是出于政治与社会方面的考量，或者作为博弈的筹码，是政府与国内游说力量之间、本国与国际贸易伙伴之间博弈的筹码。

* 王中美：上海社会科学院世界经济研究所副研究员。

一、倾销与反倾销的历史

世界上第一部真正意义上的反倾销法是1904年的加拿大《海关关税法》，但倾销的历史要远远早于反倾销法。在重商主义时代，倾销已经是一种较为普遍的国际贸易做法。这个时期的倾销许多是以控制他国市场和挤压他国竞争对手为主要特征，具有明显的掠夺性意图。重商主义的西方政府，以补贴的方式支持本国企业对外倾销。与此相对应的，各西方国家为了抵制倾销进口和保护本国市场，又设立了高额关税。因此在资本主义发展到一定阶段，当列强们发现彼此贸易利益冲突较大时，它们转而向殖民地国和附属国进行倾销，这些国家几乎没有什么抵抗力量。这个时期反倾销措施还未出台。

随着18世纪下半叶工业革命的兴起，英国、法国、德国以及欧洲其他一些国家在工业生产上具备了规模生产的优势，一些在国内占有垄断地位的厂家开始向其他国家大量倾销工业制品。作为新兴国家的美国首先对这样的倾销行为进行了批评和指责。美国《1816年关税法》针对此类倾销进口产品制定了抵制性的规定，以高关税为主要手段。

19世纪70年代至第一次世界大战，资本主义从自由竞争阶段过渡到垄断阶段，垄断组织普遍出现，各工业国家奉行高关税保护，并激烈争夺产品销售市场。美国和德国成为除英国之外另外两个主要的倾销国。依靠数次提高的关税，主要工业国家虽然进行着激烈的贸易战，但相互之间并无反倾销记录。工业国的殖民地和附属国首先起来奋力反抗这种倾销，1914年以前通过反倾销法的加拿大、澳大利亚、新西兰和南非都是英国的“自治领”。反倾销的实践从这些国家开始，并不是历史的偶然。

从一战到二战，短短21年，发生了三次世界性的经济危机，导致各国高筑关税与非关税壁垒，国际贸易变得十分困难。各国的卡特尔仍然是出口倾销的主要力量，并得到本国政府的补贴和支持。20世纪20年代后期，由于发生了货币信用危机，又出现了外汇倾销等新的倾销形式。正是在这个时期，反倾销作为贸易保护手段，被广泛地采纳和使用。

各国采用反倾销措施，比较集中地发生在一战后初期到20世纪20年代末期之间，特别是1921年经济危机爆发后。为了抵制外国为清除积压商品而进行的倾销，仅1920—1922年，就有十多个国家出台了反倾销法，其中包括美国、日本、法国、英国等主要工业国家。一战前积极主张自由贸易的倾销国也采取了反倾销措施，可见当时国际贸易保护主义的盛行。

美国是从一战中获益较多的国家，一战使得来自欧洲的竞争中断，美国原先缺乏竞争力的一些制造业得到了发展。一战结束后，美国十分担心欧洲恢复对美的倾销。例如，美国一战时发展起来的化工、医药、光学玻璃、精密仪器等，都是德国的优势产业。其中，单化学染料一种产品，一战前美国本国生产的只能满足自己需求的10%，其他都从德国进口，但一战期间这个行业在美国发展起来，基本上能满足国内所需。在这样的背景下，美国制定了《1921年化学品控制法》，同年又发布了《1921年反倾销法》。

到了20世纪30年代，各国进行反倾销立法的步伐明显放缓。事实上，虽然有许多国家制定了反倾销法，但这些立法被实施和运用的机会并不多，各国之间仍然依靠高关税抵制进口。1929年经济危机爆发后，世界范围内的关税战也随之升级。普遍的高关税，显然使得个别的和前提更严格的反倾销用武之地不大。

二战以后，主要的资本主义国家达成了几项重要的国际条约，其中的《关税与贸易总协定》（简称 GATT）是贸易自由化的基石。贸易自由化首先从相互承诺削减关税开始。处于上升势头的美国率先提出了贸易自由化的倡导，此后在其推动下，西欧、日本等国家和地区也不同程度地削减了关税，并放宽了其他贸易限制。可以说，二战以后，国际贸易政策发生了深刻的变化。尽管仍然有人对贸易自由化表示怀疑，整个国际贸易政策理念更新的影响力一直持续到今天。

1948 年 GATT 生效时，世界工业品的平均关税为 46%，而到 1994 年乌拉圭回合谈判结束的时候，发达国家的平均工业品关税已降到 3.7%，发展中国家的平均关税下降到 11%。关税的大幅下降，使得过去依靠高关税保护国内产业的做法已经不可行。另一方面，GATT 所倡导的“取消一般数量限制”又使得配额和进口许可证等做法的适用范围越来越小。在这样的背景下，反倾销成为重要的贸易保护工具，开始频繁地登上历史舞台。

1974—1975 年世界经济危机发生以后，资本主义国家的经济普遍陷入发展迟缓和高通货膨胀率并存的“滞胀”困境。与此同时，一些发展中国家的经济开始独立自主地发展起来，并逐渐摆脱了过去殖民地和附属地的境况，在出口贸易中所占的份额也有所增长。新兴国家在一些初级加工品上给发达国家带来了新的竞争压力。主要发达国家间的经济和对外贸易发展水平的不平衡，在这个时期也显现出来，加剧了彼此的矛盾。另一方面，国际债务危机也使得一些发展中国家的经济面临困境。在这种情况下，发达国家与发展中国家的贸易保护主义重新抬头，被称为“新贸易保护主义”。

20 世纪 70 年代中期以后，美国对外贸易逆差急剧上升。为了减少贸易逆差，美国采取了一系列贸易保护措施——包括反倾销、"301条款"、保障措施等，以及通过双边谈判，迫使对它有巨额贸易顺差的日本、德国以及亚洲"四小龙"开放其国内市场。美国率先使用了贸易报复手段，这又引起了日本、德国等有针对性的反击，贸易战不断升级，全球贸易环境在这个时期一定程度地恶化了。

与从前的贸易保护主义不同的是，新贸易保护主义不再依靠高关税，而更多地依靠各种形式的非关税壁垒以及GATT等允许的贸易救济手段，包括按照有效保护税率设置的阶梯关税、保障措施、反补贴和反倾销措施等。此外，"自愿出口限制"（voluntary export restraints）、"有秩序的贸易安排"（orderly trade arrangement）等灰色区域措施（grey area measures）也成为各国限制进口的新手段。

这个时期的另一特点是，在非歧视的多边体制下，有越来越多的国家倾向区域性贸易政策，即以区域为范围，对区域外实行歧视性贸易政策。一方面，在区域内逐步取消各成员国之间的贸易限制，另一方面对外实行统一的贸易策略。以欧盟为例，以欧盟名义对外实施的反倾销、反补贴和反垄断等行动这些年来较为频繁，其影响力也比单个国家实施的此类贸易限制措施要大得多。对于被限制的国家，其将失去或被阻碍进入的市场不再只是单个国内市场，而可能是整个区域性大市场。

2000年10月美国通过《伯德修正案》（Bryd Amendment）①，提出美国可以把向外国公司征收的反倾销和反补贴税款提供给那些受到损害的国内公司作为补偿。它要求海关总署将

① 全称是《2000年持续倾销与补贴抵消法案》（Continued Dumping and Subsidy Offset Act of 2000），系美国民主党参议员罗伯特·伯德就美国2001年度的拨款问题向美国国会提交的一份议案。

反倾销税存入特别账户，然后将这些反倾销税分配给提起反倾销起诉的公司、农民或其他生产商，从而补偿由于倾销产品进口对这些公司、农民或者其他生产商造成的特定损失。据报道，2001年和2002年，美国以这种方式向美国公司补贴了大约5.61亿美元，2003年补贴了1.5亿美元。[①]

《伯德修正案》在世界范围内引起轩然大波，这一立法可以说强化并凸显了反倾销法的贸易保护特征，并被认为会不当地鼓励恶意的反倾销申诉。征收反倾销税的目的一直被标榜为抵制不公平贸易，使得进口产品的价格与其正常价值相当。但是，如果将征收的反倾销支付给申诉方，实际上就是政府补贴本国国内竞争厂商，将会使进口产品处于不利的地位，完全可以归类为政策干预和扭曲竞争条件。

尽管遭到主要贸易伙伴的强烈反对，甚至被诉至WTO争端解决机构，[②] 美国国内支持《伯德修正案》的游说力量却仍然十分强硬。[③] 这一修正案也说明美国国内贸易保护主义逐渐抬头。

---

① 吕成功：《美国对世界的博弈——〈伯德修正案〉之争》，载《WTO经济导刊》，2004年第12期。

② 2000年12月21日，以欧盟和日本为首的WTO九个成员指控《伯德修正案》与美国的WTO义务不一致，要求根据WTO《关于争端解决的规则与程序的谅解书》(DSU) 与美国进行磋商。由于磋商未成功，2001年6月12日，澳大利亚、巴西、智利、欧盟、印度、印度尼西亚、日本、韩国以及泰国要求WTO争端解决机构 (DSB) 成立专家组，审查该法是否与WTO的规定相一致。2001年8月23日，专家组成立 (WT/DS217)。2001年8月10日，加拿大和墨西哥就同一争议也提出了设立专家组的要求。2001年9月10日，DSB决定由同一专家组合并审理。

③ WTO于2003年1月裁定《伯德修正案》违反WTO协定，要求美国于当年12月27日前将其废除。美国一直没有执行这一裁决。2004年，WTO允许日本、欧盟和其他贸易合作伙伴对美国的产品征收报复性关税。直到2006年2月，迫于欧盟、日本等国家的压力，美国白宫发言人指出，美国总统布什已经签署了废除《伯尔德修正案》的决定，但是美国国会表示，《伯尔德修正案》将在有效执行的过渡期内继续生效，直到2007年10月《伯尔德修正案》彻底被废除。

美联储主席格林斯潘曾对此提出批评："……有竞争力的力量总是受到攻击……反倾销和反补贴等行政保护正是如此。尽管这些形式的保护贴着维护'公平贸易'的标签，实际上这种冠冕下的行为是阻碍竞争"。[①]

这种贸易保护主义的倾向不只存在于美国一个国家，可以说，自从 1947 年 GATT 将反倾销作为允许的贸易救济措施，越来越多的国家在立法中采用并积极实施反倾销措施。反倾销早已取代高关税成为重要的贸易保护手段，而且其具有歧视性特点，实施起来比高关税更为便捷。乌拉圭回合期间，美国率先在国内法中采用的"低于成本销售"的倾销概念也被正式纳入 WTO《反倾销协定》中。另外，WTO《反倾销协定》允许成员方对"非市场经济国家"的进口产品倾销的确认适用特殊的标准，这也使得多边的非歧视原则在反倾销一事上贯彻力度不够。

正因为多边制度上也对反倾销采取宽容或默认的态度，所以 20 世纪 80 年代以后，全球反倾销行动的数量每年都在增长。据统计，1948 年至 20 世纪 60 年代初期，GATT 缔约方年均发起的反倾销数量不足 12 起。[②] 以美国一个国家为例，从 1934 年至 1974 年的 40 年间，年均发起反倾销调查数量仅为 6 起。[③] 而在

---

① Greenspan A. , "Technology and Trade," the Dallas Ambassadors Forum, Dallas, Texas, 1999. http: //www. federalreserve. gov/BOARDDOCS/Speeches/1999/19990416. htm.

② Finger, J. Michael and Kwok-Chiu Fung, Will GATT Enforcement Control Antidumping?, *Journal of Economic Integration*, Vol. 9, No. 2, June 1994, pp. 198—213.

③ Hufbauer, Gray, "Antidumping: A Look at U. S. Experience-Lessons for Indonesia," Report to the Ministry of Industry and Trade, Republic of Indoesia, 1999. http: //peterson-institute. org/publications/papers/paper. cfm? ResearchID=354.

1979 年《反倾销守则》签订后的 3 年内，GATT 各缔约国反倾销立案数目相当于整个 70 年代立案数目的总和。

这种增长趋势到 20 世纪 90 年代以后更加突出，增长速度加快。整个 20 世纪 90 年代，共发生 2489 起反倾销调查，比 20 世纪 80 年代增长近 60%。20 世纪 80 年代末，全球反倾销调查的年均发起数目为 110 起左右，到 90 年代则增至年均 249 起。自 1995 年 WTO 成立，据称《反倾销协定》较以前的《反倾销守则》条件更严了，但事实上，1995 年至 2006 年，全球反倾销调查发起总数达到 3044 起，其中最终被采取反倾销措施的案件有 1941 起，占 63.8%。

二、反倾销的新近发展态势

1995 年后反倾销数量的增减受到该时期金融危机的重要影响，因此大致可以分为三个阶段。第一阶段为 1995 年至 1998 年，这 4 年间共有 882 起立案调查，其中 506 起最终采取了措施，占 57.3%。1997—1998 年爆发的金融危机严重地影响了国际贸易，使得世界范围内反倾销数量迅速增加。第二阶段为 1999 年至 2002 年，这一阶段可以定义为金融危机后的一个恢复时期。这 4 年间反倾销调查与措施数量都维持在较高的水平，分别是 1323 起以及 795 项。其间，具体年份有过增减的变化，但不是十分明显。第三阶段为 2003 年至 2007 年，这一阶段反倾销数量呈现下降趋势。但是值得注意的是，在总共 839 起调查之中有 640 起都最终采取了反倾销措施，所占比例高达 76.3%，远远高于之前的两个阶段。

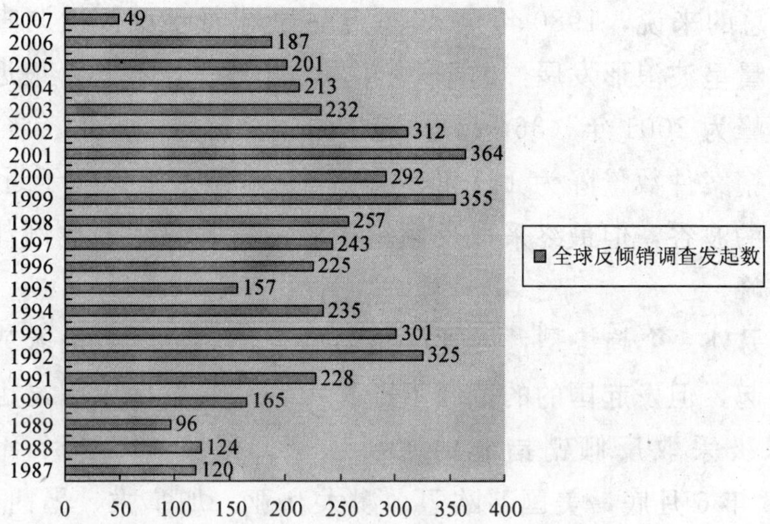

图 1　1987—2007 年 6 月底全球发起反倾销调查数目

（注：2007 年数字截止到 2007 年 6 月底）

金融危机带来的主要影响是货币的大幅贬值与国内需求的急剧萎缩。本国货币的贬值使得出口价格下降，使得本国产品获得了出口上的价格优势，数量的大幅增加容易引起进口国的反弹。亚洲金融危机爆发后的四到五个月里，泰国、印度尼西亚、菲律宾、中国台湾、香港地区、韩国以及日本的货币汇率相继出现3％至 20％的下跌，这都直接影响到国际贸易的平衡。而国内需求的萎缩，又使得本国供给商面临严峻的挑战，在外来竞争面前更加脆弱。为了保护本国产业，各国政府也会倾向于对外国产品采取抵制措施。

自 2003 年起，世界经济发展趋于稳定，反倾销调查立案的数量也在逐年下降。2002—2003 年降幅达到 25.6％，此后持续减少。金融危机对贸易自由化的影响正在淡化。国际竞争趋于正常化，各国设限的倾向也相应减弱。但反倾销调查立案的态度虽然变得谨慎，成功率却越来越高。

总的来说，1980 年至 2006 年，全球每年反倾销调查案件数量呈波浪形发展，约每 10 年左右出现一次高峰。最近一次高峰为 2001 年（364 起），随后呈下降趋势。2006 年全球反倾销案件数量降为 187 起，接近 1995 年水平，处于近 10 年来的波谷，但最终采取反倾销措施占立案总数的比例却处于高峰。

另外一个趋势是，尽管反倾销调查仍然由少数国家或地区发起，但发起国的的范围不断扩大，一些发展中国家也成为积极采取反倾销措施的主要国家。据统计，1987 年至 2006 年 6 月底，美国、欧盟、澳大利亚、加拿大、墨西哥、阿根廷、印度、南非、巴西、土耳其和新西兰这 11 个国家或地区发起的反倾销调查，占到全球反倾销调查总数的 83%。就以 2007 年上半年为例，据世界贸易组织统计，共有 13 个成员发起 49 起反倾销调查，而印度一国就有 13 起，其次是新西兰（6 起）和韩国（5 起）。可见，过去反倾销调查发起国集中在美欧等发达国家的情势有所变化，反倾销在全球的扩散使用渐露苗头。

发展中国家最初往往是反倾销的对象国，它们对反倾销的需求也不大。GATT 也曾赋予发展中国家较大的自由度，允许其为维护国际收支平衡而采用较高关税和数量限制等贸易保护手段。但是 20 世纪 90 年代以后，发展中国家在国际贸易和投资中所占的比重越来越大，许多发展中国家国内市场的消费力大增，越来越多的外国产品涌入，而贸易自由化的趋势又迫使其不得不放弃高关税、配额和其他的封闭做法。在这样的情势下，一些发展中国家也开始频繁地采用反倾销措施。实际上，在反倾销一事上，发达国家与发展中国家的阵营不再像过去那样泾渭分明。

20 世纪 90 年代以前，发展中国家或地区发起的反倾销调查仅占极小的比例，在 1992 年之前都在 20％左右。但是，1993 年以后，发展中国家发起反倾销案件的数量迅速增长，占到全球案件的 50％，首次超过发达国家，此后一直保持在该水平以上，近几年都达到了 60％—80％。印度、阿根廷、南非这 3 个国家在 1987 年至 1994 年间发起的反倾销调查数目分别占全球总量的 1％、4％和 1％，而在 1995 年至 2006 年 6 月期间，分别升至 15％、7％和 7％。

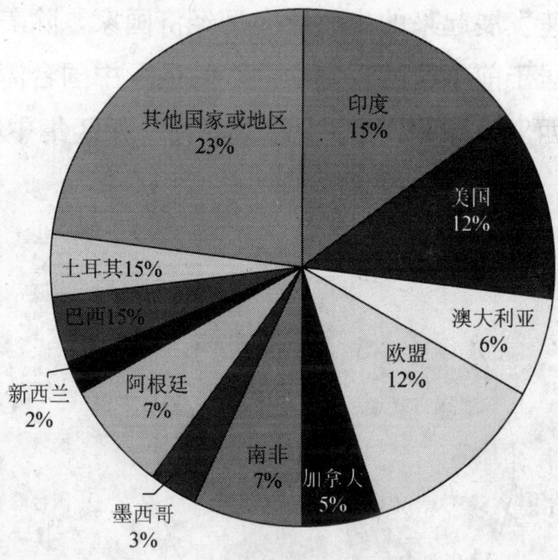

图 2　1995—2006 年 6 月全球反倾销调查的主要发起国或地区

相比较之下，传统反倾销主要发起国所占的比重却在下降。1987 年至 1994 年间，美国、欧盟、澳大利亚和加拿大发起的反倾销调查数目分别占全球总数的 20％、16％、20％和 10％，而在 1995 年至 2006 年 6 月底间，这四个发达国家或地区所占比重分别下降到 12％、12％、6％和 5％。发达国家与发展中国家在反倾销调查中所占比重的相对变化，说明反倾销措施在全球使用的扩散，也说明当关税与配额逐渐取消后，反倾销重要性的增加，以及其在全球贸易保护主义中所扮演的角色分量的加重。

但是，反倾销目标国却仍然较为集中地分布在少数国家和地区。从 1995 年至 2006 年 6 月底，全球共有 98 个国家和地区成为反倾销调查的目标国，其中前 10 位的国家遭遇的反倾销数目占到全球总数的 59％。中国一个国家所占的比重就达到 19％，连续 12 年成为受反倾销指控最多的国家。这些国家中多数都是近些年来迅速发展起来的出口导向型经济国家，除美国、俄罗斯和巴西外，居于前十位的还有中国、韩国、中国台湾、日本、印度、印度尼西亚、泰国，说明反倾销的重灾区集中在东亚和东南亚。

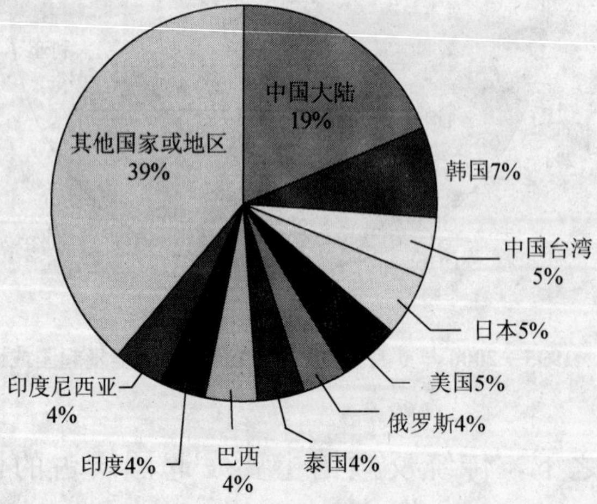

图 3　1995—2006 年 6 月全球反倾销措施的主要目标国家和地区

反倾销调查所涉及的产品也越来越多地集中在化工、金属、机电、纺织品、纸类等产品上。参照国际贸易的22大类产品分类（HTS），6大类产品在20世纪90年代以后始终是反倾销调查的焦点。它们包括：第XV类产品，即贱金属及其制品；第VI类产品，即化工产品；第VII类产品，即塑料和橡胶制品；第XVI类产品，即机电和音像制品；第XI类产品，即纺织品；第X类产品，即木浆和纸类制品。

1987年至1994年，针对上述6大类产品发起了1252起反倾销调查，占同期全球反倾销调查总数的79%；1995年至2006年6月底，针对上述6大类产品共发起了2400起反倾销调查，占同期全球反倾销调查总数的82%。显然，这6大类产品始终是主要针对对象，而且其中相当一部分是劳动密集型产品。这说明反倾销的重要目的之一就是保护本国劳动密集型产业、维持就业率。

总的来说，随着关税壁垒的拆除，反倾销措施得到了越来越多国家的重视。特别是在经济遭遇危机时，各国都从自身利益出发，利用反倾销等非关税措施构筑新的贸易壁垒。反倾销的发生频率与世界经济周期之间有着同步的关系。尽管随着亚洲金融危机的结束，全球反倾销立案数目有所下降，但另一个趋势值得警惕：越来越多的国家开始积极实施反倾销，其中发展中国家作为发起主体所占比重越来越大。这说明反倾销措施扩散或蔓延的速度很快，随着越来越多的发展中国家逐步降低关税和取消一般数量限制，反倾销的替代作用就越来越明显。简言之，反倾销与高关税、配额和其他数量限制等贸易保护措施之间是具有一定相互替代性的，反倾销在未来几十年，还会继续成为各国基于自身利益考虑进行贸易限制的主要工具。

三、反倾销在世界贸易体系中的地位与评价

反倾销已经成为国际贸易中最重要的救济措施之一，也在越来越大的范围上被更多的国家所使用。可以说，进入 20 世纪 90 年代中期以后，反倾销的阶级性没有那么明显了，尽管发达国家还是依赖反倾销的威慑作用，越来越多的发展中国家也开始动用这项武器。反倾销的方向与贸易流向是相反的，因此，主要的贸易输出国很容易成为反倾销的对象。当一个国家在国际贸易中所占份额不断提升，它就越容易成为众矢之的，这一点在中国身上体现得尤为明显。

虽然 WTO《反倾销协定》允许各国采用反倾销措施，同时也规定了一些限定条件和标准，但还是很宽泛，并不能穷尽反倾销的各项事宜。各国国内反倾销执法机构仍然具有很大的自由裁量权，并倾向性地保护本国产业利益。从倾销裁定、产业损害裁定以及因果关系等几个环节的具体实践中，我们可以发现，反倾销的贸易保护色彩很浓，尽管其标榜是为了矫正“不公平贸易做法”，但并不以此为标准。实际上，反倾销要维护的是本国的竞争利益，而不是本国的竞争市场。

拉尔夫·戈莫里与威廉·鲍莫尔指出，在现代自由贸易环境下，一国的福利主要取决于国际贸易产业的成功，贸易产业的成功或失败事关整个国家的得失。[①] 事实上，大卫·李嘉图的时代

① 拉尔夫·戈莫里、威廉·鲍莫尔著：《全球贸易和国家利益冲突》，文爽、乔羽译，中信出版社，2003 年版，第 5—6 页。

已经过去了，传统的自由贸易模型已经被质疑和修订。从理论和实务中都开始承认国际贸易中确实存在固有的利益冲突。在这样的背景下，贸易保护主义在国家政策中重新抬头，尽管它也从未被放弃。各国反倾销法都给本国采用反倾销措施留下了很大的自由裁量空间，使之能成为十分便利的替代关税的贸易壁垒。我们可以看到，关税在各国的逐步降低或取消，确实伴随着反倾销措施的增长。

反倾销的缺陷在于：首先，其本身规定里就以“价格歧视”和“导致损害”代替了“损害竞争”，但是，如前所述，许多价格歧视是合理的，而公平竞争也可能使得国内产业被挤垮，这就是优胜劣汰的原理；其次，由国内产业提请的调查，本来就是为了短期利益，因此长期考虑，即国家应当优先发展哪项产业，从来未纳入个案调查的考虑中；第三，法条仍然留下了很多自由裁量空间，使得反倾销调查机构有充分的余地做出更有利于本国产业的决定；再者，从已有实践来看，各国国内反倾销调查机构都会倾向性地高估倾销幅度和损害程度，在认定因果关系上也以简单推论为主，这就导致了反倾销案件多数以调查机构的主观意志为转移，被调查企业的抗辩权利有限；最后，向进口产品征收的反倾销税，直接抬高了该产品的市场价格，这是一种国家直接改变竞争条件的做法，抵制进口和保护国货的目的明显。

反倾销问题是其本身规则设计和原理上就存在缺陷。倾销的动机和意图有多种，但只有极少数应当受到谴责。在这个仍然存在许多障碍的世界市场上，许多倾销是一种正常甚至是明智的商业决策。即使在出口商或生产商在出口国具有垄断地位的情况下，倾销对进口国竞争的影响也是很难确定的。倾销有可能损害进口国相似产业，但却肯定有利于下游产业或消费者。进口国采取反倾销措施，大多数情况下是没有合理依据的。进口国反倾销法把保护本国相似产业做为反倾销的标准，实际上也是意识到，如果以维护竞争为标准，许多倾销是不应受到谴责或惩罚的。

各国在制定和实施反倾销法的实践中，越来越具有以下几种倾向：(1) 各国法律都允许反倾销的适用条件非常宽泛，实际上，正如很多研究所表明的，各国反倾销法都倾向于发现倾销和夸大倾销幅度；[①] (2) 调查程序本身意图在管制进口，因为一般情况下都是由出口商承担巨大的法律与行政成本，而进口商则面临着可能要交纳追溯性的反倾销税的不确定性；[②] (3) 正是因为上述的两个特点，许多反倾销行动在其依法正式终止前，往往代之以进出口两国之间的自愿出口限制协议，[③] 这进一步表明反倾销的贸易保护特征。

因为各国反倾销法存在这样或那样的倾向性，所以当反倾销作为一个议题被纳入到 GATT 的谈判中，各成员国在讨论反倾销的多边规则时，有两种意图：一是使反倾销合法化（以国际法的形式承认其合法性）；二是试图规范和统一各国反倾销法的诸多分歧和利己倾向。在近些年有关 WTO《反倾销协定》的修改

---

① Bierwagen, RainerM. , GATT Article VI and the Protectionist Bias in Antidumping Law, *Kluwer Studies in Transnational Law*, Vo. 7, 1991, Kluwer; Deventer ad Boston. Boltuck , Richard and Robert E. Litan, eds, *Down in the Drums: Administration of the Unfair Trade Laws*, Washington, D. C. : Brookings Institution, 1991.

② Straiger, Robert W. and Frank Wolak. 1993, "The Trade Effects of Antidumping Investigation: Theory and Evidence," in Robert M. Stern (ed) *Analytical and Negotiating Issues in the Global Trading System*, Ann Arbor, Michigan: University of Michigan Press, 1993.

③ Finger, J. Michael and Tracy Murry, Policing Unfair Imports: The United States Experience, *Journal of World Trade* , Vol. 24, No. 4, August 1990.

与完善的多边谈判中，很多深受反倾销之苦的成员国，呼吁要强化第二点意图。但是，“对一个本身就是建立在错误概念和片面的经济效果考虑之上的协定（规则），不可能通过轻微的修改而使其变得有效”。[①]

GATT 以及后来的 WTO 都很难真正做到以多边规则控制各国国内反倾销行动。根本原因就是，GATT1947 和 GATT1994 都明确认可，各成员可以在规定的条件下加诸新的进口限制，包括反倾销。这实际上就是以国际法的形式确认了反倾销的合法性。在承认反倾销合法的基础上，GATT 又试图通过限定实施反倾销的条件和程序来控制各国国内反倾销。但是，反倾销协定是各成员多边博弈的结果，这样的多边规则是粗略和中庸的。如前文所述，国内反倾销政策延伸和细化出如此多的变化，足以使得多边规则的约束力形同虚设。[②]

对现行反倾销国际规则具体细节上的修改，是目前多边谈判可能推进的唯一路径。但是这样的修改，最多只能使得各国的反倾销行动在程序上变得更加规范化，却不大可能改变反倾销规则本身的贸易保护主义倾向。关于反倾销国际规则的谈判一直是非常艰苦的，在乌拉圭回合谈判中，《反倾销协定》是最后一个达成一致意见的协定。在与各国单边反倾销法的博弈过程中，反倾销国际规则的约束力还是有限和软弱的。

我们常常以美国为例，说明任意性极大的国内反倾销执法中存在着哪些不公平的做法。尽管美国的反倾销法常常受到其

---

① Finger, J. M., eds. *Antidumping: How It Works and Who Gets Hurt*, Michigan: The University of Michigan Press, 1993, pp. 65—67.

② J. Michael Finger, K. C. Fung, “Will GATT Enforcement Control Antidumping?” WPS 1232, Decmeber 1993, The World Bank Policy Research Department Trade Policy Division, p. 10.

他 WTO 成员的批评，但这个世界上最大的发达国家的意见和立场直接影响到多边谈判的进程。美国相当反对对 WTO《反倾销协定》的基本概念、原则与目标做出实质性的修改，即使是对具体细节的修改，美国也始终坚持应当保留各国反倾销法自行操作的空间。而且，美国在本国反倾销实践中，不断采取的一些贸易保护措施，如低于成本倾销、伯德修正案等，一开始就受到被调查国的反对，但不久又会有一些国家效仿其做法。

也有成员希望通过 WTO 的争端解决机制来制约美国反倾销法的一些明显不公平的规定和做法。但是，依据美国宪法的规定，美国国会有权管理对外贸易，而政府则被国会授权在某些特定的情形下可以改变这些管理规定，但 GATT 或 WTO 反倾销委员会的结论或要求不属于这些"特定的情形"。也就是说，如果 WTO 争端解决专家组做出不利于美国的裁决，并不能约束国会，并不能要求国会撤销某项反倾销法令，甚至不能因此启动重新审查程序。欧盟也有类似的规定。[①] 实际上，寄希望于反倾销国际规则对反倾销本身缺陷进行制约，是不现实的。反倾销作为贸易保护工具的方向不会发生变化。

关于反倾销的得当与否，一直是与贸易自由化的争论联系在一起的。尽管许多新理论不能完全颠覆过去的"比较优势理论"，却也开始放弃"无条件的自由化"，而更倾向于认为"有条件的、合作性的"贸易主动权的规则将是一国政府的最明智之举。在这样的理论支持下，反倾销措施虽然仍然被经济学认定为贸易保护

---

① J. Michael Finger, K. C. Fung, "Will GATT Enforcement Control Antidumping?" WPS 1232, Decmeber 1993, The World Bank Policy Research Department Trade Policy Division, pp. 5—6.

工具，但其实施的合理性，不再像从前那样受到经济学家们的一致否定。

反倾销措施是在边境实施，目的是抵挡或压制外国产品的竞争，以留给本国产业足够的喘息时间，特别是当一国政府选择发展某个产业时，保护这个产业的反倾销措施就特别重要了。依据波特的理论，国家可以根据要素条件、需求条件、相关产业与支持性产业的活动以及产业结构等方面，选择自己要培养比较优势的产业。如果一国具备要素、内需、产业链、产业结构等方面的条件，那么适当地保护该产业，以发展自己的竞争优势，可能是必要的。

但问题的关键是，我们在检阅已有的各国反倾销案例时，并未看到这样的经济学上的理性。如前所述，反倾销确立的标准是倾销与产业损害，从未考虑这个国内产业是否是可以发展和扶持的产业。波特始终强调在四要素之外，政府的作用只是从属性的，政府干预并不能创造一个优势产业。可是反倾销干预的基础，从来没有包括这些经济学上的考虑。国家保护国内主动要求保护的产业，但并不要求这些产业是有前途的或本国可以培养出竞争优势的。

波特关于政府政策的基本观点包括：竞争是公司之间的事情，而不是国家间的，所以政府应该制定政策来促进竞争环境的改善，而不是实施直接的干预；保持一国的竞争优势，需要不断的发明创新与变革，因此政府不应采取那些导致短期的静态优势的政策，因为这些政策削弱了产生发明与活力的基础；政府应发展特定化要素和高级要素的生产，发展产品差异较大和供给不足的市场部门；一国的竞争优势培养要经过几十年，所以最有益的政府政策应当着眼于长期计划，而不是短期的经济波动。

显然，根据国家竞争优势理论，反倾销并不可取。反倾销是国家直接干预竞争，或者说限制竞争，尽管这个竞争是来自国外；反倾销正是政府采取的导致短期的静态优势的政策，它可能反而削弱了国内产业产生发明与活力的基础；进口产品被确认为倾销，就说明国内市场的供应是充分甚或过度的，而且低价竞争政策的成功，也说明国内产品与进口产品的差异不大，相互可替代也是确认产业损害的一个因素，事实上，发达国家的许多反倾销针对的是制造业产品；短期的产业损害并不见得会对一国的经济造成实质的影响，所以最有益的政府政策是考虑长远的，纠正短期损害的反倾销的意义并不显著。

所以，尽管国际市场和国内市场都是不完全竞争的市场，但反倾销定位于救济受损害的产业，而不区别该产业是否是可能发展本国优势的产业，这一点并不符合经济学的理性。即使是新贸易理论，也无法为反倾销提供足够的依据。特别是目前许多反倾销行动往往针对的是本国的夕阳产业，或者已经没有竞争优势的产业。依照产品生命周期理论和跨国公司理论，进口国应当放弃这样的产业，而优先发展其具有先发优势的产业。但是，政府的理性是平衡各方力量，维护本国利益，或者说当届政府任期内的稳定和增长。这也就是为什么许多反倾销措施的采用是出于政治与社会方面的考量，或者被作为博弈的筹码，是政府与国内游说力量之间、本国与国际贸易伙伴之间博弈的筹码。

尽管经济学家主张贸易自由化，但贸易保护主义仍在持续，并且常获成功。内生贸易理论使人们注意到一个事实，那就是政治程序通常有利于渴望保护的特殊利益集团，而不是一般消费者利益。贸易自由化带来的利惠可能是普及的，但却也是分散的，而贸易保护的好处则可能使一部分生产者高度组织起来以影响公共政策。[1] 正如《华尔街日报》所说："贸易协定的第一规则是利益广泛分散，成本高度集中，损失者争论不休。"[2]

① See John S. Odell and Thomas D. Willen, eds., *International Trade Policy: Gains from Exchange between Economics and Political Sciences*, University of Michigan Press, 1990.

② *Wall Street Journal*, 6 December 1999, A1.

美元危机与国际货币体系的未来走向

陆军荣*

内容提要：美元正经历着二战以来的第三次大幅度贬值危机，我们一般主要从贸易赤字、财政赤字、国际资本流动等表面现象来分析美元汇率的走势及对世界经济的影响，但本文认为，导致周期性美元危机的深层原因在于国际货币体系的不成熟。而且在每一次美元危机过后，国际货币体系都会发生微妙的变化，这些变化在本文看来预示着国际货币体系将朝着更加民主化的方向发展。

一、引言

自二战以来，美元一直充当着国际主要交易结算货币和外汇

* 陆军荣：上海社会科学院部门经济研究所助理研究员，经济学博士。

储备资产，这种地位在布雷顿森林体系崩溃后的近三十年里都未曾改变。但在现行的国际货币体系框架内，以一国货币为世界主导货币的运行体系并不能从根本上保证在国家非均衡发展下国际间汇率的有效性，当汇率不断偏离真实经济时，所积累的风险可能会集中爆发而成为危机之源。美元危机及其对国际货币制度的冲击在过去的几十年里一直若隐若现，2002 年以来美元的新一轮贬值，使我们再一次感到了“危机”的征兆，在 2002 年至 2007 年间，美元指数的最大跌幅超过 40%。最近，因次贷危机引发的美元下跌，加剧了美元的贬值及对国际货币体系的冲击。根据国际清算银行的统计，2007 年 7 月至 2008 年 2 月，美元实际有效汇率由 88.73 点跌至 83.61 点，8 个月的贬值幅度为 5.77%。

我们总是习惯于从贸易赤字、财政赤字、经济增长甚至石油价格等因素对美国经济及弱势美元进行分析，不可否认，这些因素确实影响着汇率的走势。但笔者认为，美元危机并非由此而造成世界经济的不稳定，罪魁祸首是国际货币体系的不成熟。每一次危机过后，国际货币体系都在渐变着，我们可以通过探索危机中国际货币体系的渐变，寻求国际货币体系未来的发展方向。

二、美元：面临第三次危机？

二战后，美元经历了二次贬值的危机：第一次危机爆发于 1973—1976 年间，布雷顿森林体系作为一个“虚金而实美元”的体系极大地推进了美元的国际化，美元从 20 世纪 50 年代的“美元短缺”演变成为 70 年代时的“美元泛滥”，最终导致美元和黄金的彻底脱钩以及布雷顿森林体系这个“不兼容体系”的崩溃[①]。第二次危机爆发于1985—1987年间，美国经济的滞胀，以及当时日本、欧洲经济的崛起迫使美元相对于其他货币大幅度贬值，美元危机爆发的标志是《广场协议》的签署和美国股市的股灾，美国在此后从净债权国沦落为净债务国。

从1996年开始，美元一直处于强势货币地位，它与美国经济的增长相得益彰，受“特里芬悖论”的作用，强势货币更容易带来世界他国家美元储备的增长。美国以贸易赤字及其相对应的“对外负债”，维持着外国的巨额美元储备。由于2002年以来美元的价值高估逐渐成为市场主流判断，美元跌入了新一轮贬值周期。此次美元贬值，是否会再次导致美元的全面危机，并对世界经济及国际货币体系产生重大影响，在国际经济研究中一直存在着喋喋不休的争论。

美元危机的最大挑战在于美国贸易赤字与资本流入的可持续性。美国学者克莱恩（Cline），鲁比尼和塞特塞尔（Roubini and Setser），曼恩（Mann）等人曾预测美国经常项目贸易逆差占美国GDP的比重会进一步上升，至2010有可能达到8%－12%。2006年美国的经常项目逆差达8114亿美元，占GDP比重升至7%的历史最高点[②]。但大部分研究者认为，美国经常帐户赤字将最终、不可避免的缩减，[③] 2007年，美国贸易逆差增幅及绝对额均出现六年来首次下降，降至7386亿美元。但现在所

---

① 钟伟：《国际货币体系改革：发展中国家的视角》，中国经济体制改革研究会研究报告，2006年。

② Roubini N. and B. Setser, Will the Bretton Woods 2 regime unravel soon? The risk of a hard landing in 2005－2006, draft, NYU, 2005.

③ Greenspan, Alan. Remarks on the Current Account at the Cato Institute. Washington: Board of Governors of the Federal Reserve System. Photocopy. November 2003.

面临的问题是，这样的调整是否会继续以及对美国经济会产生什么样的影响，虽然格林斯潘（Greenspan）等认为贸易赤字的调整可以是良性的，并不一定会对金融市场产生强烈冲击，而特鲁曼（Truman）认为这一调整过程所必须付出的代价谁也无法预估，巨额的经常账户赤字对于美国及世界经济而言是一个危险的变量，它的调整必定会波及全球，并且肯定不会不存在痛苦。

与此同时，2001年以来美国资本帐户外国官方资本的流入逐渐超过私人资本的流入，外国官方资本主要以美元债券为持有对象，目前美国的外债已经超过了GDP的25%。美国经济学家费尔德斯坦（Feldstein）认为这种变化的市场基础是外国资本在美国的股权投资转化为了债权投资，而这意味着美国作为债务人必须承担更大的风险。如此规模巨大的净资本流入，对于美国经济起到三方面至关重要的作用：一是正好补偿了美国因贸易逆差造成的美元流出，暂时维持了美国的国际收支平衡和美元汇率稳定；二是使得美国政府国库券的发行有了更大的市场，可以在全球市场上融资以弥补其不断扩大的财政赤字；三是资本流入所带来的投资，弥补了美国居民过度消费、储蓄不足的缺陷，刺激了美国经济的增长。但是外部资本会持续流入美国吗？萨默斯（Summers）将这种集中性大量持有美国短期美元债权的情形称之为“金融恐怖的平衡”（balance of financial terror），任何意外的冲击都可能直接动摇国际货币体系，从而使得依赖于外国资本流入来维持国际收支平衡、刺激经济增长和弥补储蓄不足的美国经济难以继续正常运转①。

---

① Summers, L. H. The U. S. Current Account Deficit and the Global Economy, Per Jacobsson Lecture, 2004 September.

同时，也有学者从不同角度去寻找美元不存在危机的理由：一是全球储蓄过剩论（Global Savings Glut）。美联储主席伯南克（Bernanke）认为，全球国际收支失衡的根源不在美国，而在于其他国家（包括工业化国家与新兴国家）的高储蓄率导致的全球储蓄过剩，美国资本市场的合理回报率、安全性及流动性，吸引着这些资本的流入[①]。因此，在这种格局下美国的贸易赤字和资本流入的是可持续的。二是"第二代布雷顿森林体系"论（Bretton Woods II，BWII）。杜利等（Dooley，Folkerts－Landau and Garber）三位德国学者首次提出"BWII"概念，认为太平洋国家（主要指亚洲国家）已经形成了一个以盯住美元的汇率管制为基础、目的在于保持亚洲各国货币相对贬值以维持其出口（美国）能力的新布雷顿森林体系，只要这些国家仍想保持出口拉动型的经济增长模式，那么该体系在相当一段期间内仍将是相对稳定的[②]。三是"暗物质"论（Dark Matter）。豪斯曼和斯特森格（Hausmann and Sturzengger）发现尽管美国净国际投资地位（NIIP）从1989年开始转为负值，但是美国经常项目中的"收益"却始终为正，这说明存在某种"暗物质"使得美国免费的使用外国的融资，这种"暗物质"可能来自美国企业海外直接投资的投资收益、美元世界货币的铸币税收益、美国境内外资产的投资收益差[③]。

然而，这些论据并不足以成为化解美元危机风险的充分理

① Ben Bernanke，The Global Savings Glut and the U. S. Current Account Deficit，the Sandbridge Lecture，Virginia Association of Economics，March 10，2005.

② Michael P. Dooley，David Folkerts－Landau，and Peter Garber，An Essay on the Revived Bretton Woods System，NBER Working Paper 9971，2003.

③ Hausmann，R. and F. Sturzenegger. Dark matter makes the U. S. deficit disappear，Financial Times，December 2005.

由，尽管目前亚洲国家承担了对美融资的重担，但随着美国赤字风险的累计，这些国家最终会抛弃美元，从而导致美国通过美元贬值的方式调整国际收支[①]。克鲁格曼（Krugman）则认为当前要讨论的问题关键不在于美元最终是否会贬值（在其看来美元贬值是不可避免的），而是美元以一个什么样的速度贬值，如果美元的贬值速度超过了投资者当前的预期，则可能面临一种“土狼威尔式的悬崖险境”（Wile E. Coyote moment），投资者会忽然发现自己已面临毫无支撑的深渊，而引发美元暴跌[②]。

可以说，当前美元的处境非常微妙与危险，仍然没有脱离进一步陷入第三次全面危机的风险。或许通过缓慢调整有可能避免引起世界经济的巨大波动，但是笔者认为，如果不改变当前的国际货币体系格局，类似的美元危机仍会周而复始产生。

三、现行国际货币体系下美元危机的必然性

在国际金融史上，主要出现了三种汇率制度，即金本位体系下的固定汇率制、布雷顿森林体系下的固定汇率制和牙买加体系下的浮动汇率制。金本位制度虽然能保证国际货币体系的稳定，但受到黄金数量的限制，不能适应经济增长的需要。布雷顿森林

① Eichengreen，B.，Global imbalances and the lessons of Bretton Woods，NBER Working Paper No. 10497，May 2004. Blanchard，O.，F. Giavazzi，and F. Sa. International investors，the U.S. current account，and the dollar，Brookings Papers on Economic Activity，2005（1）.

② Krugman，Paul R.，Will There Be a Dollar Crisis? Economic Policy，Vol. 22，No. 51，July 2007.

体系下以美元为中心的固定汇率制度，弥补了金本位制清偿能力的不足，但是当发行美元价值及依托的美国经济，与其所对应的黄金价值发生偏离时，市场将会对美元丧失信心，最终导致布雷顿森林体系崩溃。1976 年国际货币基金组织各成员国达成的“牙买加协定”所实行的浮动汇率制度，不仅没有摆脱美元作为世界货币的霸权地位，汇率的频繁剧烈波动也加剧了国际投机，并引发了一系列国际金融危机。以盯住美元的汇率管制为基础“第二代布雷顿森林体系”，并不是一个正式的官方约定，而是一种在国际金融体系变化过程中的阶段性现象。因此，当前的国际货币体系仍然是一个以美元霸权为主导的，多种汇率制度共存且不稳定的体系，主要表现在：

第一，“特里芬难题”依然存在。早在 1960 年，罗伯特·特里芬就警告说，国际金融体系中存在一个根本的缺陷：在布雷顿森林体系框架下，美元价值要稳定，它就不能作为国际货币；美元要作为国际货币，它的价值就难以稳定。然而在布雷顿森林体系崩溃后的今天，“特里芬难题”仍然存在着，对于其它国家来说，美元作为国际性货币是依靠美国经济实力来支撑的，各国在使用美元特别是象储备黄金一样来储备美元时，总是希望美国的经济更为强大而稳定，以保证美元价值的稳定；而美元作为国际性货币使用越是频繁，他国储备美元数量越大，美国对外的负债或“赤字”也就越大，美国经济的稳定性会越差，美元就难以保证价值稳定。

第二，国家间美元资产的挤兑风险。现时“第二代布雷顿森林体系”的稳定性取决于外国中央银行的合作程度，共同持有而不单方面抛售美元资产。但事实上，一旦美元有加速贬值的风险，外国央行也会寻求调整资产配置。据国际货币基金组织，截止 2007 年末，各国央行的全部外汇储备中美元所占份额为

63.9％，接近历史最低。虽然有时各国央行因害怕美元过大贬值带来储备损失而进行汇率干预，阻止美元价值进一步下跌，但这仍难以消除挤兑的风险，目前大部分的美元资产已为外国私人机构而不是央行所持有，美元贬值一旦形成强烈预期，挤兑将不可避免[①]。

第三，汇率制度选择的政治经济学问题。牙买加体系允许不同国家根据实际情况选择不同的汇率的制度，但由于汇率不单纯是一国的货币与外国货币的比价，而是一国政府为了确保国家利益更多的把汇率作为实现自己其它政策目标的战略工具。这会导致各国政府在同样汇率制度条件下进行汇率调整动力与成本的差异，各国政府不是考虑所选的汇率制度对均衡调整有利与否，而更多的是考虑所选择的汇率制度是否能成本最小地实现自己的政策目标[②]。同样，此轮美元贬值被认为是美元霸权地位的再次体现，通过美元贬值，美国企望增强出口产品的竞争力，抬升外国产品进入美国的成本，扭转贸易逆差飚升的局面；另一方面，由于美国的外债大都以美元计价，美元贬值实际意味着减债，全世界都在为使用美元而付出代价。同时，出于政治经济的考虑，美国也不愿意改变存在已久的以美元为主导的国际货币体系，维持其在世界经济中的霸权地位，因此，美国希望通过渐进调整来缓和眼前矛盾，以期今后能继续利用霸权地位主导世界经济发展与财富流向。这样一个缺乏协调、各自为政的国际货币体系是非常不稳定，而其间负首要责任的当属处于危机中心的美元。

---

① Elwell C. K., Dollar Crisis: Prospect and Implications, 2008, CRS Report for congress, Order Code RL34311.

② 孙立坚：《现代汇率理论体系及其评价》，《世界经济》2003 年第 1 期。

四、走向民主化的国际货币体系

现在的国际货币体系，实际上处于霸权后体系，该体系中有霸则稳，对于众多发展中国家而言，在以西方主要发达国家为主导的国际货币体系中，始终处于从属地位，并成为历次国际金融危机的最大受害者，在 1997 年，德国席勒研究所与高克斯国际劳工委员会联合世界经济学家发布的重建新布雷顿森林体系呼吁书中认为：金融资本全球化本身所包含的发达国家对国际铸币税的垄断，已经使外围国家成为牺牲品，国际金融机构无权要求用人民的血肉来偿还他们的债务[①]。为此众多发展中国家经济学家提出了许多重建国际货币体系的构想，譬如：谢尔顿（Shelton，1994）等提出重建以固定汇率制度为核心的新布雷顿森林体系构想；埃及经济学家萨米尔·阿明为代表提出的改革现行国际货币基金组织和世界银行的构想，即将 IMF 转变为拥有真实的世界货币发行权的世界中央银行，将这种真实货币取代美元，保证汇率的稳定，同时重建联合国体系，使之成为政治和经济谈判的场所，把世界主要地区的金融活动和货币政策协调机制建立起来；还有一些经济学家提出货币发行的非国家化、组合商品化等建议，前者是要废止国家发行货币的特权，市场上将仅存信誉卓著的跨国金融机构所发行的非国家化货币；后者以组合商品为基础的价值货币，使货币成为纯粹的商品本位货币，以解决货币信用风险。但这些构想大部分只是理论上的理想状态，难以付诸

① Sanger, D. E. and Landler, M., Asian Rebound Derails Reform As Many Suffer. The New York Times, July 12, 1999.

实践。

那么如何改革与完善国际货币体系？其实每一次危机过后，国际货币体系的微妙变化也反映着未来的发展趋势。第一次美元危机打破了美元在国际货币体系内强制性的独占地位，使得其它国家在汇率的制度选择及调整上拥有了自主权；并且，随着日本与欧洲经济的崛起，日元、德国马克成为结算与储备的另一可选择的币种，美元独占天下的格局开始有所打破，这种局势在第二次美元危机后变得更为明显。第二次美元危机后欧元的诞生，使其成为与美元相竞争的重要世界货币。变革总在危机之后发生，经过两次美元危机后，美元的地位正在受到挑战，国际货币体系正不断地朝多元化货币格局的时代挺进。在这一转变过程中，与以前美元独霸格局相比，未来的国际货币体系必将愈加民主化，其主要包括两个方面：

第一，国际货币格局的多元化。美元的强势地位使其成为交易和储备的首先货币，这是在美国特殊经济、政治、军事条件下的产物，虽然这一强势在短期之内是不可能有太大变化的，但是随着其它经济体的崛起，为货币格局的多元化奠定了经济基础，如欧元、日元，或者更长远的人民币、亚元等。货币格局的多元化具有两方面的作用：一是有效缓解了“特里芬难题”，各国可以有更多稳定的可选择货币作为交易和储备货币，而不必过度持有美元资产，造成美国的国际收支赤字。二是对美国特立独行的经济政策具有制约作用，限制了美国挟“世界货币”发行权谋一国之利的特权。因此，国际货币格局的多元化，使各国可以在充分竞争的市场基础上进行平等的对话，拥有更多的选择余地。

第二，国际货币金融协调机构的民主化。国际货币基金（IMF）组织肩负着监督成员国经济政策的责任，为稳定国际汇率体系，促进世界经济持续发展发挥了积极作用。通常，国际货币基金组织由西方主要发达国家主导，在这种体制下，国际货币金融机构更多是代表了一部分国家利益，而难以成为真正的国际性、以世界整体利益最大化为目标的公共机构。IMF 传统的监督机制对稳定国际金融体系和世界经济已显得力不从心。在亚洲金融危机期间，IFM 成为国际强权政治介入危机国家经济合作领域的工具，而影响了其公信力；而在当前美元危机来临之际，其除了发布一些警示报告之外，对于美国的政策取向却无能为力。因此，作为国际性的机构，其决策程序也应该民主化，冲破局部利益的樊篱，才能得到所有国家的认同和支持，才有可能真正建立公正、稳定的国际货币体系。2008 年，国际货币基金组织同意增加新兴发展中国家的投票权，体现出了民主化发展的新动向，但 IMF 要成为真正公平、有效的国际货币体系协调机构，仍有许多工作要做。

第三，猜想中的世界货币（World Currency）。发行全球统一的“世界货币”设想，在国际货币体系建设中，早就存在提议或进行了尝试。在布雷顿森林体系建立之前，美国曾为了凭借当时昌盛的国力，尽可能发挥美元及美国在世界经济的影响，并不赞成发行“世界货币”的提案，而乐意看到以美元取而代之①。1967 年，国际货币基金组织推出的“特别提款权”（SDR），在某种程度中可以看作是“世界货币”的雏型，但随着布雷顿森林体系的瓦解，SDR 也失去了存在价值。蒙代尔（Mudell）认为，想保证国际货币体系的稳定，必须实行单一的“世界货币”体系。而要实现这一目标首先应从区域间货币联盟做起，以美元、

① Robert A. Mundel, The International Monetary System and the Case for a World Currency, Leon Ko mi ski Academy of Entrepreneurship and Management (WSPiZ) and TIGER Distinguished Lectures Series n. 12, 2003.

欧元、日元，甚至以及英磅、人民币等币种组成货币联盟，建立联合货币政策委员会，协调各国经济发展指标。然后以此为基础，发行世界货币单位（INTOR），每一个国家的货币都可以与INTOR进行自由兑换。虽然在许多人看来，要实现这一目标，意味着参与货币联盟的国家都要放弃部分国内货币政策的独立制定与行使权。在当前货币国家主义的思维下，很难达成一致，但这或许也反映了要建立稳定国际货币体系所必须要求的民主化发展要求。

日本经济的调整变革及其国际经济影响力

孙震海*

内容提要：对于改革开放以来的中国来说，日本经济是发达国家经济中尤其为人们所关注的国别经济之一。在不同的阶段，关注的重点会有所不同。特别是在日本经济不景气长期持续的时候，以悲观的心态观察日本经济，往往更容易居于上风。对日本经济究竟应该怎么看？本文认为，尽管日本自20世纪90年代初开始经历了长达十余年之久的不景气，经济发展遇到很大困难，但是，日本的经济实力和对国际经济与产业活动的影响力并未受到大的损伤。之所以如此，一方面当然是因为日本原有的经济实力已经十分雄厚，零增长或个别年份的负增长并不会使日本经济发生根本性的后退；另一方面则与日本积极进行体制变革和结构调整有关。

* 孙震海：上海社会科学院世界经济研究所区域合作研究室副主任，副研究员。

一、不景气前提下日本经济实力的维持

在过去的几十年当中，从经济高速增长开始，日本的经济增长，大致经历了三个主要阶段：一是经济恢复之后的高速增长，这个过程持续到了20世纪70年代初石油危机的爆发。二是在那之后持续十多年的所谓“稳定增长”时期。三是泡沫经济崩溃之后进入的不稳定和不景气阶段（其中尤其以始于1991年下半年、持续了十年之久的不景气最具代表性）。至于长期不景气结束之后、近几年日本所进入的比较平稳的经济发展状态，由于时间尚短，暂时还没有形成比较统一、确定的评价。

就经济增长速度而言，始于1991年下半年的十年不景气，在大部分年份里，经济只有低速增长或零增长，其中个别年份为负增长。这与过去曾经有过的两位数高速增长形成了天壤之别。上述第三阶段的长期不景气，对日本经济的影响最为直接，冲击产生的后果也最为明显。

（一）泡沫经济破灭，存量资产大幅度缩水，实体经济也受到严重破坏

20世纪80年代后期，日本的股市和房地产市场异常活跃。受汇价变动、资本大量剩余、经济和资产价格预期、政策失误、金融机构推动、投机心理以及对日本的国际经济地位上升趋势判断等的影响，股价和房地产价格扶摇直上，最终脱离实体经济并远远超出了这些证券和物业的实际价值。随着经济泡沫的突然破灭，日本经济陷入了困境。

从经济逻辑关系来说，首先，泡沫经济发生的基础条件是剩余资本的大量存在。一方面，日本本来就是一个居民储蓄率高的国家；另一方面，在经济转入所谓“稳定增长”时期以后，由于增速下降，投资机会减少，长期困扰日本的、对实体经济的资金供给紧张的状况发生逆转。由此产生的资金富裕和由日元升值引致的对日本的资金流入，使得日本出现了明显的资金过剩问题。这些过剩资金流向虚拟经济部门，必然对有关的资产价格带来向上的压力。其次，政策失误对泡沫经济的发生具有直接的诱导、推动作用。在这一时期，无论是金融还是财政，都通过连续降息和大幅度扩大公共投资规模，采取了宽松和扩张的政策。同时，对于资金大量过剩问题可能产生的后果，既未重视、更未实施有效的产业发展诱导等预防措施。再次，“成功”对人们的认识产生错误引导，导致投机风盛行。经济高速增长在提升日本经济实力的同时，也在影响着人们的意识。日元升值带来的国际购买力的上升，推动日本掀起国际收购热。在国内，则是力图以投机方式实现资产的快速升值。第四，“土地神话”使得人们热衷于房地产投资与投机。房地产之所以成为资金大举流入的热门之地，与日本特有的“土地神话”有关。在国土狭小的日本，土地的稀缺性显而易见，这导致地价、特别是城市房地产价格具有不断上升的趋势。但是“日本将这种趋势绝对化了，认为地价只会上升，不会下降，以致房地产投资作为一种资产保值和增值的方式”。[①] 20世纪80年代后期，日本地价飞涨，投机者以升值了的土地作抵押，从银行获得更多的贷款，而后再去寻找新的投资机会，于是越来越多的资金涌向有限的土地，造成房地产价格的进

① 张舒英等主编：《冷战后的日本经济》，社会科学文献出版社，1998年10月，第260页。

一步上升。第五，金融机构对资产价格的快速提高负有直接责任。泡沫经济期间，日本的金融机构向房地产业提供了巨额资金。“1991 年末，全国银行 422 万亿日元的贷款余额中向不动产贷款达 51 万亿日元，向非银行金融机构贷款高达 62 万亿日元（这部分贷款又间接流向了房地产行业）……这些直接或间接向不动产的投资有一半以上纯粹用于土地投机。”①

以上各个因素交织在一起，最终导致泡沫经济崩溃。股价和地价的下跌不仅冲击了虚拟经济，而且也严重破坏了实体经济的稳定和发展。

首先，存量资产大幅度缩水。

“不管是 70 年代以前的物价下跌，还是 70—80 年代的‘滞胀’，经济危机或萧条对物价的影响主要表现在流量资产的价格水平上。日本最近这次经济萧条则不同，它表现出的一个突出特征是流量资产价格相对稳定，而存量资产价格大幅度下降。”②与泡沫经济高峰时相比，经济转入长期不景气之后，股票市值下降了一半以上，土地价值也缩减了 1/5 以上。

其次，企业缩减经营规模，企业和金融机构倒闭也大量增加。

以日本的大型超市和日用品批发市场为例，尤其是在 20 世纪 90 年代中期，经常发生减少营业面积、缩减营业规模的事情，有的批发市场的营业面积短时间内竟缩减了一半以上。企业和金融机构倒闭也达到了空前的规模。一方面，由于泡沫经济造成的债务泡沫以及危机程度本身相当可观，所以倒闭企业往往都背负

① 胡坚、陶涛著：《日本金融：危机与变革》，经济科学出版社，1999 年 8 月第 1 版，第 24 页。

② 孙承主编：《日本与亚太——世纪之交的分析与展望》，世界知识出版社，1997 年 10 月第 1 版，第 52 页。

很大规模的负债；另一方面，金融机构倒闭事件接连发生，甚至山一证券这样的证券行业四巨头之一也被迫倒闭。长期以来，金融行业一直受到日本政府的严格保护，日本金融机构因而保持了数十年不因经营问题而轻易倒闭的神话，而此次长期不景气中金融机构受到如此冲击，也从这样一个特定角度验证了危机的严重程度。

（二）日本经济实力犹在，国际经济影响力也没有受到较大损害

对于当今和今后日本经济实力的评价，存在两种完全相反的观点。一种观点认为，由于20世纪90年代的长期经济不景气，日本已不再是世界经济强国；另一种观点则认为，十年不景气为日本创造了调整的机会，日本因此不仅维持了原有经济实力，而且还通过影响方式的升级，维系了其对世界经济、特别是对亚太经济和东亚经济的影响力。

"日本虽然经历了十年萧条，但经济实力犹在，元气尚存。推动经济增长的资金、技术和人才（劳动力）三大基本要素并没有削弱，有些甚至在增强。世界第二经济强国的地位并没有发生变化。"[①] 以十年萧条结束前后的2003年为例，当时世界前四位经济大国依次为美国、日本、德国、英国。一方面，日本仍旧在经济实力上位居第二；另一方面，日本4.30万亿美元的GDP总规模，要比第三位的德国（2.40万亿美元）和第四位的英国（1.80万亿美元）分别高出两倍左右。[②]

① 张季风著：《挣脱萧条：1990—2006年的日本经济》，社会科学文献出版社，2006年4月，第38—39页。

② 张季风著：《挣脱萧条：1990—2006年的日本经济》，社会科学文献出版社，2006年4月，第39页。

日本的经济实力和国际经济影响，在国内，主要体现在国民资产、生产能力、国民生活水平等方面；在国际上，则体现在债权、对国际经济技术活动的控制和影响能力等各个方面。

日本的国民资产，既包括个人金融资产、国家外汇储备等金融资产，也包括石油储备等在内的实物资产。上述这些资产，日本都维持了较大规模。例如，物化了的经济实力储备——日本的石油储备可以维持国内半年的消费需求。这样的能力是很多国家所不具备的。

对于国民生活水平，在日本进入十年萧条之初，人们的判断大多比较悲观。例如，当时认为，由于日本经济实际上处于紧缩状态，居民普遍减少消费，"这造成零售业经营状况恶化，生产厂家得不到足够订单，生产效益上不去，反过来又使员工收入难以增加，人们更加不敢随意消费。恶性循环的结果，最终造成经济越转越紧，……日本进入了消费主导的衰退状态"。[①] 但是，现在看来，日本的国民生活水平并没有因为十年萧条而下降。虽然近年来日本从业人员的名义工资上升幅度有限或没有上升，但是由于价格水平未上升或有所下降，居民实际购买力并没有降低，居民实物消费仍旧维持在较高水平，并没有发生国民总体富裕程度下降的事情，日本国民仍旧继续享受着世界上最富裕的生活之一。

在国际经济体系中，日本的影响力也体现在投资、贸易、金融、技术与专利等诸多方面。首先，日本仍旧是世界上最大的债权国，其债权既体现在对美国政府债券等的持有上，也体现在民间资本所掌握的海外资本权益上。其次，日本对国际微观经济的

---

① 孙震海：《在怪圈中打转——日本金融与经济近况浅析》，《国际经贸消息》，1998年6月11日。

影响力越来越以技术优势的方式体现出来。这不仅在于日本在制造业和高新技术等领域继续处于世界领先地位，而且在于日本依靠企业掌握的各种核心技术，有能力、并热心于依靠技术专利和技术服务来从国际上获得回报。对于后者，日本近年来十分重视要求各个技术服务接受企业的所在国政府主管部门加强知识产权保护，这可以视为有力佐证。这不仅是因为即使在20世纪90年代日本经济增长率很低的情况下，日本对科研经费的投入仍在增加，也是因为过去的积淀仍旧使日本在这方面拥有重要国际影响力的坚实基础。

二、因应形势变化，调整经济体制

始于1991年末的十年萧条引起了日本社会对体制的反思。这种反思使人们认识到，日本的经济体制在为其经济高速增长提供了支撑的同时，也开始面临急迫的调整和改革的任务。

（一）支撑日本经济高速增长和确立世界经济大国地位的旧有体制的形成

尽管在过去半个多世纪中，日本经济发展的成就十分辉煌，国家经济面貌日新月异，但是，支撑其发展的经济体制，却是所谓的“1940年体制”。这是一种战时经济体制。当时为了适应战争总动员的需要，在短时间内进行了多项经济改革，形成了长期持续下来的基本经济体制。其特点主要体现在以下方面：

1. 企业结构

旧有体制对股东权利进行了诸多限制，使企业更多地成为以员工为中心的组织。这使得占日本企业大多数的的股份制企业更多地考虑员工利益，而非股东利益。同时，由于实行工资统筹办法，终身雇佣制、年功序列制得以在全国范围内确立起来。

2. 引入转包、分包制度

这是日本制造业的一大特点，并自形成这种制度开始，就一直延续了下来。以丰田汽车公司为例，其生产任务的相当一部分是由大量下游企业承担的。在日本，这是十分普遍的生产方式。

3. 金融体系

通过直接金融方式筹措资金曾在日本金融业中占相当大比重。但是，出于保证资金向特定生产部门倾斜的需要，通过实施《临时资金调整法》、《银行资产运用令》、《金融统治团体令》等，日本形成了以银行借代为中心的间接金融体制。

4. 财政制度

首先，日本确立了以所得税为中心的税制。其次，税收首先集中于中央政府，然后将其中一部分作为特定补贴反馈于地方政府。

5. 保护“弱者”

这尤其以农业、农村政策为典型。例如，在旧有体制确立之初即制定实施的《粮食管理法》，作为农业根本政策，其核心之一，就是保护农业。此外，在旧有体制下，销售、服务等行业也得到无形的保护。

（二）旧有经济体制支撑了日本经济的高速发展和国际经济地位的快速上升

其具体表现是：

第一，旧有经济体制确立的企业结构和间接金融体系，促进了工业部门的发展。日本型企业结构使公司员工对工作兢兢业业、对公司忠心耿耿，通过努力还可以在公司中晋升，进入经营阶层。同时，终身雇佣、年功序列使得员工队伍比较稳定，便于企业进行内部培训等活动，有利于提高生产效率。间接金融制度有利于资源配置向增长较快的经济领域倾斜，保证了企业发展的资金需求。

第二，通过保持社会各方面稳定，支持经济高速增长。日本经济的高速增长，并不是所有产业的均衡增长。以大企业为中心的部分制造业和出口产业发展很快，生产效率也有较大提高；但是，由个人和小企业等承担的农业、销售业、服务业的发展则比较迟缓，地区之间，城市与农村之间的差距有所扩大。

这在完全自由的竞争条件下，有可能转化为较严重的社会矛盾和冲突。但是，旧有体制对于消除或减轻这些矛盾发挥了积极作用。其中，社会保障机制、就业稳定机制发挥了积极作用，财政机制也使各地区、各阶层收入差距避免了过于拉大的危险。

（三）旧有经济体制阻碍了经济继续发展，改革成为必然

这主要表现为：首先，原有的企业结构、企业制度阻碍了劳动力在企业间的转移，成为产业结构调整的障碍。其次，间接金融体制使新产业由于风险大而可能得不到足够的资金保障。再次，低生产效率部门的存在和对其进行的保护，使得各部门之间的经济关系被扭曲。第四，税收、财政的中央集权使得地方分权难以实现，地方经济缺乏活力。第五，过多的行政干预所产生的，是日益严重的反效果。“在日本，政府行政对经济的干预范围极为广泛，干预形式也多种多样，其中，仅称作‘规制’的干预范围就占日本每年国内生产总值的40%以上。1993年，须经

政府认可的‘规制’多达 11402 项。”[①] 当如此之多的“规制”成为推动经济发展的桎梏的时候，显然其存在就不再具有合理性了。当然，由于旧有经济体制在日本社会中的影响已经渗透到社会的各个角落，所以，任何改变，都可能会牵一发而动全身。同时，这种经济体制下形成的一些观念在人们的思想意识中已经根深蒂固，例如：生产优先思想、否定竞争思想等。特别是否定竞争思想是日本社会的主流心态。正因为存在巨大的体制与思维惯性，所以变革并不是简单的事情。

（四）近年来的体制改革取得了一定的成功，并对经济稳定和经济地位的巩固起到了良好作用

自日本 20 世纪 90 年代初转入十年不景气至今，尽管在这十多年当中日本的经济发展速度十分有限，但其改革与制度创新不仅没有停滞，相反却是过去几十年当中变革比较到位和深入的。

通过改革，过去积淀下来、并曾经很有效的终身雇佣制、年功序列制、企业工会制度、主银行制度、公司制度等都开始逐步发生积极变化，许多对经济发展和社会创新已无益处的规制得到缓和。这种改革改善了日本的经济体制，提高了企业竞争力。这使日本获得了维持其经济地位与经济影响的重要制度环境条件。

1. 改革金融体制

自 1998 年 4 月起，日本正式开始金融大改革。日本用自由（free）、公平（fair）、全球（global）三个单词来表述改革的

---

① 孙承主编：《日本与亚太——世纪之交的分析与展望》，世界知识出版社，1997 年 10 月第 1 版，第 69 页。

三大原则。自由是指撤出参与不同金融业务的障碍并实现商品开发及价格的自由化，建立自由的金融市场。公平是指公开信息、增加透明度，使客户放心，争取客户信赖。全球是指完善与全球化相适应的法律、会计、监督体制，建立符合全球惯例的金融运作方式。日本的金融改革围绕上述目标展开，其手段主要是改革金融管理法规、调整金融管理机构，形成金融经营的新的制度环境。在金融改革当中，对于后来日本经济逐步恢复健康状态具有直接积极意义的，主要是推动金融自由化。其具体内容是：第一，打破专业分工，废除专门金融机构制度；第二，撤消对外汇业务的限制，营造自由经营的环境；第三，推进金融机构重组。

2. 放宽规制和限制，构筑竞争环境

放宽规制和限制，不仅可以为企业创造相对适宜的经营环境，而且有助于通过放宽各种限制、赋予企业新的经营机会，形成自由竞争氛围，提高全社会的发展活力。

3. 改革用人方面的传统做法

由于社会习惯意识的存在和维护就业与社会稳定的需要，终身雇佣制和年功序列制的改变不得不是温和的、渐进式的。例如，有的公司或事务所通过引入“人才派遣公司”人员的方式，逐步减少对传统型公司职员的依赖，这是逐步改变终身雇佣制和年功序列制的有效办法之一。有的企业则有意放慢录用人员的速度，通过逐步减少员工规模的办法，为用人制度的改变创造条件。不仅企业，即使是高校招聘教员，也改变了过去一经录用，即终身聘用的做法。通过修改和实施有关法律，目前日本高校新招聘的教员从一开始就明确了聘用期限，而续签聘约，也同样是有期限的。

当然，有关的变革并不仅仅限于上述方面。日本最近十多年的体制变革，是综合性的和全方位的。同时，因为日本是一个善于博采众长的国家，其体制变革借鉴了其他国家的有益经验。例如，金融大改革主要是参考了英国20世纪80年代改革的成功做法；而在企业运作和用人机制上引入竞争机制的很多做法与中国的改革是相似的。

三、根据形势变化，调整产业结构

如果笼统地看日本的产业结构，我们或许无法发现问题，也难以理解何谓日本的产业结构升级与调整。因为仅从数值来看，日本的产业结构是“健康”的。在日本的产业中，制造业的比重较大，且逐步下降。例如，1990年的比重为26.5%，2001年则降低到了20.5%。与美国的17.5%、德国的22.3%相比，日本正好处于德美之间的水平。而包括批发、零售、金融、保险、不动产、运输、通讯等在内的服务业的比重，在2001年达到了60.8%，占GDP的一半以上，是日本比重最大的产业。[①] 鉴于存在这样的“迷惑性”，我们有必要认真了解日本在本轮产业结构调整中究竟要解决哪些方面的问题。

在高速增长时期，尚处于追赶阶段的日本，有明确的产业发展目标。但是，到了20世纪90年代，日本经济已经进入成熟阶段，完成了追赶任务的日本已经找不到前进的样板。在此背景下，未来的主导产业或主导产业群，只能依靠自我探索来寻找和

① ［日］野口悠纪雄：《日本经济改造论》，东洋经济新报社，2005年12月版，第22页。

确定。同时，由于产业结构日益成熟，有前途的产业也已经无法依靠行政力量由政府确定，只能在市场竞争中加以选择。而在市场选择中，难免会失败，资本投入的风险也随之大幅度上升。但是在以间接金融为主的情况下，资本配置方向由银行决定，银行的保守性决定了高投入、高风险领域难以得到足够的资本保证，产业结构转变的目标确定也会遇到较大困难。

总而言之，在上述时代变化背景和体制背景下，如何确立能带动整个经济向前发展的产业，并通过发展这个产业、或以这个产业为核心的产业群、或者干脆是无明显核心的一群产业，成为日本面临的一道难题。在过去的十多年里，日本一直在努力破解这一难题，提高国内产业的层级，使之保持在国际产业链中的优势和高端地位。当然，这样的产业结构调整是有难度的。转移的规模很大，升级的成效则存在不同评价。但是总的来说，日本在努力地进行着这样的调整，并力图求得实效。

（一）日本产业向海外转移，并不能简单理解为“产业空心化”

从20世纪80年代后半期开始，日本制造业大举向海外转移生产据点。一方面，一些最终产品企业将生产能力整体设于海外；另一方面，日本国内的加工组装企业减少中间品的国内采购、扩大零部件进口（这导致零部件等中间产品制造企业向海外转移生产据点）。在日本企业加快跨国经营步伐的过程中，不仅松下、丰田、日产等大公司纷纷在海外设厂生产，而且大量中小企业也大举向海外搬迁生产线。例如。一家原来在日本国内生产和销售服装的大型企业，将大部分生产能力都搬到了我国的长江三角洲地区，而其国内的机构则转变职能，成为市场销售窗口和集团运转控制总部。从单个企业来说，将经营转往海外，在亚洲发展中国家建立零部件生产、采购基地和组装基地，是“想通过跨国经营获得最佳经济效益”。① 这样做的结果是，日本各种工业品的海外生产比例迅速上升。从比较直观的表现形式来看，一是日本国内市场上国外产品的“出现率”上升；二是特定产业或行业的从业人员要么随生产能力移往海外，要么在国内难以找到工作；三是国内的一些生产基地或设施陆续关闭。

这样的现实使得“产业空心化”的担心开始出现。尤其是在日本国内，很多人对此忧心忡忡。

实际上，尽管日本发生了产业大举外移的产业转移现象，但是，日本仍旧在通过将核心部件或核心工艺留在日本国内等办法，保持日本在相关产业链中能继续处于优势或关键地位。“要使日本在比较强的领域尽可能长时间地维持足够的竞争优势——即一方面将制造业中的装配作业移往海外生产基地，另一方面则将基础零件的开发与制造留在国内，这是日本应该选择的方向。”②

例如，克莱斯勒公司生产的汽车的一些关键零部件仍由日本生产；英特尔公司需要从日本的半导体材料公司购入其所需半导体材料的 3/4。当然，这种保留部分生产环节或加工工艺的做法，并不是观察日本产业向海外转移问题的唯一着眼点。我们有必要从一个更广阔的视角去看待这个问题。

“对产业空心化不能仅仅从消极方面来理解。首先，‘产业空心化’可看作是对经济国际化、生产国际化潮流的一种反应。由于国际化生产网络的发展，必然要置换、取代一部分‘国别’生

---

① 孙承著：《日本和东亚：一个变化的时代》，世界知识出版社，2005 年 9 月第 1 版，第 113 页。

② ［日］野口悠纪雄：《日本经济改造论》，东洋经济新报社，2005 年 12 月版，第 195 页。

产体系，从而引起原有的‘国别’生产体系出现一定程度的‘空洞’，而填补这个空洞的将是更高级更有价值的生产，只要承认这个事实，那么，所谓的‘产业空心化’恰恰是‘产业结构高度化’的必由之路。”① 其次，产业空心化不能简单地理解为荒废制造技术，而更应该从技术“新陈代谢”的角度去思考问题。这是因为，在向海外转移生产能力的时候，日本十分重视关键技术的保护和持有，且成效显著。

应该认为，始于20世纪80年代中期、并大幅度扩展于90年代的向海外的产业转移，在导致日本国内部分行业、部分产业的生产和雇佣有所下降的同时，又为日本的产业结构升级创造了条件。所谓的“产业空心化”是和产业结构升级联系在一起的。

（二）日本在努力提升自己的产业结构

日本的产业结构升级需要面对很多困难，需要寻找新的增长点以及新的具有引领能力的产业，这些并不是轻而易举就能解决的。因此，日本的产业结构升级仍旧属于正在进行中的升级，要真正完成这一升级过程，还有很长的路要走。但是，这种升级的努力本身，对于日本是有益的。

在20世纪90年代初日本陷入长期不景气之后，日本经济让人感到担忧的一个重要原因是，人们难以迅速确定“今后究竟有哪些主导产业能够继续带动日本经济的发展”。② 尽管日本所谓的第三次产业大调整早在80年代中期就开始了，但是，新兴的主导产业或者主导产业群并未能够及时“形成”。

---

① 冯昭奎编著：《日本经济》，高等教育出版社，1998年11月第1版，第289页。

② 张季风著：《挣脱萧条：1990—2006年的日本经济》，社会科学文献出版社，2006年4月第1版，第236页。

当然，虽然选择难度加大，但并不等于完全找不到目标和方向。总体来看，由于人们的个性化追求，市场需求也趋于多样化。面对这种情况，与过去不同，今后的主导产业将不会是有限的一两个，而更可能是相互关联的一组产业形成的产业群。

至于这个产业群包括哪些内容，人们也大致形成了比较一致的看法。总的来说，今后对日本的发展起引领作用以及支撑日本技术走在世界经济前列的产业群，将主要是“软化产业”和高附加值产业。“发达国家应该作为重点发展的产业，是高度的‘软’产业，立足于像生物工程学、纳米技术等研究开发类的产业。”[①]同时适应社会变化和新需求的各种服务业（包括面向民众个人的服务和类似于企业服务外包这样的服务）也将在日本获得较大发展空间。概括地说，服务化、知识密集化和高附加值化是日本产业结构调整的方向。

第一，高新技术产业。在任何经济发展阶段和时期，高新技术产业都属于“制高点”产业，日本也不例外。首先，凡是只有日本才能生产的高新技术产品，其产业都可以成为日本特定时期的引领产业的组成部分。其次，环境与能源领域的产品研究开发与加工制造（例如燃料电池、垃圾发电、低公害车等）也应该是日本可以有所拓展的重要领域。再次，在包括纳米技术、新型电力产品、微细或微小电子和机械设备等在内的各个领域，日本既具有发展的研究基础，市场需求也提供了产业发展的空间。

第二，IT产业。通常认为，日本的IT产业在发达国家中并不是先进的，尤其是和美国相比，日本处于比较明显的落后地

① ［日］野口悠纪雄：《日本经济改造论》，东洋经济新报社，2005年12月版，第194页。

位。以互联网为例，在历经多年不景气的世纪之交，日本比美国大约落后十年左右；而有线电视的大规模普及的起步比中国晚，普及率曾经处在韩国等亚洲国家之后。这种落后既是差距，也是机遇。填补这一差距的相关市场需求空间是十分可观的。它不仅涉及到计算机硬件和软件、相关外围和配套设备、光纤网络运营及开发等诸多方面，同时还可以扩展至诸如高速公路自动收费系统、异地控制的信息与智能化家电系统之类的各个方面。这样的行业或产业具有发展潜力，对整个经济应该具有一定的带动作用。正是基于上述原因，自进入新世纪之初，日本加快了 IT 产业的发展步伐。

第三，与国民生活和医疗健康等相关的产业。之所以这样的产业在当今日本具有比较独特的地位，并不仅仅是因为随着环保型“绿色”时代的到来，人们更加关注生活质量的提高，医疗服务和健康生活水平的提升与完善，更主要的，还是与日本的老龄化社会因素有关。日本的所谓“少子高龄化”概念，既体现了人口规模难以扩大、甚至下降的窘境，也反映出老龄社会的到来正在给日本社会带来一系列的问题。面对挑战，在日本的行政当局推动下，包括为老龄人口服务在内的各种社会福利事业、住宅医疗、远程诊断，将逐步推进；与此有关的各种医药仪器设备，远程护理等智能化支援系统，护理、福利、机械，甚至健康食品等的需求空间都将逐步扩大。正因为这样，日本在上述领域将获得较大的产业发展机会。

在历经十年长期不景气，以及客观存在、并继续进行着的产业结构调整之后，尽管我们还不能说结构调整已经到位、产业结构升级已经完成，但是，可以认为，这种与部分产业向海外转移联系在一起的、正在升级着的产业结构对日本经济的发展、对日本继续保持其经济影响力，是有益的。

四、日本对东亚地区影响的程度和变化方式

东亚地区是日本发展对外经济关系的重点地区。这一点，既体现在日本政府或智囊的政策设计上，也体现在日本的具体经济行为上。长期以来，日本一直运用贸易、对外直接投资和经济援助等经济手段发展同有关国家和地区的关系。这种借助经济手段和力量进行的所谓和平扩展，到 20 世纪 80 年代后期形成了贸易、投资、援助三位一体的完整的对外经济政策。与这种政策的逐步确立及其相应的经济行为相伴，至中国开始走向经济“崛起”和东亚经济及金融在 90 年代发生显著变化为止，日本形成和维持了以日本为领头雁、亚洲“四小龙”和东盟依次尾随其后的“雁行”体系，出现了事实上由日本主导的“东亚经济圈”。

当然，由于国际和地区经济形势的变化，日本与东亚地区过去那种“一家独大”的经济关系也已经不复存在。但是，日本仍旧在经济的各个方面对东亚地区发挥着影响力。只是这些影响力的体现方式既包括“传统型”的方式，也因应内外条件的变化而使“新的”方式逐步扩大其影响力。

（一）贸易

在对外贸易方面，日本曾经长期把“贸易立国”奉为振兴经济和增强国力的“根本国策”，全国上下一致为振兴贸易而竭尽全力。“到 80 年代为止，日本是典型的加工贸易结构。但是，90 年代以后，日本的贸易构造发生了很大变化。首先，在进口当中，原材料所占比重下降，制成品比重上升。其次，到那时为止

在出口中占很高比例的消费品，反过来转为大量进口（原因是东亚各国，尤其是中国的工业化，导致世界经济发生了重大的构造型变化）。”① “1988年制成品在日本进口中只占22.8%，此后几乎年年增长，到1993年达到52%。从中国进口的制成品自1991年以来年增长率超过30%；从东盟进口的制成品连续多年超过两位数。”②

这种进出口结构的变化，尤其是进口的扩大，一方面，继续维持了日本以贸易方式对本地区的经济影响；另一方面，与过去主要以出口工业品产生对外影响不同，扩大进口逐步成为日本以贸易方式影响有关地区经济的重要方式。

在日本国内的经济恢复上，自2005年开始，日本“实现了不依赖外需的景气恢复，开始步入以内需为主的自律性复苏阶段”。③ 当然，日本的经济体制又决定了其不可能摆脱对外需的依赖。因此，如果简单地认为进口扩大使日本的对外影响方式发生变化，外需就不重要了，也是不合理的。

（二）对外直接投资

东亚地区是日本海外投资的重点，日本仍然是东亚主要的资金供应国。这样的态势，一方面，是过去投资活动的延续；另一方面，则与日本产业转移和扩大海外生产有关。伴随生产向海外转移，日本企业的海外投资生产企业加大了跨国经营的力度。来

① ［日］野口悠纪雄：《日本经济改造论》，东洋经济新报社，2005年12月版，第187页。

② 孙承主编：《日本与亚太——世纪之交的分析与展望》，世界知识出版社，1997年10月第1版，第207页。

③ 张季风著：《挣脱萧条：1990—2006年的日本经济》，社会科学文献出版社，2006年4月第1版，第326页。

自日本的资本因其性质不同，其在不同地区的作用、影响与地位也不同。例如，日本对东亚的投资主要集中于生产领域，投资目的是为了降低日本企业集团或关联企业的整体成本支出。这种投资活动驱动的生产，不仅包括日资企业，还将投资对象国的本地关联企业联系在了一起；同时，这种生产活动的关联还越出某一个单独的投资对象国内部，在东亚地区更广阔的范围内，形成了由日本资本驱动的国际生产和运营网络。而在欧美地区，日本资本要么是为了金融证券或房地产投资，要么是为了规避欧美国家的“产地限制”而不得不在当地设厂。由于这种区别，日本对东亚和欧美地区的投资回报是不同的，前者的回报远远高于后者。正是由于日本对海外投资规模大、企业海外生产扩展迅速、盈利水平高，近年日本的 GDP 与 GNP 之间存在约 10 万亿日元的差距，如果考虑到海外投资和海外生产使日本企业在海外取得的良好业绩，日本的经济增长率将在现有基础上增加两个百分点。①

（三）技术优势与专利收益

尽管东亚地区各国自身的产业技术水平和加工工艺水平在逐步提高，而且在个别领域也已经有了较大突破，但是，技术水平的整体提高将是一个漫长的过程。在这个过程中，对技术的引进仍旧是十分必要的。通过直接投资建立起的资金、生产和技术联系，对于投资者和资本引进者都具有重要意义。对于投资方来说，其意义不仅在于可以借助这种方式保持技术优势，更重要的还在于可以使自己获得提供技术所带来的收益。

迄今为止，日本仍然是东亚地区最主要的技术出口国。对于

① 张季风著：《挣脱萧条：1990—2006 年的日本经济》，社会科学文献出版社，2006 年 4 月第 1 版，第 350 页。

日本来说，由于其经济的亮点正在由生产制造转向研究开发，通过技术创新获取知识产权转让费将成为日本参与国际产业分工的主要方式，所以近来日本对于知识产权问题非常重视。正因为如此，日本对于一些发展中国家知识产权保护方面的欠缺表现出十分关心的姿势。例如，日本知识产权战略本部称，日本政府要设立“国际知识产权交易委员会”，加强对侵犯日本知识产权行为的监督管理。该委员会拥有行政管理权限和查处侵犯日本知识产权进口商品的权限。如果其认定进口商品侵犯了日本的知识产权，则有权要求海关阻止进口通关，并决定今后是否全面禁止进口该产品。这样的态势可以从一个侧面反映出：一方面，知识产权对于日本自身所具有的重要性；另一方面，也可以由此看出技术优势在日本保持其对东亚地区的影响力的重要意义。

综上所述，尽管日本遇到了持续十年的不景气，以及生产向海外转移对国内经济稳定带来的冲击，但是，及时进行体制变革和产业调整，不仅减轻了日本经济的各个方面所受到的冲击，而且还使日本得以维持自己的经济实力和国际经济影响力。作为世界上最重要的“经济体”之一，日本仍旧在东亚地区经济中发挥着重要影响。

贸易投资一体化条件下FDI的国民收入效应

赵蓓文*

内容提要：进入21世纪以来，全球范围内的贸易投资一体化进程发展迅速，国际贸易与国际直接投资日益呈现出相互融合的态势。在这种情况下，外国直接投资（FDI）的国民收入效应在很大程度上受到贸易余额效应的影响。本文通过建立有FDI流入的IS/LM/BP模型，运用一般均衡分析的方法对固定汇率和浮动汇率下FDI流入的国民收入效应进行研究，得出以下结论：在贸易投资一体化条件下，由于世界上大多数国家的贸易与投资都呈现出互补效应，因此，就这些国家而言，无论是在固定汇率下还是在浮动汇率下，FDI流入促进国民收入的增长都是确定的。从这个角度说，贸易投资一体化有利于FDI国民收入增长效应的形成。

* 赵蓓文：上海社会科学院世界经济研究所副研究员。

一、问题的提出

进入21世纪以来，全球范围内的贸易投资一体化进程发展迅速，国际贸易与国际直接投资（又称为外国直接投资，以下简称FDI）日益呈现出相互融合的态势。这种相互融合，大到贸易流向和投资流向在时间、地点和结构上所表现出来的高度一致性，小到以跨国公司为主体的国际直接投资在全球资源配置中所表现出来的以价值链为纽带的国际生产一体化，几乎各环节都有。一方面，贸易投资一体化的发展，使得国际贸易的基础从传统的比较优势转变为以跨国公司为主体的全球范围的资源整合；国际贸易的方式和结构也随之发生了重大变化。特别是，当国际直接投资大量涌入服务业等附加值较高的第三产业以后，服务贸易的发展大大加快；新的贸易方式如产业内贸易和公司内贸易等的比重也大大增加。另一方面，贸易投资一体化的发展，也使得世界上大多数国家的贸易与投资呈现出互补效应。在这种情况下，外国直接投资的国民收入效应在很大程度上受到贸易余额效应的影响。因此，从贸易投资一体化的角度，对外国直接投资的国民收入效应进行分析，有利于提高外国直接投资对国民经济增长的贡献，进一步推动发展中国家对外开放的发展。

二、文献回顾

20世纪70年代尤其是80年代以后，经济全球化的发展达到了一个新的高度。作为经济全球化的一个重要表现和国际分工日益深化的结果，贸易与投资一体化的趋势逐渐显现。在这种情况下，20 世纪 70 年代以后，国际贸易与国际投资理论逐渐出现融合趋势，对贸易投资一体化条件下的各种相关问题进行了深入细致的研究。

（一）关于国际贸易与投资的整合模型

关于外国直接投资的贸易效应在理论界一直存在截然相反的两种观点。以蒙代尔（Mundell）为代表的传统理论认为贸易与投资是相互替代的，并建立了以 H-O 模型为基础的贸易与投资替代模型，认为在要素自由流动、生产函数相同的前提下，外国直接投资可以通过缩小母国的生产可能性边界、扩大东道国的生产可能性边界，形成对国际贸易的完全替代。

20 世纪 60 年代以后，随着跨国公司的迅速扩张，传统理论受到了现实的挑战，以马库森和斯文森（Markuson and Svensson）为代表的一部分经济学家提出了贸易与投资可以同时存在，即存在互补效应的观点。他们认为，要素流动与商品贸易之间的相互关系是表现为替代性还是互补性取决于贸易和非贸易要素之间的关系是“合作的”还是“非合作的”，并通过对要素比例的分析建立了贸易与投资互补模型。

20 世纪 80 年代末 90 年代初以后，关于 FDI 贸易效应的研究进一步深入和细化。J. P. 尼尔里（J. P. Neary）通过建立一个特定要素模型，发现贸易与资本要素流动是替代的。同时，A. 帕特瑞（A. Patrie）关于 FDI 投资动机差异导致贸易与投资相互关系不同的结论、以巴格瓦蒂和迪诺普洛斯（Bhagwati and Dinopoulos）的补偿投资模型为代表的一系列研究也表明，FDI 与贸易的相互关系既可能是替代的，也可能是互补的，即在不同条件下（例如不同国家、不同产业或其他不同经济条件）可能存在贸易替代和贸易创造两种效应。联合国贸易和发展委员会对于52个发达国家和发展中国家1995年的截面数据所做的研究进一步证实了这一点：虽然整体的回归数据表明FDI与制成品出口之间存在显著的正相关关系，但在中等技术含量产品的检验中显著性水平较低。[①] 可见，从整体而言，贸易与投资的关系存在一定的不确定性。

(二) 关于贸易投资一体化的国际收支效应

姚枝仲、何帆在《外国直接投资是否会带来国际收支危机?》一文中提出，FDI影响国际收支的渠道主要有9条：其中4条渠道会对国际收支产生正的效应，包括FDI流入、FDI利润再投资、FDI造成制成品出口、FDI制成品替代进口导致进口减少等；另外5条渠道会对国际收支产生负的效应，包括FDI项目完成后的资本回流或撤资、FDI收益汇回、FDI造成设备进口、FDI造成对外专有权利使用费或特许费支出、FDI造成原材料或零部件等进口等。[②] 可见，FDI对东道国的国际收支平衡会产生重要影响。其中，由FDI所产生的正向和反向的资本流动、中间品或制成品的进出口以及投资利润转移、红利汇回等构成了FDI国际收支效应的主要环节。

需要注意的是，投资收益的汇回使新兴市场经济体产生经常项目逆差的可能性大大增加。更为严重的是，一旦发生危机，外商必将加速利润转移和红利汇回的过程，从而引起资本外逃，使宏观经济环境进一步恶化。据世界银行统计，20世纪90年代，

---

① 转引自张二震、马野青、方勇等：《贸易投资一体化与中国的战略》，人民出版社，2004年1月版，第54页。

② 姚枝仲、何帆："外国直接投资是否会带来国际收支危机?"，《经济研究》，2004年第11期。

发展中国家的外国直接投资的年平均收益率为16%—18%，在一些贫穷国家，年均收益率甚至高达24%—30%，[①] 远远高于一般的商业贷款利息。投资收益的转移和汇出是导致其中一些国家产生国际收支危机的一个重要原因。至于以“合法”名义进入的投机性直接投资对国际收支的影响就更大。[②]

同时，一些实证研究也表明，由于在一些情况下投资对贸易具有一定的促进作用，由外商直接投资引致的贸易信贷、银行借款等短期资本流动也会相应增加，对东道国的宏观经济造成间接影响。事实上，以直接投资为主的长期资本流动在墨西哥金融危机和马来西亚金融危机中都扮演了重要角色，是导致其经常产生项目逆差的重要原因。不同的是，流入墨西哥的资本以间接投资为主，而流入马来西亚的资本以直接投资为主；但它们都因为直接投资而产生了更多的短期资本流动，并在利率、汇率和资本市场的相互作用下发生了严重的金融危机，以致国民财富大量流失，极大地影响了宏观经济稳定。

（三）关于FDI影响对外贸易的主要渠道

有关贸易与投资关系的理论模型大致可以分为以下三种：贸

---

① David Woodward (2001), “The Next Crisis? Direct and Equity Investment in Developing Countries,” *Zed Books*, New York.

② 直接投资的实际构成比较复杂，既包括以建立长期关系、享有持久利益为主的“真”直接投资（我们姑且将它称之为真实性直接投资），也包括一部分以直接投资名义进入的“假”直接投资（我们姑且将它称之为投机性直接投资）。长期以来，我们对直接投资的认识都停留在真实性直接投资上，即一国（地区）的居民实体（外国直接投资者或母公司）在其本国（地区）以外的另一国的企业（外国直接投资企业、分支企业或国外分支机构）中建立长期关系，享有持久利益，并对之进行控制的投资。然而，随着经济全球化的发展，一部分投资在直接投资的名义下（在国际收支表中表现为直接投资）从事的却是套利和套汇的投机性活动。这部分直接投资对国家宏观经济的稳定会产生重要的负面影响。为了简便起见，本文暂时不考虑这种情况。

易与投资替代模型、贸易与投资互补模型以及贸易与投资不确定性模型。这些模型分别从不同的角度揭示了贸易与投资的紧密联系。从FDI对外贸易传导机制的角度看，FDI的贸易效应主要包括进口替代效应、进口引致效应和出口创造效应。贸易效应的产生又会导致贸易品生产部门和非贸易品生产部门的就业和工资变化，从而对东道国的宏观经济产生影响。其中，原材料、设备、零部件和制成品的进出口以及汇率是这一传导机制的主要环节。

邓宁（Dunning）在《跨国公司和全球经济》一书中指出，外国直接投资可以区分为六大类：自然资源寻求型、市场寻求型、效率寻求型、战略资产寻求型、贸易及分配型和辅助服务型。[①] 巴克利（Buckley）将之简化为三种类型，即资源寻求型直接投资、市场寻求型直接投资和效率寻求型直接投资。[②] 其中，资源寻求型直接投资的投资动机是通过直接投资获得或扩大自然资源类原材料投入的供应；市场寻求型直接投资的投资动机是通过直接投资进入东道国市场或扩大国际市场份额；效率寻求型直接投资的投资动机是通过直接投资降低总成本，尤其是降低劳动力的成本。

从外国直接投资的贸易效应来看，资源寻求型外国直接投资有利于当地原材料的加工出口，其出口创造效应较强；市场寻求型外国直接投资的进口替代效应较强；效率寻求型则既可能产生进口引致效应，又可能产生出口创造效应，其总效应取决于这几

① Dunning, John H (1992), *Multinational Enterprises and Global Economy*, Addison-Wesley Publishing Company, pp. 82—83.

② Buckley, Peter (1996), "Government Policy Responses to Strategic Rent-seeking Transnational Corporations," in: *Transnational Corporations*, Vol. 5, No. 2, pp. 1—15.

个效应的力量对比。

如果按照贸易与投资替代模型、贸易与投资互补模型以及贸易与投资不确定性模型的范畴来划分，那么，市场寻求型外国直接投资（渠道 6）将会产生贸易与投资替代模型中所分析的替代效应，资源寻求型外国直接投资（渠道 5）将会产生贸易与投资互补模型中所分析的互补效应，而效率寻求型外国直接投资将会产生贸易与投资不确定性模型所分析的情况，既可能产生贸易与投资的替代效应（渠道 1、渠道 2 和渠道 3），也可能产生贸易与投资的互补效应（渠道 4），其最终结果是不确定的。表 1 是 FDI 影响对外贸易的几条主要渠道。

表 1　FDI 影响对外贸易的主要渠道

序号	投资动机	渠道	影响方向	适用模型
1	效率寻求型	FDI 造成设备进口	进口引致	贸易与投资替代
2	效率寻求型	FDI 造成原材料或零部件等进口	进口引致	贸易与投资替代
3	效率寻求型	FDI 造成专利或特许使用费等进口	进口引致	贸易与投资替代
4	效率寻求型	FDI 造成制成品出口	出口创造	贸易与投资互补
5	资源寻求型	FDI 造成当地原材料加工出口	出口创造	贸易与投资互补
6	市场寻求型	FDI 制成品替代进口导致进口减少	进口替代	贸易与投资替代

资料来源：根据有关资料整理。

从以上分析可以看出，贸易投资一体化理论的最新发展不仅关注了传统国际贸易理论和国际直接投资理论所没有关注的收益分配问题，还涉及了早期理论所没有涉及到的利益分配的形成机制问题，从而为本文从贸易投资一体化的角度来分析外国直接投资的国民收入效应奠定了基础。

三、贸易投资一体化条件下 FDI的国民收入效应

贸易投资一体化的国际趋势表明，在大多数情况下，贸易与投资是互补的。同时，一些实证研究也表明，在从计划经济向市场经济转型的过程中，大多数转型国家的贸易与投资会呈现出互补效应，FDI 通过促进贸易而加深了这些国家之间的贸易联系。① 弗拉基米尔·贝那西克（Vladimir Benacek）、米罗斯瓦夫·格罗尼茨基（Miroslaw Gronicki）、唐·霍兰德和麦格多那·萨斯（Dawn Holland and Magdolna Sass）通过 FDI 对中东欧影响的实证研究也证明了这一点。② 因此，为了简便起见，本文在进行贸易投资一体化条件下外国直接投资国民收入效应的分析时，假设一个国家或地区的经济属于贸易与投资互补的类型。本文的基本模型将是加入代表国际收支均衡线 BP 之后的 IS/LM/BP 模

① 转引自林季红、黄梅波："区域经济一体化理论及实证研究综述"，载中国世界经济学会编：《现代国际经济学理论发展综述》，中国人民大学出版社，2006 年 10 月版，第 152 页。

② Benacek, Vladimir, Gronicki, Miroslaw, Holland, Dawn and Sass, Magdolna (2000), "The Determinants and Impact of Foreign Direct Investment in Central and Eastern Europe: A comparison of survey and econometric evidence," Transnational Corporations, *Journal of United Nations*, vol. 9, no. 3, New York, December, 2000, pp. 163—212.

型。同时，考虑到资本项目下的 IS/LM/BP 模型可以分为资本完全流动和资本有限流动两种情况，而 FDI 的沉没成本较高，其对利率的敏感性远远不如证券投资和贷款，因此，有 FDI 流入的 IS/LM/BP 模型属于资本有限流动的情况，其 BP 线是一条斜率为正、并随国内利率变化而变化的曲线。

（一）有 FDI 流入的 IS/LM/BP 模型：固定汇率的情况

首先，由于 FDI 的流出入对于利率的敏感性较低，一旦投资开始，只有由 FDI 引起的利息、利润和股息的流出入（这在国际收支平衡表上表现为经常项目）会受到利率变化的影响，而前期投入受利率变化的影响很小。因此，有 FDI 流入的 IS/LM/BP 模型的 BP 线是一条斜率为正、并随国内利率变化而变化的曲线。

其次，FDI 的流入将引起本国储备的增加，进而引起货币供给的增加（假如央行不采取冲销政策），使 LM 线右移。

再次，FDI 的流入还会引起贸易余额的变化。假设在一个经济中贸易与投资是互补的情况，那么 FDI 的流入将使贸易余额也就是净出口增加，从而推动 IS 线右移。由于时滞的关系，这些变化会在一段时间后才显现出来，因此，IS 线的移动要落后于 LM 线的移动。

最后，我们来考察整个变化过程。如图 1 所示，当经济的初始点位于 E 点时，由于 FDI 的流入导致 LM 线右移，在固定汇率下，在短期内经济将在 F 点均衡，与此相对应的收入将得到提高；在长期内，由于 FDI 的贸易余额效应逐渐显现，在贸易与投资互补的情况下，将推动 IS 线右移，同时，由于贸易余额的增加还会改善国际收支，因此导致 BP 线也右移。经过一段时间调整以后，整个经济将在 G 点处达到均衡，与此相对应的收入将进一步提高。可见，在贸易与投资互补的情况下，FDI 流入在固定汇率下的国民收入增长效应是确定的。①

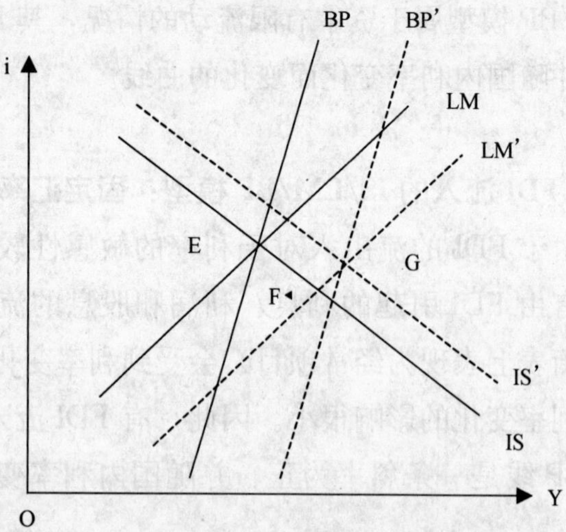

图 1　有 FDI 流入的 IS/LM/BP 模型：固定汇率的情况

（二）有 FDI 流入的 IS/LM/BP 模型：浮动汇率的情况

如图 2 所示，在浮动汇率的情况下，当经济的初始点位于 E 点时，由于 FDI 的流入引起本国储备的增加，进而引起货币供给的增加，从而促使 LM 线右移，均衡点移到 H 点，与此相对应的收入将从 Y_1 提高为 Y_2，并引起外部经济的逆差；在浮动汇率制度的作用下，必定要求本国货币的贬值，即名义汇率的上升来恢复外部经济的平衡。随着本国货币的贬值，先是由出口增加而引起的 IS 线的右移，接着是 BP 线的右移，最后，经济的均衡点将会出现在 I 点，与此相对应的收入将进一步提高到 Y_3。

① 贸易与投资替代的情况比较复杂，这里暂时不予考虑。因此，在固定汇率的情况下，实际上 FDI 流入是否能够促进收入的增长是不确定的。但在贸易与投资互补的情况下，FDI 的国民收入增长效应是确定的。

由于贬值的出口促进效应要远远大于 FDI 自身的贸易余额效应,① 因此，在浮动汇率的情况下，FDI 流入的国民收入效应是确定的，即能够通过出口促进以及随之而来的贸易收支两种渠道提高国民收入。

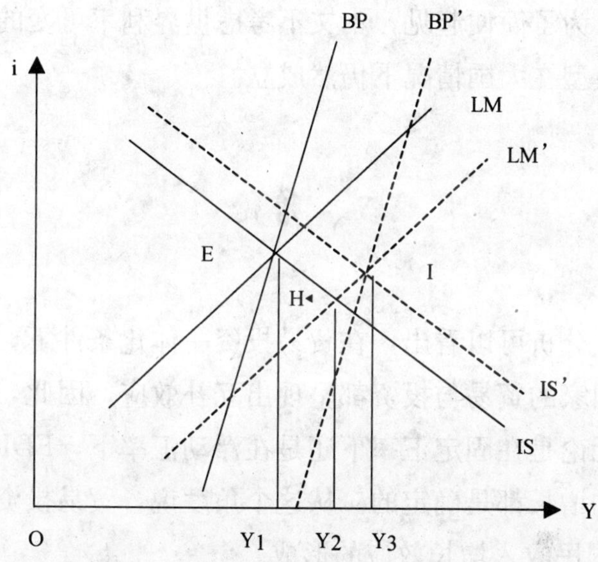

图 2　有 FDI 流入的 IS/LM/BP 模型：浮动汇率的情况

（三）关于大国模型的说明

当本文采用 IS/LM/BP 模型时，实际上有一个隐含的假定，即分析的都是小国模型，这意味着所有的变化都不足以影响世界金融市场。具体来说，就是在所有的模型中，世界利率都被视为既定。这个假定适合于世界上大多数国家，但对于美国、日本、欧盟等国家和地区却并不适合，因为它们的政策变化会影响到世

① 在浮动汇率的情况下，由于贬值的出口促进效应远远大于 FDI 自身的贸易余额效应，因此东道国贸易与投资的相互关系属于互补还是替代的情况对结果的影响甚少，可以忽略不计。

界利率，所以必须构造适合于这些国家和地区的大国经济模型。

然而，外国直接投资的情形显然不同。虽然大国模型假设世界利率可变，但 FDI 与证券投资不同，它的流动性和规模还不足以影响世界利率，因此，在研究 FDI 的国民收入效应时，世界利率仍然是不可变的，在这一点上大国模型和小国模型并没有太大区别。为了简便起见，本文不考虑世界利率可变的情形，即认为以上模型在大国情况下仍然成立。

四、结论

从以上分析可以看出，在贸易投资一体化条件下，由于世界上大多数国家的贸易与投资都呈现出互补效应，因此，就这些国家而言，无论是在固定汇率下还是在浮动汇率下，FDI 流入促进国民收入的增长都是确定的。从这个角度说，贸易投资一体化有利于 FDI 国民收入增长效应的形成。

多重视角下的
非稳态国际秩序

论合作：构建和谐世界之方法与路径

——以国际法领域的相关制度为中心

金永明*

内容提要：实现和谐世界、和谐社会之目标，已成为我国今后相当长时期对内对外政策的重要方针。有必要论述实现和谐世界、和谐社会的方法与路径，而合作显然是实现上述目标的重要手段之一。本文以国际法领域的相关制度为中心，论述了合作的国际法基础与要义，并指出了合作应遵循的原则与应处置的几对关系。最后，指出了构建和谐世界将是一个渐进、漫长而曲折、艰难的过程的要因。

* 金永明：上海社会科学院法学研究所副研究员，法学博士，中国海洋发展研究中心研究员。

一、我国提出构建和谐世界与和谐社会目标之内涵

在今后相当长时期内，我国政治生活中的重要任务之一是深化构建和谐世界、和谐社会的内涵与举措。应该说，提出构建和谐世界、和谐社会的目标，是我国政府结合国际国内形势，深思熟虑、综合考虑各种因素、审时度势后，提出的重要目标或任务。即在国际层面要求实现和谐世界；在国内层面要求实现和谐社会。同时，和谐社会与和谐世界是相互联系、相互影响、互为保证与促进的，是一个事物的两个方面，也是辩证统一的。即和谐世界确保构建和谐社会的国际环境，和谐社会带动和谐世界的推进与实施。

国际层面提出构建和谐世界的目标，源于国家主席胡锦涛于2005年9月15日在联合国成立60周年首脑会议上所作的题为“努力建设持久和平、共同繁荣的和谐世界”的报告。他指出，在机遇和挑战并存的重要历史时期，只有世界所有国家紧密团结起来，共同把握机遇、应对挑战，才能为人类社会发展创造光明的未来，才能真正建设一个持久和平、共同繁荣的和谐世界。[①]应指出的是，现阶段在国际社会中，构建和谐世界的障碍或问题很多，或不和谐的因素很多，例如，恐怖主义威胁、贫困饥饿问题、有组织犯罪、疾病预防控制问题、自然灾害的预防与整治问题等，实现其目标需各国的共同努力，尤其需要各国间的真诚

① 胡锦涛：“努力建设持久和平、共同繁荣的和谐世界——在联合国成立60周年首脑会议上的讲话”，载《新华月报》2005年第10号，第69—71页。

合作。

国内层面提出构建和谐社会的目标，源于党的十六大（2002年11月）在阐述全面建设小康社会的奋斗目标时，明确提出了“社会更加和谐”的发展要求；党的十六届四中全会（2004年）从加强党的执政能力建设的高度，明确提出了“构建和谐社会”的历史任务；2004年12月，胡锦涛指出，要正确认识和处理“社会主义物质文明、政治文明、精神文明与和谐社会建设”的关系，它标志着党对构建和谐社会的重视；2005年胡锦涛总书记在中央党校省部级重要负责同志的研讨班上，强调要建设“民主法治、公平正义、诚信友爱、充满活力、安定有序、人与自然和谐相处”的社会主义和谐社会，这为我们认识和谐社会的内涵与特征指明了方向。[①] 近期，构建和谐社会的纲领性文件为，党的十六届中央委员会第六次全体会议于2006年10月11日通过的《中共中央关于构建社会主义和谐社会若干重大问题的决定》（以下简称《决定》）。从《决定》的内容来看，它提出了构建和谐社会应遵循的六项原则：第一，必须坚持以人为本；第二，必须坚持科学发展；第三，必须坚持改革开放；第四，必须坚持民主法治；第五，必须坚持正确处理改革发展稳定的关系；第六，必须坚持在党的领导下全社会共同建设。同时，《决定》从发展社会事业、促进社会公平正义、建设和谐文化、完善社会管理、增强社会创造活力等五个方面，提出了构建和谐社会28个方面的政策措施。

当然，我国领导人在提出构建和谐世界的目标时，也提出了

① 张宿堂、孙成斌、邹声文：“构建社会主义和谐社会的纲领性文件——《中共中央关于构建和谐社会若干重大问题的决定》诞生记”，载《新华月报》（记录）2006年11月号下半月，第20—22页。

应坚持的几项具体原则：（1）坚持多边主义，实现共同安全，是构建和谐世界的政治基础；（2）坚持互利合作，实现共同繁荣，是构建和谐世界的手段、方法及目的；（3）坚持包容精神，共建和谐世界，是构建和谐世界的诚意与态度；（4）坚持积极稳妥方针，推进联合国改革，是构建和谐世界的步骤与措施及要求。

总之，我国提倡的和谐世界主要是指，政治上和平共处，利用和平方法和平解决国际争端，经济上互利共赢，安全上相互信任，文化上加强对话，相互交流的全面平衡协调发展的国际和谐社会。

另外，为推进和谐世界的实现，中国在外交实践中，也履行了作为最大的发展中国家应承担的义务与责任，并为构建和谐世界作出了一定的贡献。例如，在六方会谈中，为实现朝鲜半岛无核化目标，我国斡旋、协调，积极推动共同声明与共同文件出台；召开中非合作论坛，进一步加强对非洲国家的支援，包括取消和减免欠我国的债务，以合作方式实现共同发展。同时，中国政府已经将和平、发展与合作作为重要的外交理念，并积极推进实施，取得了良好的效果。以下以国际法领域的相关制度为中心，阐述构建和谐世界的方法与路径——合作的国际法基础与要义，进而指出与合作有关的原则及发展趋势。

二、合作的国际法基础与要义——以国际法领域的相关制度为中心

如上所述，为实现我国政府提出的构建和谐世界的目标，我国将合作作为实现和谐世界的重要方法与路径，并将其提升为理

念，已取得了良好的、积极的效果，为多数国家所称赞。实际上，合作具有深厚的国际法基础，也是我国外交工作的总结与升华，值得探究。以下从国际法领域的相关制度，阐述合作的国际法基础与要义，以说明合作在构建和谐世界中的作用与地位。

国际社会已将和平与安全、发展及人权领域的问题，列为国际社会的三大重要问题，即联合国系统的支柱。当然，上述三大领域并不是独立的，而是彼此关联的，彼此影响的。[①] 下面从和平与安全、发展领域入手，论述合作的国际法基础与要义。

（一）合作在和平与安全方面的国际法基础与要义

国际社会规范和平与安全领域的重要制度为《联合国宪章》（以下简称《宪章》）。《宪章》中与合作有关的条款，主要表现在以下几个方面：

1. 关于联合国的宗旨。《宪章》第 1 条规定，联合国的宗旨为维持国际和平及安全；促成国际合作，以解决国际间属于经济、社会、文化及人类福利性质之国际问题，且不分种族、性别、语言或宗教，增进并激励对于全体人类之人权及基本自由之尊重。可见，为维持国际和平与安全，《宪章》将合作作为实现其宗旨的重要目的与方法。

2. 关于联合国的原则。《宪章》第 2 条第 5 款规定，为求实现宪章第 1 条的宗旨，各会员国对于联合国依本宪章规定而采取之行动，应尽力予以协助，联合国对于任何国家正在采取防止或执行行动时，各会员国对该国不得给予协助。即规定了会员国协助联合国授权行动的原则，以及会员国禁止向联合国采取行动的

---

① 参见《2005 年世界首脑会议成果文件》（2005 年 10 月 24 日通过，简称《成果文件》）第一部分（价值与原则）第 9 段。

国家协助的原则。在此，协助原则显然包含合作之意。

3. 关于《宪章》中合作之地位。《宪章》第 11 条第 1 款规定，联合国大会得考虑关于维持国际和平及安全之合作之普遍原则。可见，《宪章》在国际和平与安全方面将合作置于普遍原则之地位，要求大会成员国，即各国普遍遵守，体现了合作的普遍意义及地位。

4. 关于《宪章》中合作之类型。从《宪章》的规定中，可以看出，合作分为政治合作、经济合作、社会合作、文教合作、卫生合作等类型，范围极广。例如，《宪章》第 13 条第 1 款规定，大会应发动研究，并作成建议：(1) 以促进政治上之国际合作，并提倡国际法之逐渐发展与编纂；(2) 以促进经济、社会、文化、教育及卫生各部门之国际合作，且不分种族、性别、语言或宗教，助成全体人类之人权及基本自由之实现。

5. 关于和平与安全方面的决策。《宪章》将维持国际和平与安全的主要责任授予安全理事会；各国同意依宪章之规定接受并履行安全理事会之决议；安全理事会对于程序以外其他一切事项之决议，应以九理事国之可决票包括全体常任理事国之同意票表决之，即所谓大国一致原则，常任理事国的否决权问题；安全理事会断定任何和平之威胁、和平之破坏或侵略行为之存在，建议采用第 41 条及 42 条规定之办法时，联合国各会员国应通力合作，彼此协助，以执行安全理事会所决定之办法。[①] 可见，安全理事会关于实质性事项的决议，需要各国的合作，尤其是五大常任理事国的一致同意，在执行安全理事会关于安全方面的决议时，也要求会员国的合作。当然，安理会在采取上述决议之办法

---

① 参见《宪章》第 24 条第 1 款；第 25 条；第 27 条第 2、3 款；第 39 条；第 49 条。

前，《宪章》第 33 条规定，任何争端当事国应尽先利用谈判、调查、调停、和解、公断、司法解决、区域机关或区域办法，或当事国自行选择之其他和平方法，以求解决；安全理事会认为必要时，应促请各当事国以此项方法，解决其争端。即争端当事国应遵守利用和平方法解决争端之原则，但这些和平方法均要求争端当事国遵循合作原则，否则无法利用上述和平方法实现解决争端目的。

6. 关于推荐联合国秘书长人选问题。秘书处为联合国主要机关之一；秘书长为联合国之行政首长，秘书处置秘书长一人及若干办事人员；秘书长及办事人员专对联合国负责；办事人员由秘书长依大会所定章程委派；秘书长在联合国机关：大会、安全理事会、经济及社会理事会等之一切会议，应以秘书长资格行使职务，并应执行各机关所托付之其他职务；秘书长得将其所认为可能威胁国际和平及安全之任何事件，提请安全理事会注意。[①]鉴于秘书长职权与地位的重要性，国际社会对秘书长职位非常关注，为此，《宪章》第 97 条规定，秘书长应由大会经安全理事会之推荐委派之。由于推荐秘书长人选属安全理事会决议的非程序性事项，需要全体常任理事国的一致同意，否则无法通过安全理事会的决议。可见，在推荐秘书长的人选问题上，也体现了大国需要合作的原则。

综上可以看出，合作在《宪章》关于和平与安全方面具有重要的国际法基础，可以说，如果没有各会员国尤其是五大常任理事国间的合作，联合国就无法正常运作，而难保国际和平与安全。

---

① 参见《宪章》第 7 条第 1 款；第 97 条；第 100 条；第 101 条第 1 款；第 98 条；第 99 条。

另外，目前严重影响国际社会和平与安全的另一领域为恐怖主义。即恐怖主义已成为对国际和平与安全的最严重的威胁之一。[①] 迄今，国际社会虽已制定了一系列反恐公约，其对于遏止恐怖主义活动具有积极作用，但国际社会仍未对恐怖主义的定义作出明确规定，对恐怖主义的定义存在严重分歧，不利于对恐怖主义的认定及打击。[②] 而为打击恐怖主义活动，国际社会必须加强合作，包括信息交流共享、惩治恐怖主义国内法规的统一、打击恐怖主义的执法合作与技术交流，以增强打击的效率，即加强合作是打击与遏止恐怖主义的重要手段。当然，为打击恐怖主义的国际合作（区域、双边合作）必须遵守国际法，包括《宪章》和有关反恐国际公约及其议定书；同时，各国必须确保，为打击恐怖主义而采取的措施必须符合国际法，特别是承担人权法、难民法和国际人道主义法规定的义务。近期，国际社会的主要任务之一为，在联大就国际恐怖主义问题，尤其是就恐怖主义的定义达成一致意见，并缔结一项关于反恐怖主义的全面公约。而为完成上述任务，无疑需要各国间的真诚合作。

（二）合作在发展领域的国际法基础与要义

国际法中涉及发展领域的制度很多，因受篇幅限制，以下主

---

① 参见《成果文件》第三部分（和平与集体安全）第 81 段。

② 迄今，国际社会缔结的反恐公约及其文件主要有：《关于在航空器内的犯罪和其他某些行为的公约》、《关于制止非法劫持航空器的公约》、《关于制止危害民用航空安全的非法行为的公约以及制止在为国际民用航空服务的机场上的非法暴力行为的议定书》、《关于防止和惩处侵害应受国际保护人员包括外交代表的罪行的公约》、《反对劫持人质国际公约》、《关于核材料的实物保护公约》、《补充关于制止危害民用航空安全的非法行为的公约》、《制止危害航海安全的非法行为公约》、《制止危害大陆架固定平台安全非法行为议定书》、《关于在可塑炸药中添加识别剂以便侦测的公约》、《制止恐怖主义爆炸事件的国际公约》、《制止向恐怖主义提供资助的国际公约》、《制止核恐怖行为国际公约》以及 2006 年 9 月 8 日联大通过的全球反恐战略。

要从两个方面，即海洋资源开发与气候变化问题，展开论述。因为国际法中的上述领域均严重影响各国的发展进程。

1. 在海洋能源资源开发方面的合作。各国为发展经济社会活动，需要足够的能源资源作保障，而开发海洋获取能源资源已成为重要的手段或路径之一。众所周知，国际社会规范海洋开发活动的重要公约为《联合国海洋法公约》(1982年制定，1994年生效，以下简称《公约》)。概言之，《公约》制度中，可以大量提取海洋能源资源的海域主要为专属经济区与大陆架。当然，《公约》均对其作了相应的制度性规定。

对于专属经济区制度，《公约》第56条第1款规定，沿海国在专属经济区内有勘探和开发、养护和管理海床和底土及其上覆水域的自然资源为目的的主权权利；《公约》第57条规定，专属经济区从测算领海宽度的基线量起，不应超过200海里。可见，沿海国对近岸200海里内的自然资源拥有主权权利。关于该主权权利的性质，是指未经沿海国的同意或许可，其他国家就不能在专属经济区内进行相关活动，其具有专属性或排他性。

对于大陆架制度，《公约》第76条第1款规定，沿海国的大陆架包括其领海以外依其陆地领土的全部自然延伸，扩展到大陆边外缘的海底区域的海床和底土，如果从测算领海宽度的基线量起到大陆边的外缘的距离不到200海里，则扩展到200海里的距离。《公约》第77条第1款规定，沿海国为勘探大陆架和开发其自然资源的目的，对大陆架行使主权权利。该主权权利具有专属性，主要表现在：如果沿海国不勘探大陆架或开发其自然资源，任何人未经沿海国的明示同意，均不得从事这种活动；沿海国对大陆架的权利并不取决于有效或象征的占领或任何明文公告，即沿海国对大陆架的权利不需要国家的任何行为，包括宣言。[①]

专属经济区在《公约》中的地位的确立及其运用，引发了多起海域划界争端。争端的焦点主要集中在，海域划界应适用等距离原则或中间线原则，还是应适用公平原则。从《公约》关于专属经济区和大陆架划界的第74条和第83条的规定来看，其内容既未涉及等距离原则或中间线原则，也未直接涉及公平原则，只强调有关国家应根据协议划界，求得“公平解决”的结果。[②] 为此，鉴于海域划界涉及政治、经济、社会、地理、历史、人文和法律等多种因素，在有关国家间难以缔结最后协议确定边界的情况下，制定临时安排措施就成为延缓争议升级、获取实在利益的重要手段或方法。[③] 而在谈判和制定临时安排及达成最后协议的过程中，结合《公约》的相关规定，有关国家主要应遵守以下三项义务。[④]（1）为达成划界协议而进行谈判的义务；（2）为缔结临时安排而努力的义务；（3）禁止单方在争议凸显后实施危害或

---

① 参见《公约》第77条第2、3款。

② 参见 R. R. Churchill and A. V. Lowe, *The Law of the Sea*, 3rd ed., Manchester University Press, 1999, p. 191。同时，上述规定关于专属经济区和大陆架划界应遵循的国际法十分宽泛，包括条约、国际法院判决和习惯法，还提出了“公平解决”的结果，但并未规定“公平解决”的含义，致使在实际操作中很难把握，出现不同的解释与争论。参见朱晓青主编：《国际法》，社会科学文献出版社，2005年版，第151页。

③ 例如，《公约》第74条第3款规定，在达成专属经济区划界协议以前，有关国家应基于谅解和合作的精神，尽一切努力作出实际性的临时安排，并在此过渡期间内，不危害或阻碍最后协议的达成，这种安排应不妨碍最后界限的划定。

④ 例如，《公约》第123条规定，闭海或半闭海沿岸国在行使和履行本公约所规定的权利和义务时，应互相合作，以协调海洋生物资源的管理、养护、勘探和开发；以协调行使和履行其在保护和保全海洋环境方面的权利和义务，等等。

阻碍最后划界协议达成的行为义务。[①] 笔者认为，上述义务具体表现在以下几个方面：第一，双方或多方应通过对话、谈判等方法，协商解决与缩小争议分歧，互通信息，即诚意履行使磋商有效的义务；第二，要求有关国家面对争议现状，不要采取单方面的行为和措施，保持克制，避免争议进一步升级；第三，在磋商中，各方应承担为推进最后协议或临时安排的达成而努力的义务，坚持互谅互让，稳步推进磋商成果；第四，加强合作交流义务，即为达成最后协议或阶段性共识或合意，各方应加强合作与交流，并遵守达成的共识。

可见，有关国家在争议海域只有通过合作，采取互谅互让的精神，才能获取实在的能源资源开发利益，并稳定周边环境与局势，为地区乃至世界的和平与发展贡献力量。由此可见，合作在海洋能源资源开发利用方面的重要性。

2. 在气候变化问题上的合作。气候变化问题现已引起国际社会的高度重视，例如，该问题成为2007年6月在德国举行的八国峰会的中心议题之一。同时，根据2007年联合国《全球气候变化报告》的评估意见，全球气候变暖已是不争的事实，要求国际社会正确应对。[②]

---

① 关于上述义务何时产生之观点或学说，请参阅：R. Lagoni, "Interim Measures Pending Maritime Delimitation Agreements," *American Journal of International Law*, Vol. 78, pp. 364－365。

② 2007年联合国政府间气候变化专门委员会在巴黎发表的《全球气候变化报告》的评估结论，主要为：第一，从所有陆地和大部分海洋所观测到的证据显示，许多自然系统正受到区域气候变化，尤其是气候变暖的影响；第二，20世纪70年代以来的全球数据评估显示，人为的升温对许多自然和生物系统的影响已经几乎可以辨识；第三，虽然区域气候变化对自然和人类环境的影响由于适应和非气候的驱动力使其辨识较为困难，但这些影响的结果正在逐步显示出来。参见《国外社会科学文摘》2007年6月号，第4—5页。

实际上，气候变化问题首次引起关注是在1979年的第一届世界气候大会上，此后1990年联大成立了关于气候变化框架公约的政府间谈判委员会，1992年5月在联合国环境与发展大会上通过了《联合国气候变化框架公约》（1994年3月生效，现有缔约国190个）。该公约旨在使国际社会能控制二氧化碳等温室气体的排放量，阻止全球变暖给人类经济和社会带来的不利影响。[①] 1997年在该公约的第三次缔约国大会上通过了《京都议定书》（2005年2月生效，现有缔约国169个），要求到2012年温室气体排放量在1990年的基础上平均减少5%。

(1) 关于《联合国气候变化框架公约》中合作的内涵与特点。在《联合国气候变化框架公约》中，与合作有关的条款主要包括以下几个方面：

第一，关于各国参与合作的重要性与应坚持的总原则。例如，《联合国气候变化框架公约》在前言中指出，各缔约方承认气候变化的全球性，要求所有国家根据其共同但有区别的责任和各自的能力及其社会和经济条件，尽可能开展最广泛的合作，并参与有效和适当的国际应对行动；并重申在应付气候变化的国际合作中的国家主权原则。

第二，关于为实现本公约的目标和采取行动的指导方针或具体原则。(a) 共同但有区别的原则；(b) 考虑发展中国家的需要和特殊性原则；(c) 坚持预防为主的原则；(d) 促进可持续发展

① 例如，《联合国气候变化框架公约》关于本公约目标的第2条规定，本公约的最终目标为：将大气中温室气体的浓度稳定在防止气候系统受到危险的人为干扰的水平上；这一水平应当足以使生态系统能够自然地适应气候变化、确保粮食生产免受威胁并使经济发展可持续地进行的时间范围内实现。

的原则；（e）促进国际经济体系发展原则。[①]

第三，关于各国合作的内容与方式。所有缔约方，考虑到它们共同但有区别的责任，以及各自具体的国家和区域发展优先顺序、目标和情况，应在以下方面加强合作：（a）应促进可持续地管理，并促进和合作酌情维护和加强《蒙特利尔议定书》未予管制的所有温室气体的汇和库，包括生物质、森林和海洋以及其他陆地、沿海和海洋生态系统；（b）应合作为适应气候变化的影响作好准备；（c）应促进和合作进行关于气候系统的科学、技术、工艺、社会经济和其他研究、系统观测及开发数据档案；（d）应促进和合作进行关于气候系统和气候变化以及关于各种应对战略所带来的经济和社会后果的科学、技术、工艺、社会经济和法律方面的有关信息的充分、公开和迅速的交流；（e）应促进和合作进行与气候变化有关的教育、培训和提高公众意识的工作，并鼓励人们对这个过程最广泛参与，包括鼓励各种非政府组织的参与。[②]

（2）关于《京都议定书》中合作的内涵与特点。在《京都议定书》中，与合作有关的内容主要为：

《京都议定书》第 10 条规定，所有缔约方：第一，应合作促进有效方式用以开发、应用和传播与气候变化有关的有益于环境的技术、专有技术、做法和过程，并采取一切实际步骤促进、便利和酌情资助将此类技术、专有技术、做法和过程特别转让给发展中国家或使它们有机会获得，包括制订政策和方案，以便利有效转让公有或公共支配的有益于环境的技术，并为私有部门创造有利环境以促进和增进转让和获得有益于环境

① 参见《联合国气候变化框架公约》第 3 条。

② 参见《联合国气候变化框架公约》第 4 条第 1 款。

的技术；第二，应在科学研究方面进行合作，促进维持和发展有系统的观测系统并发展数据库，以减少与气候系统相关的不确定性、气候变化的不利影响和各种应对战略的经济和社会后果，并促进发展和加强本国能力以参与国际及政府间关于研究和系统观测方面的努力、方案和网络；第三，应在国际一级合作并酌情利用现有机构，促进拟订和实施教育及培训方案，包括加强本国能力建设，特别是加强人才和机构能力、交流或调派人员培训这一领域的专家，尤其是培训发展中国家的专家，并在国家一级促进公众意识和促进公众获得有关气候变化的信息；第四，应酌情寻求和利用各主管国际组织和政府间及非政府机构提供的服务、合作和信息。

尽管《京都议定书》设定了发达国家至2012年的排放量目标，但仍存在许多问题未解决。主要包括：发达国家为达到排放量目标，今后必须对国家间的排放量交易、共同实施、清洁开发制度，以及吸收温室气体的吸收计算方法等问题或措施加以细化；应对各国间的协议过程与技术转让、资金供给等方面的内容作出明确规定；发展中国家的排放量问题应予考虑，因为，据认为，仅靠发达国家控制排放量，是不能解决气候变化问题的。实际上，气候变化问题既是一个环境问题，又是一个发展问题，具有双重性。其实质是发展问题，即发展引起气候变化，气候变化应靠发展来解决。当然，它们既互相影响，又互相促进。尤其是应对气候变化问题需要大量的资金与专用的技术和装备，更需要各国间在不同领域的合作，为此，发达国家应负主要责任，并形成共识，包括其向发展中国家提供解决气候变化问题所需的资金、设备和技术转让与合作，从而切实缓和与解决全球气候变化问题。[1]

令人欣喜的是，在2007年的八国峰会上，各国领导人同意认真考虑到2050年全球温室气体排放量比1990年至少减少50％的建议，并同意在联合国框架内，力争于2009年前达成一项新的全球减排框架协议，以确定各国在2013年以后的排放量及其他政策措施。即所谓的“后京都”时代的任务与目标。而要实现上述目标，各国必须消除分歧或担忧，实行通力合作，以切实适应和应对气候变化问题。[2]

最后，值得一提的是，中国政府高度重视气候变化问题，并在政策与措施上采取了一系列的对策和行动，其综合实施无疑对全球气候变化问题的解决具有积极作用，值得称颂。[3]

---

① 发达国家在其实现工业化、现代化的过程中，无约束地、大量地排放了温室气体，主要是二氧化碳。例如，从工业革命开始到1950年，人类由于化石燃料燃烧释放的二氧化碳的总量中发达国家占了95％；从1950年到2000年的50多年中，发达国家的排放量仍占到总排放量的77％。因此，发达国家对气候变化负有不可推卸的主要责任，也应当承担主要的义务。参见2007年6月4日中国国务院新闻办邀请国家发展和改革委员会主任马凯介绍中国应对气候变化有关情况时的解答。

② 国际社会关于气候变化问题的担忧，主要有以下三种观点：第一，控制温室气体排放量是否会阻碍经济发展；第二，如果本国控制温室气体的排放量，而他国不控制，那么就不能根本解决气候变化问题；第三，要求发展中国家采取控制温室气体排放量的政策，是否公平。

③ 中国在气候变化问题上的政策和措施，主要体现在以下两个方面：第一，在组织机构上，中国成立了由国务院总理和各部委主要负责人共32人组成的国家应对气候变化领导小组及节能减排领导小组，其主要任务为：研究制订国家应对气候变化的重大战略、方针和对策，统一部署应对气候变化工作，研究审议国际合作和谈判对象，协调解决应对气候变化工作中的重大问题；组织贯彻落实国务院有关节能减排工作的方针政策，统一部署节能减排工作，研究审议重大政策建议，协调解决工作中的重大问题。第二，在政策措施上，中国公布了《应对气候变化国家方案》（2007年6月4日）、《中国应对气候变化科技专项行动》（2007年6月14日），同时，增加了应对气候变化及节能减排方面的专项资金投入力度，其主要目的是至2010年实现把全

三、合作应坚持的主要原则与应处理的几对关系

国际社会的现实情势已经告诉我们，带有全球性的问题的根本性解决仅靠个别国家的力量显然已不可能，它要求国际社会中的有关国家和国际组织及其他非政府组织间通力合作与参与。即使像美国这样的超级大国，例如在伊拉克安全问题上，也不例外。换言之，国际社会更需要不同层次、不同范围、不同方式的合作与协调，即实践已证明，合作是构建和谐世界的必由路径。

笔者认为，在实施国际、区域及次区域等层面的各种合作时，主要应遵循以下几项原则：

1. 坚持国家主权平等原则。在对待如何合作的问题上，各国间的主体地位应是平等的，即国家不分大小、强弱、贫富等差异，应在合作中坚持国家主权平等原则。具体来说，就是要倾听各国的呼声、意见与要求，不采取歧视的态度，并尽量考虑它们的现实需求，制订与实施符合多数国家利益的政策措施和行动。

2. 坚持《宪章》原则和公认的国际关系准则。在当今国际社会，各种问题的解决更需要联合国的参与及其主导作用，尤其在和平与安全领域，尤应让联合国发挥应有的权威作用，反对任何国家或国家集团违反和破坏以《宪章》为核心的国际法和国际

国万元GDP能耗由2005年的1.22吨标准煤下降到1吨标准煤以下，降低20%左右，主要污染物排放量减少10%的目标。尽管中国采取了各种政策和措施，并尽了努力，但2006年我国万元GDP能耗比2005年仅下降了1.33%，远低于4%的年度平均降低率目标，可见，我国与气候变化问题直接有关的节能减排工作任务很重，形势相当严峻。

关系基本准则。而为让联合国适应当今国际社会的发展特点，迎接新的挑战，联合国应进行必要的改革。但联合国的改革并不是削弱联合国的作用，而是增强联合国的民主、效率和权威性，使其发挥更大的效能。当然，联合国的改革需要平衡各方的权益与诉求及关切，更需要彼此间的磋商与合作，且其不可能在短时期内解决，带有中长期的性质，为此，合作尤显重要。

3. 坚持民主多样性和文化多元性原则。世界各国因其国情不同而采取不同的社会制度和政治制度，以体现世界的多样性和丰富性。表现在政治上，应允许其他国家采用不同的政治制度和民主方式管理本国事务，反对将自己的模式和主张强加于他国，应坚持包容和开放的态度；在文化上，反对排斥其他文化的特色与存在，应坚持互相交流、发扬和共存的立场。

4. 坚持利益多元和共赢的原则。在合作过程中，各方关注的重点和利益各有侧重，不可能完全一致，为此应照顾有关各方包括受损方与相关方的诉求与关切，同时倾听它们的意见，力争使设定的政策与措施顾及最多的合作方，让它们受益，取得共赢的最大效果。因为，只有让合作方均共赢，才能使合作长期化，并获得持续的发展。

5. 坚持经济开放与自由的原则。随着全球化日益推进与发展，世界南北差距进一步拉大，贫困化趋势愈益加剧，少数国家在国际社会中的话语权日益递减，致使许多发展中国家趋于边缘化、贫困化。它们不仅是造成社会动乱、甚至国际局势紧张和动荡的要因之一，而且对发达国家自身的安全与稳定和经济的再发展也极为不利。而解决发展问题的根本出路，在于破除不公正不合理的国际经济旧秩序，建立公正合理的国际经济新秩序（自由、开放而合理的国际经济秩序）；在于南北实施通力合作，促进共同发展与繁荣。为此，发达国家主要应调整对发展中国家的经济政策，包括取消贸易壁垒、降低市场转入标准、加大对发展中国家的技术转让力度、增加对发展的援助和投资、减免相关债务等等，目的是促进发展中国家的发展，构筑国际经济新秩序，做到各合作方真正互惠双赢、持续发展。

另外，在合作过程中，应正确处理好以下几对关系，主要为：第一，大国与小国间的关系。在合作中，大国不应歧视小国，不应附加各种条件，即合作应符合对等同视原则。第二，短期与长期的关系。合作有长期与短期之分，要使合作持续地进行下去，必须设定阶段性的目标与任务，并让各方的长处充分发挥，做到取长补短，寻求合作利益的最大化与持续化。第三，范围与收益的关系。合作的领域与范围应逐步进行，待条件成熟后稳步推进、扩大，保证合作方受益。第四，品种与含量的关系。在合作中，如何让发展中国家的产品尽快由低级产品出口为主，逐步向富含高科技的产品升级转换，也是应该处理好的关系之一。

四、结语

中国不仅提出了构建和谐世界、和谐社会的目标与任务，而且一直在努力推进，取得了国际社会的肯定与赞赏。但应强调的是，构建和谐世界的征程将是一个渐进、漫长而曲折、艰难的过程，期间充满着多种阻力和障碍。主要原因为：

第一，国际政治的多极化格局并未真正形成。即在今后相当长的时期内，美国仍将在政治、经济、军事、科技等关键领域相对他国占有明显优势，它将会利用独超强势地位继续推行全球单级独霸战略，致使构建和谐世界的进程近期难以有所突破。

第二，国际经济新秩序并未成形与实施。目前世界经济力量严重失衡，主要表现在，南北经济差距扩大，局部战争、饥饿与疾病、环境恶化等严重制约着发展中国家的发展，而发达国家不会放弃其在国际上的既得地位与权益，致使国际经济新秩序很难在近期建立，使构建和谐世界的进程严重受阻。

第三，发展中国家内部分化严重。美国对发展中国家采取“分而治之”的政策，同时，由于发展中国家的经济地位和发展水平不同，致使在政策取向上采取了不同的立场与态度，造成构建和谐世界的主导力量——发展中国家内部严重分化，无法形成合力，从而影响其推进的速度。

然而，值得肯定的是，国际社会已认识到国际问题的解决必须达成原则共识和进行合作的重要性，例如，在气候变化问题上，认为合作是解决这些问题的重要方法和路径，此境况有利于推进构建和谐世界的目标，为此，我们必须合力推动与弘扬，使和谐世界、和谐社会尽早实现。

互动模式下的相对稳定

李祥为[*]

内容提要：苏联解体，冷战结束，世界政治格局又进入了一个大变革、大调整时期。但世界上没有出现大规模的冲突，尤其在各个大国之间，没有出现新一轮的霸权战争。本文认为，这主要是因为信息技术的飞速发展、经济全球化进程的深化，增加了世界各国间的联系，促进了各国之间的互动。互动模式可以对当前国际政治体系的相对稳定做一个解释。互动模式强调的是相互影响，基础仍然是是权力、利益争夺，这种稳定也是相对的，不是永久的。

20 世纪 90 年代初，苏联解体，冷战结束，世界政治格局又进入了一个大变革、大调整时期。而在这个时期，世界却处在一个相对稳定的状态，世界上没有出现大规模的冲突，尤其在各个大国之间，没有出现新一轮的霸权战争。与此同时，20 世纪末信息技术的快速发展，经济全球化亦在不断深化，世界

* 李祥为：上海社会科学院国际政治专业硕士研究生。

各国更加紧密地联系在一起，人类已进入了信息化、经济全球化时代。信息化、经济全球化使国家之间的联系不断增强，并日益紧密。

在这个时期，国际政治关系有了新发展。政府间国际组织（IGO）增多，地区一体化进程等都在快速发展，并积极活动提高其在国际、地区事务中的影响力。如欧盟经济已实现高度的一体化，并发行了统一的货币欧元。在共同外交和安全政策（CFSP，Common Foreign and Security Policy）等方面取得了一定的进展。欧盟在国际上的影响力日益增大。非政府国际组织（NGO）、民间团体、跨国公司等非国家行为体也获得了快速的发展，在国际上的地位也在不断上升，并积极地参与到国际、地区事务中来，发挥自己的影响力，作用在不断增强。

全球性问题日益突出，环境污染、全球气候变暖、能源紧张、恐怖主义威胁等影响着世界各国的发展。为解决这些共同的全球性问题，需要世界各国开展国际合作，共同应对。如在全球气候变暖问题上，《京都议定书》的签订，是世界各国共同应对全球气候变暖问题有效的协议和较好的合作方式，协议要求各国落实节能减排义务。

信息化、经济全球化使国家之间的联系日益紧密，解决全球性问题需要世界各国开展合作，这增加了世界各国之间的联系、互动。冷战后的国际政治体系处在一个相对稳定的时期，主要是因为世界各国之间的联系、互动大幅增加，国际社会处在一个互动模式下。这种互动不断发生，并持续、频繁地发生，并且日益复杂，逐渐形成一种互动模式。互动模式的形成促进国际政治体系处在一个相对稳定的状态。

一、互动模式含义的界定

在古汉语、现代汉语中，“动”都有“行动”之义，“互动”意指相互行动，即双方之间的影响、作用。在英文中，“动”可译为 influence，有“影响”之义，亦有“支配”、“左右”之义。“互动”可译为 influence each other 或 interact，即相互影响。

新现实主义的代表华尔兹提到了“互动”，“体系是由一个结构和多个互动的单位组成的”。[①] 结构可以改变行为体的行为并且影响其互动的结果。但华尔兹却没有展开论述“互动”的具体含义，没有说明“互动”的作用方式，而是一直囿于对相互依赖理论的否定。“紧密的相互依赖意味着接触的紧密以及偶然冲突机会的增加”，“如果相互依赖的发展速度超过了中心控制的发展速度的话，那么相互依赖就会将战争时间大大提前”。[②] 他认为只要国际无政府状态持续下去，国家间的安全竞争压力和顾虑就不可能使国际关系变成真正的相互依赖。在无政府状态下，国家行为体首要考虑的仍然是国家的安全。国家利益限制了国家行为体的行为，为获取更大的国家利益，提高国际地位，国家行为体仍进行着权力争夺，权力的大小仍然决定着国家的国际地位。至于“单位”之间的“互动”却没有给出明确的说明。

鉴于华尔兹没有给出“互动”的具体含义，我们有必要对“互动”进行新的界定，确定互动模式的具体含义。

---

① ［美］华尔兹著：《国际政治理论》，上海人民出版社，第 93—118 页。

② ［美］华尔兹著：《国际政治理论》，上海人民出版社，第 157—194 页。

(一)互动模式的含义

互动模式要如何界定呢?我们意识到这种互动是 influence each other,是两个行为体之间的、一对一的影响和作用。在这种互动中,每个行为体都是参与者(主体),行为体的任何一个行为都有可能对其他行为体产生影响,而不是由一个行为体决定这种互动的进程。互动是普遍发生的,互动是多样的。互动解释的是政治行为体之间存在普遍的联系及影响。

互动模式由大量的互动组成,是一个动态的、持续的进程。互动模式是一个概念,它表明大量互动的存在。互动模式强调的是相互影响,解释的是联系的增加可以促进国际政治体系的相对稳定。互动模式仍然是以权力、利益的争夺为基础的,政治行为体之间的联系多从维护自己的利益出发。吉尔平认为,国际政治的本质仍然是权力、利益的争夺。①

我们意识到,今天的互动模式在向两个方面发展:在宏观层面上,国家行为体之间的互动越来越多、越来越复杂,参与各种国际组织、解决各种全球性问题等;在微观层面上,个人这个层次的行为体之间的互动越来越多、越来越简单,信息技术的发展让世界各国人民之间的交流更加方便、快捷。而这两个层面的发展使互动模式不断获得新发展,并日益巩固。

1. 在宏观层面上,一个互动是在两个国家行为体之间进行的,是局限于两个国家行为体双边关系的。但又由于一个国家的对外关系由多个双边关系组成,而构成了多个互动,多个互动则构成了复杂的互动模式。

---

① [美]吉尔平著,宋新宁等译,《世界政治中的战争与变革》,上海人民出版社,2007 年版,第 7—14 页。

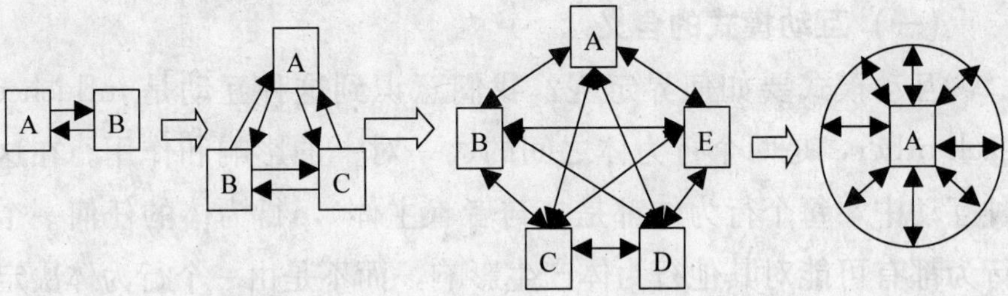

（图一）　（图二）　（图三）　（图四）

（说明：任意两个字母之间都是用双箭头表示互动，图四指在 A 周围多个行为体形成一个圆。）

如上图所示，在图一中，在 A、B（如中国、美国）两个行为体之间有一个双边关系，构成了 A、B 之间的一个互动，双方在这个互动中都以国家利益为基础考虑双边关系。A、B 之间的互动基础是有利于维护两国的利益，良性互动有利于维护双边关系的稳定。

在图二中，在 A、B、C（如中国、美国、日本）三个行为体之间存在 3 个双边关系，即有 3 个互动，形成了一个简单的互动模式。而每个互动都是以国家利益为基础的，利益是互动中的主要考量。三个行为体之间的良性互动有利于维护三边关系的稳定。

在图三中，在 A、B、C、D、E（如中国、美国、日本、俄罗斯、欧盟）五个行为体之间存在着 10 个双边关系，即有 10 个互动，形成了一个互动较多的互动模式。同样的，每个互动都是以国家利益为基础的，利益是互动中的主要考量。五个行为体之间的良性互动有利于维护多边关系的稳定。

随着国家行为体数目的增加，双边关系的个数将不断增加，即互动的个数增加。随着互动个数的增加，互动模式变得越来越复杂。如图四所示，有 n 个行为体，则有 n（n−1）/2 个互动。随着行为体个数 n 的增加，则互动个数也会不断增加。多个行为体之间的良性互动有利于维护国际政治体系的稳定。今天，世界上约有 200 个民族主权国家，每个国家都是独立的行为体。若每个国家都独立地参与到互动中，则存在着约 20000 个互动，这时互动的复杂程度将会更大。

这种多个、复杂的双边关系使互动日益增多、复杂。互动模式是由多个互动组成的，一个互动的变化，可影响互动模式内的互动。但互动模式是一个概念，反映的是存在大量的互动。互动模式具有持久性，即互动模式不变。但这种互动模式是动态的、持续的进程，并日益复杂化。复杂化了的互动模式制约、影响着国家行为体的行为。国际政治体系的稳定对各个行为体都是有利的。

2. 在微观层面上，我们看到在信息化的今天，人与人之间的交流、互动，及人与社会之间的互动变得更加便捷。E-mail 已基本普及，chat-online、video phone 也在不断发展。尤其是今天每个人都可以建立属于自己的 blog，自由的表达自己的观点，如同“Youtube”的口号一样，“Broadcast Yourself”——广播你自己。这些使得人与人之间互动的空间不断扩大，人与社会之间的互动日益简单，越来越多，越来越有效。这在微观层次上又形成了一个复杂的互动模式。

但这种简单的互动却可以影响着民意，影响着人民的偏好，甚至影响着投票。民意逐渐成为各政治行为体政治活动的重要参考。目前，世界上大多数国家都是以选举程序来决定国家的政策取向、新政府的组建。在投票选举的制度下，政治组织或政治领袖不得不考虑民意对选票的影响。而在今天这个信息化时代，这种人与人之间的互动是在世界范围内进行的，它影响微观行为体的选择是全球性的。微观的、简单化了的互动模式同样制约、影响着国家行为体的行为。

在互动模式中，微观层面的互动和宏观层面的互动共同发挥着作用，互动模式有利于维护国际政治体系的稳定。在国际政治的互动模式中，处于主导地位的是宏观层面的互动，因为国际政治的主要行为体仍是民族主权国家，但也不能忽视微观层面上的互动在互动模式中的作用。

（二）互动模式的范畴

界定了互动模式的定义，还要界定互动模式的作用范畴。互动是以两个行为体之间的双边关系为基础的，任何包括在两个行为体之间双边关系中的行为均包括在互动中。互动反映的是两个行为体之间的相互影响，互动模式由多个互动组成，在这个互动模式中的互动包括微观的人与人之间、人与组织之间，和宏观的国家与国家之间、国家与各种组织之间的互动等。这个互动模式中的互动是全方位的。

同时，这个互动模式是抽象的、简化的概念，互动模式只是一个概念，它以互动为基础，强调的是互动的行为。由于互动这个行为的存在，构成了一个互动模式，即一个框架。这个互动的框架，约束着在其中的行为体的行为。这个互动模式使得在其中的行为体以互动为制约，在利益的基础上，做出自己的行为选择。由于互动模式是抽象的概念，提供的是一种互动的行为，决定了它的约束力是有限的。但互动模式是普遍存在的，是多样的，只要双边关系存在，互动便存在，互动模式便形成了。

（三）互动模式与博弈论、相互依存论的差别

为把互动模式界定的更加明确，有必要比较其与博弈论、相

互依存论之间的差别。

1. 互动模式与博弈论的差别。博弈方法是根据游戏规则选择处理竞争、冲突、危机的最佳方案。其中，策略选择是核心。选择最佳战略要有充分的信息，关于环境、条件等方面的信息是最重要的决策依据和决定博弈结构重要因素。[①]

同时，博弈论强调理性分析和统计模式，以收益作为最重要的衡量标准。但这种博弈是短期行为，只是对某个具体问题的决策提供指导，它不是动态的，缺少长期的考虑。同时，由于博弈论关注的多是具体问题，缺少宏观的考量，不能评判整个体系的格局或结构。因此，博弈论不能很好地揭示体系的状态或变动，而互动模式则可解决这些问题。

2. 互动模式与相互依存论的差别。基欧汉和奈认为相互依存指国际社会中不同角色之间互动的影响和制约关系，这种互动的影响和制约关系可以是对称的或不对称的，其程度取决于角色对外部的“敏感性”和“脆弱性”。但这种相互依存离开了“高级政治”（国家利益、国家安全）而逐步转向“低级政治”（经济发展、气候问题、环境污染、能源问题等国际性问题），强调形成共同利益，达成共识，促进合作。[②]

但我们看到的仍然是一个权力争夺的世界。正如吉尔平语：“今天的国际政治仍然以政治实体的斗争为特征，他们在全球无政府状态下，为权力、声望和财富而争斗。”[③] 基欧汉和奈也认

---

① 倪世雄，《当代西方国际关系理论》，复旦大学出版社，2001年版，第305—317页。

② 倪世雄，《当代西方国际关系理论》，复旦大学出版社，2001年版，第335—346页。

③ ［美］吉尔平著，宋新宁等译，《世界政治中的战争与变革》，上海人民出版社，第7—14页。

为："非对称的相互依存是行为体权力的来源。"① 在这个现实的世界，国际政治的本质仍是利益和权力的争夺，有合作，但更多的是竞争。或者说，今天还没达到相互依存强调的广泛合作的程度，或者说，只是处在一个萌芽状态。而以利益考量为基础的互动模式，关注的是互动的增加促进了国际政治体系的稳定。在互动模式中合作与竞争是并存的，互动有利于维护国际政治体系的稳定。

二、互动模式与当前国际政治体系的相对稳定

苏联解体后，国际政治格局处在一个大变革、大调整时期。而冷战后近 16 年的时间里，世界政治格局处在一个相对稳定的时期，没有了冷战中两极军事对立的阴影，也没有发生一些预言家预言的大规模的霸权争夺战争。在这个 16 年里，世界基本是和平的，没有发生大规模的冲突，世界各国的经济、民生都获得了快速的发展。这种相对的稳定得以形成、维持主要是由于互动模式的发展。

在宏观层面上，国家之间的互动显著增加。"柏林墙"被推倒，以及紧接着的东欧大部分原社会主义国家相继变天或发生"颜色革命"，苏联解体，这些消除了意识形态的羁绊。拥有所谓共同意识形态的国家增多了，一个国家可以与其发生互动的国家数目也相应增加了，则形成的互动数目也显著增加。苏联解体

① ［美］罗伯特·基欧汉、约瑟夫·奈著，门洪华译，《权力与相互依赖》，北京大学出版社，2002 年版，第 11—23 页。

后，随着经济全球化的发展，世界各国的精力主要转移到经济民生发展上，意识形态在国家交往中已不是最重要的方面，这为各国的正常交往消除了障碍。一个国家与其他国家的交往显著增加，互动行为日益增多，这促进了互动模式的发展。

在微观层面上，随着信息化时代的来临，互联网、移动通讯的发展，人与人之间的交流更加便捷，交流的范围不断扩大。这种互动的范围也越来越广，影响的受众也越来越多。微观层面上互动的增多，促进了互动模式的发展。

在今天的国际政治中，正是由于互动模式的存在，促进了国际政治体系的相对稳定。互动模式制约、限制了国家行为体的行为，同时为国家行为体的行为提供了一个抽象的规范，国家行为体要在此规范下活动。

1. 冷战后，美国成为仅存的唯一的超级大国，但同时西欧各国不断走向联合，欧盟的影响力不断扩大；俄罗斯还留有苏联的余威，军事实力仍不容小觑；日本仍是世界第二经济大国；中国等一大批发展中国家取得快速的发展，实力不断提高。它们同美国的差距在不断缩小，虽然是“一超多强”的格局，但是“一超”对“多强”的地位不是支配性的，更多的是平等的关系。随着广大发展中国家国际地位的提高，这种平等的关系使广泛的互动成为可能，增加了互动的数量。平等的互动的发展，要求各国在维护自己利益的同时尊重他国的权益。在互动模式下，加强联系，增加互动，同时维持现状。互动模式维持着国际政治体系的相对稳定。

2. 随着信息化、经济全球化的深入发展，国际性问题不断增多，并且日益多元化、复杂化，问题的领域越来越广泛，国际政治的复杂性在不断增加。“一超”美国不能包打天下，解决所有问题。国际问题的复杂性在增加，影响范围越来越广，这要求世界各国在共同利益的驱使下进行国际合作。如，恐怖主义是当前世界各国国家安全和世界和平的最大威胁，这要求世界各国开展合作反恐，维护世界和平；全球气候变暖、环境污染等国际问题需要世界各国的广泛参与。世界各国的合作和参与，使互动更加便利。这种合作增加了互动的数目，丰富了互动的模式，在互动模式下，各国以共同利益为基础，开展互动，共同解决所面对的全球性问题。互动模式促使各国进行互动，共同参与，开展合作，关注全球性问题的解决。互动模式有利于维护国际政治体系的相对稳定。

3. 现实的国际政治仍然是权力争夺，但这种争夺已不再是你死我活的争斗了。在国家的互动中，利益仍然是基础，竞争仍然是主要形式。国家行为体几乎不会在国际政治中消失，最多只是改变一下政府结构或国家制度，但民族主权国家仍然存在。今天民族主权国家不但没有减少，反而时有增加，例如，2006 年塞黑联盟分裂，形成塞尔维亚和黑山两个民族主权国家。在权力争夺中，国家更多的是要求获得更多的权益，而不是把一个国家从地图上抹去。因为今天的世界已经不再是封建君主为获取更广阔的领土而互相征伐的时代，互动使各国更多地关注利益，维护自己的既得利益。在互动模式下，各国在利益上形成互动，在维护既得利益的基础上，获得更多的利益。在互动模式下，这就形成了一个相对的稳定。

既然存在利益和权力的争夺，就不可避免地存在冲突。但今天的冲突规模和冲突形式已经发生了根本性的改变，暴力冲突多为小规模的、短期的、局部的冲突，冲突的形式更多的是经济冲突、贸易纠纷，而不是大规模军事冲突、意识形态的冲突。因为，在互动模式下，各国在互动中更多的是要维护自己的既得利益，这就限制了冲突的规模和形式。

4. 微观层面上互动的增多，有利于维护互动模式中国际政治体系的稳定。随着信息化时代的来临，人与人之间的交流更加便捷，交流的范围不断扩大。这影响着国家行为体政策的选择，制约着国家的行为。例如，2006 年欧盟宪法在法国、荷兰等国家公投时被否决，这主要是由国民的不信任引起的。这种不信任，在人与人的互动中形成，并在互动中不断扩大，借助互联网、媒体等媒介在欧洲不断扩大，最终使欧盟宪法搁置下来。微观层面的互动，可以影响着民意，影响着人民的偏好，甚至影响着投票，民意逐渐成为各政治行为体政治活动的重要参考。微观层面的互动，增加、丰富了互动的形式，促进了互动模式的发展，影响着国家行为体的政策取向。在良性互动下，这有利于维护世界的稳定。

冷战后互动模式的新发展，对于维持国际政治体系的相对稳定起着重要的作用。由于互动模式的发展，尤其是国家行为体之间互动的增多，促进了各国的发展，同时也制约着国家的行为，这有利于各国在竞争中寻求合作，在竞争中寻求稳定。互动成为各国行为的规范，在互动中进行选择，这维护了当前国际政治体系的相对稳定。

三、结论

互动模式的发展，维持了冷战后国际政治体系的相对稳定。在互动模式下，各国都存在着多个［n（n－1）/2］互动，处在其中，各国必须关注自己同世界发生的各种互动。这种互动是以利益为基础的，国际政治的本质仍然是权力、利益的争夺，利益的要求是互动的前提。自己的一个行为可以形成一个新的互动，对其他行为体产生影响，同样，其他行为体的一个行为也可以影响自己同世界的互动，这种互动便对行为体产生了制约。所有国家的所有互动组成了今天世界复杂的互动模式。在互动模式下，各国都有一些制约因素，世界维持着一个相对的稳定。

但是互动模式不是万能的，不一定会长久地存在下去，没有决定性的影响力。它有局限性，小规模、局部的冲突仍然存在便是明证。它不是硬性的制度，而是一种宽泛的规范；它只是一个框架，或一个抽象的概念，缺乏实质的约束；它是有可能被破坏的。但今天互动的增加和发展，维持着当前国际政治体系的相对稳定。互动模式只是对当前国际政治体系的相对稳定状态作了一个解释。

非传统安全视角下的国际合作新取向

——以应对“禽流感”为例

刘伟彦*

内容提要：本文以非传统安全理论和国际合作理论为基础，以中国如何更好地参与国际合作为研究目标，以“禽流感”疫情为典型案例，通过研究非传统安全相对于传统安全的不同特点，分析国际合作的必要性及其过程中呈现的新特点。根据国际合作呈现出的新特点来预测国际合作及其国际政治的发展方向，指出中国可以从中得到的启发，并认为中国提出的和谐世界思想恰逢时机，在新时代新形势下，有机会被世界接受，并将发挥重要的影响。

* 刘伟彦：上海社会科学院国际政治专业硕士研究生。

冷战后，随着全球化进程的加快和信息技术革命的发展，世界各国之间的相互依赖性不断加强，相互脆弱性也不断加大。同时，人类工业技术和现代化进程的加速发展，使人与自然之间的紧张关系明显加剧，环境与生态问题对人类活动的制约越来越突出，各种因素和矛盾逐渐暴露出来。那些以往不怎么引人注意的因素开始更直接地影响到各国的可持续发展和综合国力的竞争，人们逐渐认识到不仅经济、军事、资源等能对国家安全构成威胁，而且恐怖主义、有组织犯罪、流行疾病等也同样能导致社会动荡、民众恐慌、国家危机，成为现阶段各国日益不可忽视的安全挑战。从 1997 年的亚洲金融危机、2001 年美国的“9·11”事件、2003 年肆虐东亚的“SARS”到近年来的“禽流感”，非传统安全问题正成为大众关注的热点问题，也正被提上世界各个国家政府的重要议事日程。与传统安全相比，非传统安全问题呈现出新的特点，它们不仅是某一国的问题，随着各国相互联系、相互依赖程度的加深，它们的影响与危害已经超出了国界的限制，尤其禽流感在全球的发生，更是敲响了非传统安全的警钟，仅靠单个国家的力量根本无法解决非传统安全的威胁，国际合作成为各国的必然选择。由于时代的日新月异，新情况的出现，各国利害关系的加强以及非传统安全的特殊性，国际合作也呈现出一些新的特点。

一、传统国际合作的基本主张

传统的国际关系研究主要关注安全议题。在无政府的国际社会中，如何确保国家自身的安全和在国际社会中生存下去，是任何一个国家的领导者和政治家都不得不首要考虑的问题。然而，随着冷战体系下美苏对峙局面的形成以及二战后各类国际组织的涌现，国际合作的可能性和持久性成了国际关系学者们着重探讨的问题。因为，在无政府的世界里，国家既通过斗争手段也通过合作方式实现其实践目标。[①] 在国际关系研究领域，国际合作是指国家间为满足各方实际的或预期的能力需求而相互调整政策和行为的过程。[②] 对于政策制定者来说，合作与其说是一种目标，还不如说是达到各种目标的手段。[③] 传统国际合作理论将国际合作看作无政府状态下各国竞争的工具，目的是维护本国的根本利益。

现实主义学派从马基雅维利关于人性恶的观点出发，以悲观的态度看待国际合作，认为冲突是国际政治的本质，否定真正的国际合作，认为合作现象是建立在国家追求权力本性需要基础上的，实现权力均势的过程可以有效地促进国际合作的发生。他们认为，国际政治的本质是权力的争夺，国家将是否拥有较多的权力作为国家是否安全的权衡因素，所以，主权国家将追求权力作为国家行动的动力和指针，并且国家特别关注“相对收益”，即自已是否比其他国家拥有更多的权力，如果其他国家能获得比本国更多的权力，将意味着此项行动会恶化本国的安全环境。因此，这必将导致国际合作的发生只是国家追求权力的需要，合作的目的也仅是获得较多的权力。

20 世纪 70 年代，石油危机爆发、越战失利、对苏联核优

① 朱陆民、聂会翔：《西方国际政治经济学主流理论中的国际合作观》，山东科技大学学报，2007 年第 5 期。

② 宋秀琚：《国际合作理论：批判与建构》，世界知识出版社，2006 年版，第 170 页。

③ 罗伯特·基欧汉：《霸权之后：世界政治经济中的合作与纷争》，上海世纪出版集团，2006 年版，第 9 页。

势丧失，美国国家实力遭到了削弱，美国政府不得不调整对外政策以重振美国实力。传统现实主义以国家为中心的权力政治理论对变化了的国际政治现实解释乏力，新现实主义产生。新现实主义针对传统现实主义只关注国际冲突而忽视国际合作的现象，提出国际关系中不仅存在冲突还有合作，国际关系研究应该是国际冲突与国际合作相结合的研究，并且以国际合作研究为侧重点。[①] 经过多年的发展，新现实主义的国际合作理论形成了众多理论分支和流派，其中最有影响力的是以罗伯特·吉尔平为代表的霸权合作理论。霸权合作论就提供了一种以权力为基础的国际合作观，并断言：只有在霸权国存在并有意愿的情况下，各国之间的合作才能产生和维持；一旦没有霸权国，各国之间就会处于纷争的状态。至于霸权国如何能促进国家之间的合作，霸权合作论者有不同的意见：一种强调霸权国的经济能力，即因为霸权国可以从有秩序的国际体系中享受利益，其他国家又能享受到霸权国提供的公共物品（Public goods），从而促进合作；另一种观点则强调霸权国的强制导致国际合作，即霸权国为了自己的利益而创造霸主秩序，迫使国际合作按照霸主意图发生。

自由主义者从人性善的观点出发，声称要唤醒误入歧途者的良知，消除国家间的误解，呼唤理性实现国际合作，使世界的和平与安全成为可能。他们认为，经济上的相互依存会导致国际合作的发生。首先，各国经济上相互依存关系的发展使国家主权不可侵犯大打折扣，国家与国家之间的关系处于相互交织的境地，

① 倪世雄：《当代西方国际关系理论》，复旦大学出版社，2001 年版，第 122—123 页。

各国已经达到不考虑其他国家状况就无法决定自己国家命运的地步。[①] 其次，随着全球化时代的到来，各国间政治、经济等多方面关系处于一种复合性的相互依赖状态，国际行为主体不仅仅有国家，还有国际组织、跨国公司等非国家行为主体。国际联系是多渠道的，有国家间联系、跨政府联系和跨国联系，这些联系的紧密化和多层次化使武力在多数情况下已成为无足轻重的政策工具。世界各国相互依赖的日益加深会促使国际合作的发生，而国际合作又反过来加深了彼此的依存度。在这种情况下，国际合作是理性的抉择。

另外，20 世纪 70 年代后期，美国国家实力受到削弱，美国政治家开始担忧美国也将重走历史上霸权国家的旧辙，并思考如何在确保霸权国家实力衰弱后，国际合作仍然得以继续，国际秩序仍然按照以霸权国家为中心继续得以运转。在这样的情况下，后霸权合作理论应运而生。罗伯特·基欧汉对霸权合作论进行了一系列的批判和重要修正，提出了后霸权主义的主张。他在 1984 年出版的《霸权之后：世界政治经济中的合作与纷争》一书中指出：国际社会的合作与纷争并非单纯由权力和利益来决定，它还取决于行为主体的诸多外部因素，[②] 霸权并非形成合作的充分必要条件，尽管霸权能够促进国际合作，但在国际机制确立之后，国际合作并不必需霸权国家的存在，没有霸权的合作也是可能的。[③] 罗伯特·基欧汉为了建构后霸权合作的理论，引入了国际机制这一重要概念，这个概念也是整个新自由主义理论的

---

① 樊勇明：《西方国际政治经济学》，上海人民出版社，2001 年版，第 94 页。

② Keohaner, *International liberalism reconsidered*. DUNNJ. The Economic Limits to Modern Politics. Cambridge: Cambridge University Press, 1990: 174.

③ 罗伯特·基欧汉：《霸权之后：世界政治经济中的合作与纷争》，上海世纪出版集团，2006 年版，第 51—62 页。

灵魂。因此，罗伯特·基欧汉的后霸权合作理论也被称为新自由制度主义合作理论。[①]

对现实主义者而言，由于其眼中只看到权力，对于国际合作的维持，他们抱消极与悲观的态度；自由主义者认为国际合作具有不确定性，从而提出诸如透明度、监督、调整机制等减少不确定性的种种制度；新自由主义认为当国家之间不再感到有维持制度的绝对收益存在时，制度就会消亡。但是，新自由主义者却不能解释为何在大国不再从这些制度中有明显收益的情况下，这些制度仍然存在。建构主义认为，以认同从建构制度的社会实践中发展出来，在共同体内每一参与者都能很好地理解、认知其他参与者，那么，即使建构制度的潜在力量和利益发生了转移，制度仍能继续存在。尽管建构主义和自由主义都承认无政府状态不能阻止合作，但他们在关于合作如何产生、如何再生等问题上有着很大的区别。[②] 虽然传统国际合作理论在一定条件下都发挥了自身的积极作用，但他们皆有一定局限性，面临新时代新形势，国际合作逐渐呈现出新的特点表现，要求国际合作理论进一步发展与完善。

二、非传统安全日益严峻

非传统安全（Non-traditional Security）大约是在 20 世纪 70 年代罗马俱乐部报告问世后出现，并在冷战后在西方国际政治和

---

① 朱陆民、聂会翔：《西方国际政治经济学主流理论中的国际合作观》，《山东科技大学学报》，2007 年第 5 期。

② 刘骞：《西方三大流派国际合作思想比较分析》，《兰州学刊》，2006 年第 12 期。

国际关系学界广泛应用的一个概念。所谓非传统安全，显然是相对于传统安全而言的概念。在传统安全问题上，考察一下过去两个世纪里经典战略家的著作，可以发现他们所关注的基本问题具有相当强的稳定性。[①] 国家总是把军事安全放在优先地位，以防止对其生存形成的种种威胁。[②] 军事安全和政治安全是国家安全的重心所在，安全关注的对象主体主要是国家，其强调主要以军事实力和战争手段来应对威胁。这种传统安全观一直延续到冷战时期。20 世纪 70 年代以来特别是冷战结束后，随着两极格局瓦解，世界战争、尤其是核大战的威胁逐渐减弱，军备竞赛的吸引力逐渐下降，而全球经济和跨国公司的发展、各国经济的相互依赖、区域经济合作及一体化的加快，以及生态环保、难民救助、走私贩毒、恐怖主义、能源短缺、信息爆炸等"全球性问题"的出现，使得各国安全面临着这些"全球性问题"的影响和威胁，这种影响和威胁不同于传统安全，因为它们主要不是由以往传统安全下的政治和军事因素所引发的，故被称为"非传统安全"。[③] 因此，非传统安全一般是指除军事威胁或者冲突以外的对国家及人类整体生存与发展构成威胁的其他因素。其涵盖的领域包括：资源短缺、人口膨胀、生态危机、民族和宗教冲突、国内动乱与国家分裂、经济和金融危机、恐怖主义、信息网络攻击、大规模杀伤性武器扩散、贫困化、走私贩毒、经济难民、非法移民、传染性疾病的流行、地下经济、国际腐败、非法洗钱等。

与传统安全相比，非传统安全的特点表现为：

---

① ［澳］克雷德·A·斯奈德等著：《当代国家安全和战略》，吉林人民出版社，2001 年版，第 16 页。

② ［美］约瑟夫·奈著：《美国定能领导世界吗》，军事谊文出版社，1992 年版，第 149 页。

③ 陆忠伟：《非传统安全论》，时事出版社，2003 年版，第 20 页。

第一，安全目标扩大化，个人安全日益受到重视。传统安全的最终目标是保证国家的安全，即维护国家主权、领土完整和抵御外敌侵略。而非传统安全问题涉及个人、国家和国际三个层次的安全，三者的交汇点是人的安全。一方面，一国固有的内部冲突和暴力等地方病仍是破坏人类安全和社会稳定的重要因素；另一方面，全球化模糊了国家边界，使毒品交易、非法移民和洗钱等更易跨国操作，全球化的带动作用使非传统威胁传播极快，资源短缺、环境恶化等国际病无所不至，一旦一国或某一地区出现经济动荡、社会不稳定或自然灾害，整个地区民众的生活便会首当其冲，遭到破坏。[①] 这使得非传统安全问题逐渐成为国家安全面临的突出问题和国际安全研究的一个新热点。非传统安全强调的安全目标不只局限于本国的安全，相反，为了确保本国的安全而将眼光放得更远。它把个人安全、国家安全和全球安全等非传统安全利益结合起来，是一种全方位、多层次、内容广泛的安全概念。[②] 而且，不论是恐怖主义的“9·11”事件，还是环境污染问题，尤其SARS、禽流感等传染性疾病的发生，都是对个人安全的威胁，凸显了非传统安全对个人安全的巨大影响。

第二，安全的行为主体多元化。传统安全威胁中的行为主体相对比较明确，一般都是来自主权国家之间的利益冲突与纷争，主要是国家和政府行为的结果。而在当今时代，非传统安全涉及经济、文化、能源、人口、生态、恐怖主义、信息网络攻击、跨国犯罪、走私贩毒、非法移民、传统性疾病等诸多领域，其威胁一般不是国家行为直接造成的，而是各类非国家行为体——如国际组织、社会团体等——活动的结果。国家安全的行为主体由政

① 俞晓秋等：《非传统安全试析》，《现代国际关系》，2003年第5期。

② 张运成：《非传统安全挑战难以回避》，《瞭望新闻周刊》，2000年第5期。

府垄断转向以政府为主导、大众广泛参与的多元形式。

第三，安全内容多样化。传统安全威胁主要来自于军事安全等传统因素的影响，主要表现为战争及与之相关的军事活动和政治、外交斗争。非传统安全威胁远远超出了这个范畴，扩大到了其他领域。首先，大部分非传统安全威胁属于非军事领域，如能源危机、资源短缺、金融危机、非法洗钱等主要与经济领域相关，有组织犯罪、贩运毒品、传染性疾病等主要与公共安全领域相关，环境污染、自然灾害等主要与自然领域相关，都不是传统安全所关注的领域。其次，某些非传统安全威胁虽具有暴力性特征，但也不属于单纯的军事问题。如恐怖主义、海盗活动、武装走私等虽然也属于暴力行为，并可能需要采取一定的军事手段应对，但它们与传统安全意义上的战争、武装冲突仍有很大不同，而且单凭军事手段也不能从根本上解决问题。非传统安全威胁的多样性，使其较传统安全威胁更为复杂，靠单一手段难以根治。[①]

第四，跨国性。传统安全威胁多限于国家或相关少数国家，非传统安全威胁却跨越国界，具有明显的跨国性特征。表现在以下方面：（1）许多非传统安全问题本身就具有跨国性。其表现有两个方面：一是许多非传统安全威胁的行为主体呈网络化，分散于各国，具有跨国性，如以“基地”为核心的国际恐怖组织就分散在全球 60 多个国家，其结构呈网络状，彼此并无隶属关系，但联系紧密、行动灵活；二是非传统安全问题是各国甚至全球面临的共同问题，自身具有地区性甚至全球性特征，如民族宗教冲突、生态环境的恶化、资源短缺、恐怖主义、非法移民、网络攻击等。它们的解决不仅是某个国家的问

① 熊光楷：《协力应对非传统安全威胁的挑战》，《科学决策》，2007 年第 2 期。

题，而且往往关系到其他国家甚至整个人类的利益。（2）非传统安全问题，不论其产生，还是其危害，往往具有明显的扩散性。随着全球化与信息科学技术的发展，信息全球化和经济一体化飞速发展，国家间的利益彼此交融，国家安全的疆界也随之虚拟化。如在东亚、拉美先后爆发的金融危机，始于一个国家，随着金融危机的不断扩散，其危害性也逐渐积聚、递增，以致酿成更大危机，最终波及整个东亚地区。再如严重的传染性疾病，凡是人员流动的地方，都是利害关系者，都应该关注这个问题，防止疾病传播，造成严重危机。

第五，突发性。非传统安全的突发性主要是指它们的不可预警性。非传统安全问题按其属性可以分为非自然属性的非传统安全和自然属性的非传统安全，它们随时可能出现，人们很难预测它们出现的时间，也无法在短期内实施有效的控制，具有明显的突发性。非自然属性的非传统安全问题是指人为产生的非传统安全威胁。传统安全威胁都是人为产生的，从萌芽、酝酿、激化到导致武装冲突，往往会通过一个矛盾不断积聚、性质逐渐演变的渐进过程，它往往会表现出许多征兆，人们可以据此采取相应的防范措施。然而，许多非传统安全威胁却经常会以突如其来的形式迅速爆发出来，缺少明显的征兆。如恐怖主义，由于现代科技的普及和发展，恐怖袭击呈现多样化和高科技化的趋势，并且越来越具有突然性，使人防不胜防。据有关资料统计，1990 年以来全世界发生的 100 多起有较大影响的恐怖事件，都是在人们根本无法预料的情况下发生的。[①] 而自然属性的非传统安全问题，由于其发生不以人的意志为转移，人类对某些问题的认识水平还

---

① 韩玉贵：《非传统安全威胁上升与国家安全观念的演变》，《教学与研究》，2004 年第 9 期。

有限，以致很难及时预测其发生，结果造成严重后果。此外，金融危机、传染性疾病等非传统安全威胁并非源于某个确定的行为主体，其威胁的形成过程带有很大的随机性，预警的难度也就很大。

三、非传统安全要求新国际合作观

在非传统安全的视角下，新的国际合作观认为是否进行国际合作，以何种心态、通过何种方式进行国际合作，主要取决于两大因素：国家能力与国家意愿。

从国家能力看，非传统安全的特点决定了应对非传统安全威胁，必然要通过国际合作的新方式。这体现在非传统安全的安全目标扩大化特点为国际合作提供了可能性；安全行为体多元化、安全内容多样化，安全影响跨国性特点使得非传统安全问题跨越国界，一国没有能力单独解决非传统安全问题，为国际合作提供了必要性；非传统安全威胁的突发性特点，是解决非传统安全问题的一大障碍，体现了各国应对非传统安全威胁的困难性，是各国通过国际合作，团结一切可以团结的力量，共享一切可以共享的资源，以降低成本，提高效率，获取应对非传统安全斗争最终胜利不可或缺的推动力量。

从国家意愿看，国家意愿对国际合作的影响是巨大的，甚或是决定性的。总体而言，国家意愿——包括国际结构建构而成的和国内群体意愿上升而来的——是国际合作的干预变量。[①] 国际

① 宋秀琚：《国际合作理论：批判与建构》，世界知识出版社，2006 年版，第 288—292 页。

合作的发生需要各合作方达成合作认同才能实现。国家意愿建立在国家能力基础之上，从上面分析非传统安全特点可以得出如下结论，各国在应对非传统安全威胁时单个主权国家能力相对不足，需要进行国际合作。正是由于世界各国对本国能力与非传统安全日益严峻的事实的认识日益清晰，才产生了进行国际合作的国家意愿，正是这份国家意愿促使各国去进行国际合作的实践。非传统安全的日益严峻使各国的安全意识发生了一定的变化，导致合作意愿的加强。

非传统安全之所以引起国际社会这么大的重视，也主要在于它的“非传统”，即它与传统安全的不同。人类总是对“新鲜的事物”更为关注。正是对非传统安全相对于传统安全的新特点，让我们对“安全”有了新的理解，也决定了应对非传统安全问题过程中国际合作必将出现与应对传统安全不同的特点。

从合作理念来看，传统安全一般仅重视国家与国家之间的传统安全问题，因此往往以国家为单位来划分敌友界限，合作成员国相互间常以结盟等方式搞集体防卫或集团安全，注重以威慑、遏制等手段来制约潜在对手。在解决传统安全威胁时，各合作方经常会以牺牲他国的安全利益来实现部分国家自身的安全，具有很强的排他性。这种合作理念习惯于从“零和博弈”的角度，以追求“相对收益”为主考虑国家与国家之间的安全问题，合作方之间也常常彼此猜忌、敌视，因眼前利益忽视长远利益，即使解决了共同应对的传统安全威胁，各合作方之间也往往存在利益分配带来的一系列问题，并可能引发彼此间的传统安全危险。这种合作理念显然不能适应当前国际安全领域出现的众多非传统安全威胁。非传统安全威胁的超国家、跨地区特征要求重新认识国际安全合作。由于非传统安全领域出现的许多威胁都不是仅针对个别国家的，而是大多数国家共同面临的问题，这就为各国在安全问题上增加了共同利益，也为在各国之间培育共同安全意识提供了客观基础，利于各国在安全理念上淡化排他性的安全合作，强化共同安全，通过加强国家间的对话与协作，建立防范和解决传统与非传统安全威胁的国际安全新体系。国际合作利益的趋同化，使以前的“零和博弈”、“相对利益观”有可能转化为“共同获益”，注重追求绝对利益和长远利益的合作理念。

从合作目标来看，安全的目标由传统安全威胁处于最重要地位的情况下注重保证国家的安全，渐渐变化为当今非传统安全威胁凸显的状况下强调保证人的安全、社会的安全甚至全球的安全。非传统安全主要是非军事领域的其他各个领域，一般对各国公民的生命安全、社会生活和国家安全、地区安全及全球安全等构成直接威胁，涉及到国际社会的共同利益，各国很难在其中独善其身，必须依靠国际合作解决这些问题。所以，相对于传统安全而言，非传统安全将涉及的安全价值基点从国家中心逐步转向“多重化”中心，非传统安全体现“人的安全”、“社会安全”与“全球安全”的价值取向，要求国家之间的互动体现人类的普遍安全。加拿大不列颠哥伦比亚大学的 L. 乔布·布赖恩首先提出了人的安全的观点，他认为个人安全最终的目标是“使每一个公民过上一种安定、富裕的生活，免受来自于人与人之间的、国家的和他国的威胁”。①

从合作主体来看，应对传统安全威胁一般是以国家为主体的军事合作，而非传统威胁的行为体多样性特点决定了国际合作主体的多样性。传统安全视角下国际合作的主体常常仅限于主权国

① Brian L. Job. *Background Paper*, Asia Pacific Security Outlook 1999, P3. 转引自金威：《从国际关系理论的发展看安全观的变化》，《国际关系学院学报》，2000 年第 4 期。

家范围，因为传统安全问题一般是军事或政治领域，直接威胁各国的安全，各国在主权问题上的敏感性使国际组织、非国家行为体或个人等非国家行为体一般没有机会或没有能力进行参与。第二次世界大战后，非传统安全威胁处于重要地位，非传统安全问题涉及范围广泛，具有明显的跨国性特点，国际组织、群众组织等非政府组织有能力为应对非传统安全威胁做出贡献。而且，各种区域性的跨国组织在二战后也如雨后春笋般涌现出来，民族国家所具有的对权力分配的垄断性决策权及实际能力明显降低，它们不再是控制分配过程的唯一主体，众多的跨国家行为体已参与到全球性权力分配的过程中来。① 国际社会已经从国家行为体为中心的分配格局发展到跨国组织、非政府组织等非国家行为体共同参与分配的格局。非政府组织迅速发展，已经成为国际社会中一支举足轻重的“超级政治力量”，特别是随着全球化程度的不断提高，非政府组织承担了相当一部分民族国家和国际政府组织都无力解决的跨国义务。许多国家甚至国际组织也常常借重非政府组织的力量来协调国际社会的利益和福祉。例如，受利益驱动，巴西的热带雨林遭到了严重破坏，政府虽三令五申禁止各种破坏行为，但收效甚微，然而巴西亚马逊的“独木舟和生态协会”使用独木舟进行一次漂流活动，却戏剧般地解决了对热带雨林的破坏问题。② 比起应对传统安全威胁，应对非传统安全威胁的合作行为体具有多样性、多层次的特点，而且其数量也具有绝对的优势。仅就国际组织而言，据《国际组织年鉴》统计，1909年各类国际组织是 213 个，其中政府间组织 37 个；1956 年为

① ［日］星野昭吉：《全球政治学——全球化进程中的变动、冲突、治理与和平》，新华出版社，2000 年版，第 30 页。

② ［美］朱莉·费希尔：《NGO 与第三世界的政治发展》，社会科学文献出版社，2002 年版，第 9 页。

1117个；1978年为8200个；1990年，全世界的国际组织共有26656个，其中重要的政府间组织500多个；1998年全球各类国际组织达到48350个，其中政府间组织6250个，占14.74%。可见，国际组织在数量上不断增多，其中冷战结束以来新增加的国际组织就约2万个。①

从合作方式看，传统安全往往以国家为单位来划分敌友界限，解决传统安全威胁，合作成员国相互间常以结盟等方式搞集体防卫或集团安全，注重以威慑、遏制等手段来制约潜在对手。而非传统安全威胁的特点，决定了解决非传统安全威胁的手段将更强调综合性，国家间也将更强调合作。因为非传统安全威胁涵盖的领域比传统安全威胁广泛得多，当前国际安全中的一些非传统安全问题，如国际恐怖主义、跨国犯罪、生态问题、高危传染性疾病等，根源极其复杂，以单一军事手段或以军事手段为主的手段根本无法解决问题，必须综合运用政治、经济、外交、法律、科技等手段，相互配合多种措施加以应对。而且，由于非传统安全的非军事特点，应对非传统安全威胁，合作成员国应在不完全排除政治和军事手段的同时，更多地依赖经济合作、文化交流、外交谈判和社会协调等非暴力手段求得矛盾的解决。

从合作范围来看，由于传统安全威胁主要限于对主权国家军事领域的威胁，加上以前世界各国间的交流不像现在这样频繁，国际合作的范围一般仅限于少数国家或地区，合作成员国也常为少数或具地区性特征。即使是两次世界大战，虽然也几乎遍及全球，但合作仅限于军事或与军事相关的领域，而且其成员国只有少数几个国家发挥重要作用。另外，应对传统安全威胁时，存在

① 饶戈平：《论全球化进程中的国际组织》，《中国法学》，2001年第6期。

国际合作，一般就会有合作的对立双方，一来限制了合作国的数量，二来也体现了传统安全威胁的主体、客体与非传统安全威胁的不同。因为非传统安全威胁一般都具有跨国性特点，而且一般都是各国认为的普遍威胁，所以应对非传统安全威胁的合作方具有数量大、范围广的特点，而且往往合作范围内的各国政府都处于合作的一方，共同解决非传统安全的威胁。

从合作必要性来看，前面笔者已经详细分析了为何各国必须通过国际合作的方式解决非传统安全威胁。这里需要注意的是，以前应对传统安全威胁发起的国际合作，一般是某国应对他国的军事威胁而发起，并寻找可能的合作伙伴，带有强烈的组织性和被动应对的特点。但是，非传统安全威胁的形成与发展具有相互影响的特点，全球化的大时代背景又将国际社会紧密联系在一起，使得某一方面的非传统安全问题很可能引发或激发其他方面的非传统安全问题，使其造成的影响和危害呈现逐级放大效应，导致非传统安全问题从一国“外溢”至他国或从他国“内流”到本国。由于解决非传统安全问题单靠一国之力难以完成，而且非传统安全越发重视“人的安全”和“社会的安全”，所以各相关利益者，包括国际组织、非政府组织、社会团体等，都在发起国际合作或加入国际合作的行列，国际合作越来越呈现自发性特点。

从合作前景来看，应对传统安全威胁的国际合作发展前景一般是成立军事联盟，如北大西洋公约组织、美日军事同盟、美韩军事同盟、美台（准）军事联盟、美与拉美的军事联盟等。[①] 随着国际新形势的发展，军事威胁的减少，军事联盟是否需要继续

---

① 陈效卫：《合作与冲突——战后美国军事联盟的系统考察》，军事科学出版社，2001 年版，第 256—257 页。

存在已经成为各国学者争论的热点，即使要保持军事联盟的继续存在，它们的职能、性质也必将进行转型。俞可平教授指出，“治理”是指公民社会组织承担的公共管理，以及民间组织与政府部门合作进行的公共管理活动，其权威不一定是政府机关，而主要通过合作、协商、伙伴关系、确定共同目标等方式来实施对公共事物的管理，是一个上下互动的管理过程。一些西方政治学者认为，随着全球化时代的来临，人类政治过程的重心正在从“统治”走向“治理”，从民族国家的政府统治走向全球治理。全球治理既不是世界政府，也不是民族国家行为体的简单组合，而是一种国家与非国家行为体之间的合作，以及从地区到全球层次解决共同问题的新方式。[①] 人类面临需要共同解决的问题，国际合作的前景必将是走向“全球治理”，人类共同应对非传统安全威胁的挑战。当然，如果没有由公认的价值和行为准则所规定的标准和约束，很难建立有效的全球合作与全球治理的方式，而这种公认的价值和行为准则正是非传统安全威胁带来的合作理念变化的结果。而且，由于国际社会没有超国家的权威机构，国际组织在引导国际合作迈向“全球治理”的过程中发挥了重要的作用，国际机制为世界向“有政府状态”过渡提供了借鉴。如在全球层次上，联合国的宗旨和原则，即关于和平、发展和集体安全等观念，不仅被成员国接受，而且很大程度上内化成为所有成员国外交政策的核心内容的重要部分，成为规范各国政策的潜规则。世界贸易组织所体现的各主体在贸易方面的共有观念和规范，例如体现在最惠国待遇原则、国民待遇原则、无歧视待遇原则、互惠原则、关税减让原则、取消数量限制原则和透明度原则

① ［日］星野昭吉：《全球政治学——全球化进程中的变动、冲突、治理与和平》，新华出版社，2000年版，第277—278页。

等基本原则中的观念和规范，也都对成员国的外交政策产生了深刻的影响。

四、中国参与国际合作的深化和战略创新

新时代新形势，应对新的非传统安全威胁，国际合作也呈现出了新的特点，中国在应对禽流感，积极参与国际合作的过程中，体现了中国参与国际合作的战略创新：

第一，努力融入国际合作机制。随着中国的崛起，其国家战略利益在拓展，国家安全在深度和广度上也在逐渐扩展，如加强经济安全、金融安全、生态安全的维护，强调人类安全的重要意义等。鉴于此，中国国际战略应强调有所作为，积极融入国际社会，拓展国家战略利益。在实践上，中国应主要采取以建立信任措施为主要内容的新型安全模式，强调加强区域安全机制建设的积极性。要解决非传统安全问题，中国需要做好国内、国际两方面的工作：国内自我完善的同时，积极融入国际社会，加强与他国、国际组织、地区组织等的国际合作。以禽流感为例，除了在国内建立健全国家统筹规划的、信息共享的、灵敏的公共卫生监测体系，加强政府对公共卫生管理职责，建立公共应急处理机制外，更需加强国际和地区合作，交流预防治疗经验，提高防治效果。非传统安全的特点要求各国只有通过国际合作才能解决。作为世界上最大的发展中国家，中国非传统安全能否解决也关系到其他国家和地区的利益，参与国际合作不仅是中国解决问题的必由之路，也是中国融入国际社会，履行国际义务，获得国际理解和尊重的必要选择。另外，由于中国政治的传统观念——“报喜

不报忧”，“家丑不可外扬”，出现问题时，各级政府总是本能地去掩盖问题，而不是及时公开信息，从而延误了控制问题发展的有利时机。中国政府应当吸取“非典”和禽流感初期的防治教训，敢于面对问题。随着中国发展步伐的加快，要在国际社会发挥积极作用、维护自己的合法利益，必须与国际接轨，向国际标准看齐，信息公开、政策透明就是其中要达到的基本要求。

第二，树立国家形象。在全球化背景下，在和平与发展成为时代主题，非传统安全日益严峻的形势下，中国必须正确处理好个人安全、国家安全与地区安全和全球安全之间的关系，继续坚持正确的新安全观与外交政策，既要保障国家的安全，又要保证个人安全得到有效维护，在参与国际合作的同时，争取在国际社会树立良好形象，以发挥更大作用。首先，中国应确立以保护国家安全为底线，关注和参与地区安全和全球安全的国家安全理念，强调在区域和全球的平台上进行国际合作。同时中国积极参与国际合作的过程中，也须谨慎全面，处理好捍卫主权与国际合作间的关系。其次，高度重视各种非传统安全问题的威胁。2002年的十六大报告和国防白皮书都将传统的军事威胁和非传统安全威胁相提并论，并特别强调恐怖主义、跨国犯罪、环境恶化、毒品等非传统安全问题日趋突出。国际社会面临的安全问题在内涵上已经发生了变化，维护国家安全并不是“你强我就弱”的零和游戏，各国存在着共同的安全威胁，这就需要国家间的合作和协调，一起应对威胁，维护共同的安全，这符合世界各国的利益。这也就是新安全观形成的内在根源。最后，加强与国际各国、地区及非政府组织在非传统安全领域的合作。非传统安全的全球性、跨国性特征决定了非传统安全的治理必然要求区域性和全球性的合作。原则上，中国坚持应对国际和国内非传统安全问题的自主决策，坚决反对外国的干涉和压制。另一方面，中国也要在实践中不断推动非传统安全问题的国际合作，并借此机会扩大中国在世界的影响力。

第三，推动建设和谐世界。非传统安全视角下的国际合作呈现国际合作“全球化”、合作利益趋同化、合作方式多样化、“人性化”观念浓厚、国际社会渐现“政府化”等特点。这就带给世界一个问题：面对变化了的国际形势，世界各国应该顺应时代的发展还是继续保持原来传统安全下的观念阻止它们的发生，各国该如何应对这些趋势，该如何处理与其他国家和组织的关系，该如何参与国际合作，又该如何期盼以后的世界？2005 年 9 月，中国国家主席胡锦涛在联合国成立 60 周年的首脑会议上发表了题为《努力建设持久和平，共同繁荣的和谐世界》的重要讲话，向世界提出了以“坚持多边主义，实现共同安全；坚持互利合作，实现共同发展；坚持包容精神，建设和谐世界”为主要内容的“和谐世界”思想。[①] 也就是说，为推进建设和谐世界，中国要在国际事务和对外关系中，以负责任和建设性的态度，促进政治上平等民主、经济上互利共赢、文化上交流共进、安全上互信合作、生态环境上协调相宜，与各国携手努力，共建人类和平、安宁、公正、繁荣的和谐家园。虽然“和谐世界”是中国对国际大势发展做出的乐观判断，中国刚提出该思想时，一些西方国家曾质疑“和谐世界”是乌托邦，但该思想继承了新中国外交的传统，并结合国际形势与中国国际地位和影响的变化，符合中国人民和世界人民的共同价值取向，有利于增进中国同世界各国的互信与合作，体现了中国对人类共同命运的理想追求。

---

① 胡锦涛在联合国成立 60 周年首脑会议上的讲话（全文）。http://news.xinhuanet.com/world/2005-09/16/content_3496858.htm，2005-09-16.

从贝·布托遇刺看巴基斯坦的伊斯兰认同

李立凡*

内容提要：巴基斯坦的伊斯兰认同不仅是一种宗教文化认同，而且是典型的国家认同，但这种以国家利益为目标的认同模式更多地充当了政治整合的工具。西方议会民主制的世俗政体显然无法与这一政治整合工具相适应，从而导致了巴基斯坦军人强势干政与文官弱势执政长期交替的局面，贝·布托遇刺只是其中的一个插曲，但在极端主义猖獗的当代巴基斯坦，这一事件却是对其建立议会民主制的世俗政权的致命性打击，并将对巴基斯坦的内政外交产生难以估量的消极后果。

* 李立凡：上海社会科学院欧亚研究所副研究员。

一、伊斯兰教：巴基斯坦国家认同的唯一基石

英国殖民者到来之前，南亚次大陆主要处于莫卧尔帝国的统治下，人口占少数的穆斯林属于统治阶级，拥有极大的政治和经济优势，也就自然成为了英国进入次大陆的主要障碍。1857 年，穆斯林领导的全印人民的反英民族大起义失败后，英国人更是把印度穆斯林当成了最主要的政敌，通过各种手段抬高印度教徒，穆斯林的文化水平和经济实力逐渐落后于印度教徒，并失去了政治参与的能力和资格，开始走向封闭落后，穆斯林和印度教徒之间的历史隔阂进一步加深。与穆斯林相比，印度教徒更容易接受英国的教育和文化。换言之，当穆斯林的封建统治被英国资本家的统治所取代时，印度教徒的感受和遭遇与穆斯林有着巨大的差别，而殖民者的分化则又强化了这种差异，这就是英属印度在独立后成为两个民族、两个国家的历史开端。

实际上，19 世纪的穆斯林学者还是能冷静地看待伊斯兰文明与西方文明之间的现实差距的，如赛义德·汗和真纳等都承认政治生活世俗化的基本准则。但另一方面，他们更关注的是穆斯林与印度教徒之间的文化差别和矛盾。赛义德·汗认为，英属印度好像是一位新娘，她有两只眼睛：印度教徒和穆斯林，如果这两只眼睛不一样，新娘就会变丑。[①] 由于历史、文化和习俗大相径庭，这两个民族应该平等。他的“两个民族，两个国家”理论

① J. M. S. Baljon: The Reforms and Religious Ideas of Sir Sayyid Ahmad Khan, 3rd ed., Lahore: Sh. Mohammad Ashraf, 1964.

经过伊克巴尔和真纳的进一步阐释，成为了巴基斯坦独立建国的理论依据。但是，他们都希望未来的巴基斯坦是穆斯林领导的西方式世俗国家，坚决反对宗教神权思想。[①] 但是，巴基斯坦建国后，伊斯兰教很快成为了巴国家认同的基石。

第一，“两个民族，两个国家”理论作为印巴分治的理论基础，其核心思想是信仰伊斯兰教的穆斯林应该生活在一个国家里。尽管国大党和独立后的印度迄今都坚决反对这一理论，但这恰恰是巴基斯坦国家合法性的根源。正是根据这一理论，达卡的穆斯林和远在千里之外的卡拉奇穆斯林处在了同一个政权的统治下，并强烈地吸引着克什米尔土邦的穆斯林。换言之，与中东等地区的穆斯林国家不同，伊斯兰教几乎是巴基斯坦建国初期国家认同的唯一依据。当然，伊斯兰教作为穆斯林最主要的政治工具，发挥的只是一般性整合功能，即联合穆斯林追求建立独立国家。[②]

第二，穆斯林联盟领导人穆罕默德·真纳等都接受过西方的世俗化教育。巴基斯坦建国后，他们主张实现伊斯兰的现代化，即伊斯兰现代主义，引进了西方议会制度，建立了议会制政府，但他同时又强调“在制定宪法时切莫忘记伊斯兰教的基本原则”。在政治现实面前，真纳等人的思想摇摆不定，直接影响了独立之初的制宪进程。更不幸的是，巴基斯坦独立后仅一年，真纳便辞世。里雅格特·阿里·汗苦苦支撑着危局，却于1951年10月遇刺身亡。两位最重要的独立运动伟人的过早辞世，使巴基斯坦丧失了建立稳定合法的民主制度的宝贵时机（这与尼赫鲁领导下的印度形成了鲜明对比）。巴基斯坦建国的准备过于仓促，加之建

① Speeches and Writtings of Mr. Jinna, Lahore, 1952, Volume1, p. 43.

② Sudur Hazen: Pakistan: The Call of Islam, Islambad, 1980, p. 3.

国过程中充满了印穆冲突的血腥与仇恨，失去了两位伟人之后，国内各种势力乘势利用最便捷的政治整合工具——伊斯兰教进行政治角逐，使具有入世倾向的伊斯兰教迅速卷入，罕见地成为了巴基斯坦各政党的“最小公约数”。

第三，伊斯兰教成为巴基斯坦国家认同的基石，还有着现代国家利益整合的功能。按照信仰划分国界不仅旷世罕见，而且几乎无法操作。但是，两个独立的主权国家必然要为自身的国家利益寻找法理依据。强化伊斯兰认同不仅能维系印度东侧的东巴与印度西侧的西巴，而且对争夺土邦，主要是克什米尔具有关键性的作用。印巴分治方案并未对500多个土邦的归属进行明确规定，尽管多数土邦都归属了印度，但最大的土邦克什米尔不仅与巴基斯坦山水相连，而且穆斯林占多数，强化伊斯兰的国家认同能获得战场上所难以获得的优势，并在国际社会赢得足够的支持，尼赫鲁后来在联合国的被动处境证实了这一点。

第四，伊斯兰教成为巴基斯坦国家认同的基石，基本上维系了西巴的松散统一，使不健全的联邦制度得以延续。尽管东巴由于巨大反差而最终独立，但伊斯兰教在维系西巴统一方面的作用是显而易见的，因为西巴内部的异质性非常突出：一是俾路支省、西北边境省、旁遮普省和信德省四个联邦成员差异较大。旁遮普省拥有全国58%的人口，俾路支省拥有全国最大面积的土地，但人口最少。旁遮普省主要是旁遮普人，俾路支省主要是俾路支人，西北边境省有普什图人，信德省主要是巴基斯坦独立后从印度迁移来的移民。“自由的克什米尔”内部的经济状况和人口、教派分布更是错综复杂。二是巴基斯坦的穆斯林除了逊尼派和什叶派，还有霍加派、阿迦·汗派、苏菲派、齐克里教派、努尔巴赫希亚教派。此外，还有阿赫默底亚教派、巴哈伊信仰、印度教、锡克教、基督教、琐罗亚斯德教等。逊尼派占穆斯林总数的90%强，但不足10%的什叶派却实力强大，在军界、政界多担任要职，真纳、斯坎达尔·米尔扎、叶海亚·汗、布托家族等都是什叶派，大工商业、金融业主也多是什叶派。教派斗争由来已久。三是作为南亚身份认同重要标志的语言问题。根据1981年的统计，讲旁遮普语的人最多，占全国总人口的48.17%，其次是普什图语（13.15%）、信德语（11.77%）、乌尔都语（7.60%）。乌尔都语并非巴基斯坦的本土语言，仅有卡拉奇和海德拉巴的城市人口将之作为母语使用，然而乌尔都语却是巴基斯坦宪法规定的国语和中小学采用得最多的教学语言，其影响远远超过其他本土语言。①

总之，一个全新的穆斯林大国在南亚诞生了，并将伊斯兰文明深深地烙在了国家机器上，使其进一步依赖于伊斯兰，并与世俗化的制度安排形成了强烈反差。主要表现在：首先，1956年的宪法明确巴基斯坦为伊斯兰共和国，规定国家的总统必须由穆斯林担任。阿尤布·汗当政时，曾试图将这个国家带向世俗，并在1962年颁布的宪法中，将国名改成巴基斯坦共和国，但随即遭到了穆斯林保守派的强烈抵制，迫使政府于1963年3月对宪法进行修正，改国名为巴基斯坦伊斯兰共和国，并重申今后立法不得与《古兰经》和伊斯兰教教义相悖。1973年布托为了迎合保守势力，干脆把伊斯兰教定为巴基斯坦国教。

其次，推行有效的经济改革、建立巴基斯坦独立的现代经济体系，是维系国家机器运转的根基。穆斯林民族资产阶级，虽说是巴基斯坦的统治阶级，但由于力量薄弱，领导建设一个新生的国家还需借助其他政治势力。结果是地主们长期把持着国会，同

---

① The Language of Employment: the Case of Pakistan, Journal of South Asian and Middle Eastern Studies, Vol. XXIII, No. 4, Summer 2000.

时参议院为神职人员保留专门席位。带有世俗倾向的经济政策一旦超越伊斯兰教教义，影响到宗教上层的既得利益，宗教保守势力便会毫不犹豫地联合反对党推翻现政府。现代化的经济改革必须服从伊斯兰教的教义，这已经成为巴基斯坦政治的铁律。

再次，任何法律不能与《古兰经》和圣训中规定的伊斯兰教的禁令相矛盾，并且指定一个委员会就如何修改现行法律中与这些禁令相抵触的条文提出建议。巴基斯坦还单独设有沙里亚法院，即伊斯兰法院，由首席法官和 8 名法官组成，包括 4 名具有担任高等法院法官资格的法官和 4 名精通伊斯兰法的乌里玛，主要职权是审查国家的法律条令是否违背伊斯兰教教义，处理与伊斯兰法有关的案件，如酗酒、盗窃、通奸等案件。

巴基斯坦是最早确立西方式议会民主制的伊斯兰国家。在伊斯兰的国家认同基础之上，建设温和世俗的现代国家，是巴基斯坦开国元勋进行制度安排的初衷。但后来的历史发展与这一初衷南辕北辙，使其国家认同面临着严重危机，并与孪生的印度形成了鲜明对比。

二、长达60年：巴基斯坦的国家认同危机

巴基斯坦选择了议会制的政体，同时又肯定了伊斯兰教在国家政治生活中的重要地位。将伊斯兰教烙在西方式的议会民主制政治架构上，应该说是符合巴基斯坦国情的灵活变通。但是，由于伊斯兰教本身在内外困境下面临着深刻变革以因应世界新形势的巨大压力，传统的伊斯兰教与议会民主制之间存在着诸多深层次矛盾。宗教左右政治，政治影响宗教，而经济社会发展的不尽

如人意又没有为巴提供类似于东南亚穆斯林国家经济社会转型的历史契机，从而使这种矛盾尖锐化，并成为长期困扰巴基斯坦政局的主要因素，使其面临着慢性的国家认同危机。

纵观巴基斯坦的 60 年历程，先后于 1956 年、1962 年和 1973 年制定过三部宪法，但武装力量反复干预宪法政府。在世俗政体与伊斯兰认同激烈碰撞的过程中，巴军人先后于 1958—1962 年、1969—1971 年、1977—1989 年和 1999—2007 年四次实行强势军管，使巴基斯坦历史呈现出了弱势文官政治与强势军人管制轮替的特殊局面（图一），使正常的政党轮流执政的制度安排失效，并不得不阶段性地借助军人干政维系国体，迄今经历了整整四个轮回，实际上直接宣告了西方式议会民主制试验在巴基斯坦的失败，与印度形成了鲜明对比，并削弱了巴国民的国家认同。因此，必须深入探讨西方式的议会民主制与伊斯兰认同之间的尖锐矛盾。

时间段	政府形态
1947—1958	文人政府
1958—1962	军人政府
1962—1969	文人政府
1969—1971	军人政府
1971—1977	文人政府
1977—1989	军人政府
1989—1999	文人政府
1999—2007	军人政府

图一　巴基斯坦文人政府与军人政府的“轮流执政”

西方式的议会民主制尽管是舶来品，但对包括巴基斯坦在内的整个英印殖民帝国的影响长达100多年，很多制度和观念已经内化于精英阶层的潜意识之中。加之巴基斯坦特殊的建国背景和资源、人口、教派分布等基本国情，开国领袖们对延续西方式民主并无异议，都主张延续英殖民者的政体模式，但是在具体落实过程中却面临着诸多深层次矛盾：

首先，无论是总统制，还是内阁制，都面临着中央权力必须强化的严峻现实：一是建国之初，面临着整个国家机器的重建和建立全国范围内的基础设施的艰巨任务；二是前线吃紧，印巴关系在克什米尔问题上打了个“死结”；三是各地过于分散，缺乏作为现代国家的整体凝聚力和向心力，必须通过强化中央权力凝聚人心，精神层面上的手段便是伊斯兰认同，从而使巴基斯坦的所谓联邦制甚至比印度更具有单一制的色彩。这对于强化国民的国家认同有很大的帮助，却无助于世俗政党轮替，因为在争夺政治权力的过程中，无法将世俗政治与宗教国家予以分割。

其次，由于巴基斯坦建国后并未能建立起现代经济体系，也就谈不上现代市场经济体制基础上的政治整合，各派政治领导人、包括最世俗的政党都必须、也必然会有意无意地高举伊斯兰的旗帜，争当穆斯林的代言人。同时，在原有的封建土地制度基础上，大量的基层民众不仅无法接受现代教育，更无法享受到经济发展的主要成果，人口在严重滞后的生产关系基础上的过快膨胀，导致了大量失业、无业而又无法接受教育的青年没有出路，而清真寺和各种经训学校承担着这一神圣职责，使基础教育严重落后的巴基斯坦的大量青少年更多地接受的不是现代世俗教育，而是传统的宗教教育，[①] 使巴基斯坦的伊斯兰化程度高得惊人，甚至连国会两院都专门为神职人员预留了席位。巴甚至缺乏独立的司法制度。1954 年、1958 年、1969 年、1977 年和 1999 年发生了五次武装政变。每一次危机时，最高法院均以“国家需要”和“革命合法性”为由，批准政变具有合法性。[②]

再次，无论 1971 年之前苦苦地维系东西巴之间脆弱的统一，还是强调克什米尔的主权归属，巴基斯坦政府及人民最主要的武器也只能是宗教。退而言之，如果不强调伊斯兰认同特性，甚至连巴基斯坦本身的合法性都面临着诸多挑战。在印巴争端中，处于显著弱势的巴基斯坦能得到中东国家普遍支持的关键就在于伊斯兰认同。

世俗的议会民主制要求现代式的、基于各自世俗利益整合基础之上的政治整合，而伊斯兰认同又迫使各种政治势力趋于同质化，促使巴基斯坦政党轮替的政治内涵缩水，甚至陷于不同教派势力、家族势力、地方势力之间的恶斗，最终导致政党轮替失灵，议会民主制失灵，军人出面收拾残局。军人掌权能够平息各种政治势力没完没了的相互拆台，终止早已失灵的政党轮替，并在巨大的国际舆论压力和内部政治压力下，以相对超脱的身份推动经济社会发展，以此赢得人民的支持。因此形成的反常规律是，巴基斯坦几乎所有的文官政府都处于动荡之中，甚至连第一任政府总理都于 1951 年遇刺，而上述四轮军人掌权都不同程度地恢复了社会秩序，促进了经济社会发展。仅以最新一轮的穆沙拉夫政权为例。1999 年以来，尽管遇到了“9·11”事件和国际

---

① Mtheub-ul-Hag, Human Development in South Asia, Karachi: Oxford University Press, 1998.

② Aziz Z. Huq. Uncertain Law in Uncertain Times: Emergency Powers and Lessons from South Asia [J]. Constellations, 2006, 13, (1).

反恐斗争等一系列重大冲击，巴基斯坦的经济增长依然是非常显著的。GDP 的增长甚至接近 8%，成为目前世界上为数不多的经济持续高增长国家之一。[①] 结果，尽管面临着内忧外患，穆沙拉夫还是借助较高的经济增长和普通百姓实际收入增加（图二）而得到了社会的默认。换言之，在冷战结束、全球化进程加快的 21 世纪，如果没有足够的经济社会发展政绩，穆沙拉夫根本无法维系统治。尽管如此，鉴于国内反恐危局的羁绊，虽然在形式上强化了巴基斯坦的独立主权，但实质上弱化了国家认同，以致与阿富汗接壤的广大部族山区无法实施有效治理，国家认同几乎完全让位于宗教和部族认同。

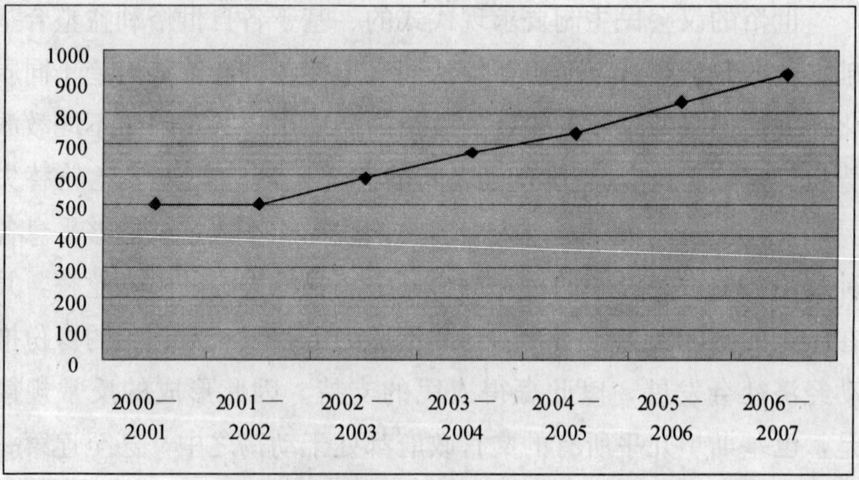

图二　近年来巴基斯坦人均收入增长情况（美元）

From：Economic Survey of Pakistan 2006—2007，www. accountancy. com. pk.

伊斯兰作为巴基斯坦国家认同的基石，与世俗化的政体之间

① Government of Pakistan Economic Affairs Division：Yearbook 2004—2005，Islambad.

的尖锐对立，使巴基斯坦几乎一半的时间处于稳定并发展的军事统治下，另一半时间则处于动荡并衰退的议会民主制下。长期的内忧外患以及民众对政党政治的失望变相地提高了军队在人民心目中的地位，组织性、纪律性非常强的军队成为了人民最后的安全保障和精神寄托，远远胜过了夸夸其谈、无视民生、贪腐横行的历届民选领导人（包括贝·布托），从而使西方式的议会民主制在巴基斯坦始终处于中看不中用的尴尬境地。

三、贝·布托遇刺对巴基斯坦国家认同的深远影响

现代国家有三个特性：首先是民族国家，即居住在拥有明确主权的边界里，拥有共同的国家认同和相对独立的现代经济体系；其次是民主国家，即边界内的人民是这个国家的主人，拥有完整的现代宪政架构和正常运转的民选机制；再次是民生国家，即在特定的国家认同和完整的现代经济体系中，借助于现代宪政架构和民选机制，为社会提供稳定、充足的公共品供给和有效的制度安排，确保国家机器的运作和民生。因此，现代国家通常采取国家和政府分离的方式，以便于适应工业化、信息化的发展，便于民众表达自己的利益诉求。以往 60 年中，巴基斯坦始终处于宗教认同与世俗化的两难选择之间，并屡屡为第三种选择——军人干政提供政治空间。但是，现在的问题在于，它面临着第四种选择，即恐怖主义和各种极端主义可能会直接干扰、甚至打断巴基斯坦的政治进程，将其伊斯兰的国家认同引向一种危险境地。贝·布托的遇刺正是在这一残酷的国家认同争执中发生的。

在探讨贝·布托遇刺事件的国家认同后果之前，必须先充分认识贝·布托的诸多特质：首先，她作为巴基斯坦第一任民选总统的长女，本身受害于军管政权，在自己执政期间也遭受过军人干政，因此，贝·布托是反对军人政权的象征；其次，她是接受过西方高等教育的穆斯林女性精英，并坚决主张世俗政体，显然违背了伊斯兰保守势力的价值取向，与其说是代表了西方势力（她对华的友好程度并不亚于对西方），还不如说是世俗势力的象征，并唤起了全球众多穆斯林（尤其是女性）改变命运、解放自我的意识；再次，无论是婚嫁，还是装束，以及忠于家族势力和婚姻的做法，她都是巴基斯坦从传统的伊斯兰社会向现代社会转型的一种代表。同时，无论是作为世界上最年轻的总理，还是作为第一个穆斯林女总理，她的从政历程和政治角色都更多地带有传奇色彩，充分地折射了布托望族在南亚现代政治纷争中的悲怆和坚韧，并与甘地家族、班达拉奈克家族等共同构成了次大陆政治色谱上的一道奇异景观。因此，必须从伊斯兰认同层面来分析贝·布托遇刺事件的深远影响。

第一，随着反恐战争的持久化，贝·布托遇刺事件是对整个反恐阵营的重大冲击。作为反恐战争的最前线，巴基斯坦正处于政治转型的艰难时刻，如果能顺利地实现议会选举和全面恢复议会民主制，将更有利于巴基斯坦走向温和政治，削弱各种极端主义和恐怖主义势力滋生的土壤，使巴基斯坦回归温和与稳健，从而便于西方对巴阿边境的部落山区进行清理。从短期来看，贝·布托遇刺事件打乱了西方、主要是美国对巴基斯坦的指导棋，恐怖主义有所得逞，并使巴基斯坦走向温和的世俗政权的历程更为曲折，充满了各种变数，从而为恐怖主义提供了更多机会。贝·布托遇害不仅使英美强势反恐的长远规划失去了一位重要的政治盟友，更使巴基斯坦政坛的混乱局面加剧。因此，贝·布托遇刺事件不能仅仅置于巴基斯坦政治棋谱之中分析，从历史发展的高度看，这是对巴基斯坦内外所有温和、稳健的世俗力量的打击。

第二，贝·布托遇刺事件将进一步激化巴基斯坦国内本已非常尖锐的国家认同之争，使其更依赖于传统的伊斯兰认同，并引发对各种极端主义和恐怖主义的更多争执。尤其在作为反恐战争最前沿的巴阿边境地区，伊斯兰认同与国家认同之间的界限不清，跨境的普什图人原先就缺乏明确的国家认同，如今则更加倾向于伊斯兰的宗教认同，并且往往是比较极端和绝对的。贝·布托遇刺事件深刻地反映了巴基斯坦国内对经济社会现状以及全球化的不满。在落后国家出现重大危机的特定条件下，这往往是集体性退缩到传统保守的意识形态认同的前兆。因此，这一事件的历史性影响还远未显现，并将直接影响到未来巴基斯坦的宗教及国家认同的价值取向。

在全球化时代，国家价值理念必须建立在人类基本价值理念的基础之上，国家认同必须与人类的认同保持一致。这就注定了国家核心价值理念必须是对于普世价值观念的回应。以伊斯兰作为唯一国家认同基石的巴基斯坦，在全球化时代重建国家认同的唯一途径就是伊斯兰认同的世俗化和现代化。但是，冷战时代的巴基斯坦世俗的议会民主政治始终面临着军事政变与强势军管的威胁，然而今天的世俗政体则直接面临着神权政治和恐怖主义的威胁，以致强势军管成为了次优选择，从而使穆沙拉夫得到了国际社会的多数默认，这只是从另一个侧面证实了巴基斯坦国家认同危机的加剧。

关于当前国际宗派（主义）纷争的几点思考

刘锦前*

内容提要：宗派（主义）纷争是历史发展进程中出现的对某一派系或宗教团体的一种坚定信念，基于意识形态基础的看法和行为。宗派主义往往表现为“狂热”、“固执”、“效忠”等。宗派纷争按照其行为者目标不同，可分为宗教宗派纷争、种族宗派纷争、政治宗派纷争等。宗派纷争的出现对历史发展中的“和”与“争”产生了深远的影响，当今世界地区热点问题很大程度上都与宗派纷争发展有关。加强对宗派纷争的研究除了有学术意义上的贡献，还有助于对国际恐怖主义、民族分裂主义和宗教极端主义研究的更深入开展，也有助于对当前热点地区局势的评定与宗派活动治理提供有意义的借鉴思考。笔者认为，宗派纷争研究应该与民族学、政治学、宗教学和历史学相联接，同时采用理论诠释与历史

* 刘锦前：上海社会科学院欧亚研究所研究实习员。

实证相结合的方法，这样将有助于推动中国相关领域学术研究的深化。

近几年来，印度、巴基斯坦等地区的恐怖爆炸事件不断，伊拉克什叶派、逊尼派相互间派系冲突频繁发生，巴勒斯坦地区哈马斯与法塔赫两大党派以及库尔德人之间由于政见利益问题矛盾不断，阿富汗以塔利班为代表的“基地”恐怖组织与中央政府不时发生交火，这些事件表明以“团体利益”为理念的宗派纷争已经成为当今社会动荡与不稳定的源头，甚至当前宗派纷争与国际恐怖主义、民族分裂主义和宗教极端主义等三股恶势力的活动已经出现某种聚合状态。实际上，宗派①纷争活动古已有之，并且随着近代化过程中“民族觉醒”、“民族意识”的发展与“宗教至上”理念的交汇，宗派纷争活动呈现愈演愈烈状态。20 世纪特别是冷战时期，宗派纷争集中表现为以宗教至上为理念的教会诉求与以民族自决为理念的民族自治运动。冷战结束后，宗派纷争出现了某种程度上的异化回归，即以团体行为目标为核心、付诸暴力的活动呈现上升态势。

一、宗派纷争的界定

概念的界定与理解是研究宗派纷争的逻辑起点。然而关于什么是宗派纷争，由于学者们的思路不同，看问题的角度有所

① 对宗派乃至宗派纷争的理解，不同学者有不同的看法，有学者就认为只是到了近代，宗派及宗派纷争才出现。本文侧重的主要是对当前国际宗派纷争的相关问题进行一个宏观的把握介绍，旨在抛砖引玉，希望引起国内对该领域相关研究的注意。

差异，因而对宗派纷争定义的认识也是众说纷纭，莫衷一是，国际社会也未对宗派纷争的定义达成共识。比如：根据剑桥高阶词典的语意解释，宗派纷争指的是行为者非常坚定地支持一个特定团体或信仰，特别以一种不喜欢接受他人观点的方式进行活动。① 此外，宗派纷争也指宗派纷争者的一种精神状态或者是倾向，在信仰方面过分地专注于某一派别的行为。② 而维基百科全书则对宗派纷争活动理念进行了如下描述，宗派纷争背后的宗派主义涉及的是关于行为体对某一派别、党派或宗教团体的一种坚定的信念。它涉及的是歧视、谴责或者通过暴力来对待不属于这一派别的人或行为体，这个术语经常被用来论及宗教冲突，包括不同信仰集团之间成员的冲突或者是同一信仰下的内部纷争，它也经常被用到政治层面，经常被用来形容一个布置紧密的政治团体或党派。③ 苏联将宗派纷争归纳为：宗派（Фракция）的反映论，宗派纷争者效忠于特定利益团体的行为，在不同派、教之间的宗派冲突可视为反对利益集团与

---

① (a person) strongly supporting a particular religious group, especially in such a way as not to be willing to accept other beliefs. Cambridge Advanced Learner's Dictionary. noun [U] DISAPPROVING.

② sectarian spirit or tendencies; excessive devotion to a particular sect, esp. in religion.

③ Sectarianism refers (usually pejoratively) to a rigid adherence to a particular sect or party or religious denomination. It often implies discrimination, denunciation, or violence against those outside the sect. The term is most often used to refer to religious sectarianism, involving conflict between members of different religions or denominations of the same religion. It is also frequently used to refer to political sectarianism, generally on the part of a tight-knit political faction or party. 参见 http://en.wikipedia.org/wiki/Sectarianism.

非利益集团的矛盾。[①]

当然，词典、词条中的解释自有它的范式局限。正如有学者所指出的，由于宗派纷争的存在及其复杂的情况，各个国家、各个不同历史阶段具体宗派纷争的表现形式也不一样，理解角度的不同以及与现实利益的联接导致不同的人在对待宗派纷争问题上，不可能有统一的认识。例如哈特·尼森就认为宗派纷争是一种经济行为，主要指的是来自生活下层弱势群体或者是乡村人们的个体行为偏好。[②] 而爱尔兰阿尔斯特大学的大卫·查斯教授则认为宗派纷争集合了文化因素、种族因素和社会生活因素，是一种基于意识形态基础的看法和行为，认为宗派纷争有各种各样的表现形式，表现出容易变化性、不确定性；一个信仰集团的成员可能会感觉到他们自己的救助或拯救意味着其他集团的成员的转变与皈依；一个派别的追随者会相信伴随着他们自己的政治的或信仰的方案的实施与完成，他们的对手一定会被征服。有的时候一个派别会因为来自对方党派的经济或政治处境的压力而采取措施来攻击对方；在有些时候，宗派纷争也可能是一个集团的国家主义或文化野心的表现形式，或者具有讽刺的是被某个煽动政治家的个人的一种利用。[③] 美国普林斯顿大学历史系博士乌萨玛·

① Фракция - это определенная группа, представляющая свои особые интересы. Многие из них не вовлечены в конфликт между Альянсом и Ордой и нейтральны для представителей обеих сторон. Эти "не присоединённые фракции" могут предоставлять Вам информацию, экипировку и опыт. Другие фракции наоборот активно вовлечены в противостояние Орды и Альянса и доступны лишь для одной из конфликтующих сторон. Подобные фракции зачастую привязаны к одному из Полей Сражений.

② Hart M. Nelsen, Sectarianism, World View, and Anomie, *Social Forces* Vol. 51, No. 2 (Dec., 1972), pp. 226—233.

③ David Cairns, The Object of Sectarianism: The Material Reality of Sectarianism in Ulster Loyalism, *The Journal of the Royal Anthropological Institute* Vol. 6, No. 3 (Sep., 2000), pp. 437—452.

马蒂斯特博士则认为宗派纷争是近代化的产物，在黎巴嫩15年内战中达到了顶峰，主要表现为精英贵族与下层普通民众就生活福利与权力分享方面的分歧进行相互斗争，实为争夺民族国家权力的最高控制权。[①] 而穆罕默德·卡森扎曼教授则对巴基斯坦的宗派纷争发展情况，以什叶派和逊尼派的关系互动为例进行了深入研究，[②] 认为宗派纷争很大程度上与"宗教团体利益"联系在一起。在涉及宗派问题的所有案例当中，有一个明显的区别就是在"你们"、"我们"之间，在"内部"、"外部"之间，宗派纷争或许会采取一种仇恨的方式或对外部组织的一种恐惧。在这种例子中，宗派纷争者并不需要一个强烈的宗教信仰观念来支撑，而更多的是对某一组织的一种归属感的认同。宗派纷争者之间的冲突往往伴随着暴力，伴随着信仰的和政治的一些瓜葛，比如在北爱尔兰地区的新教徒和天主教徒的冲突；这种冲突也涉及到不同思想流派和政治流派之间，比如穆斯林世界的逊尼派和什叶派之间的冲突。而美国外交部对宗派纷争的理解更多与美国的外交利益相联系，面对当前的伊拉克困境，美国更多倾向于用宗派暴力来描述，认为它是派系利益与外来干预者利益的一种博弈。[③]

实际上，宗派纷争就其根本方面讲，乃是政治、经济利益之

---

① Ussama Makdisi, Reconstructing the Nation-State: The Modernity of Sectarianism in Lebanon, *Middle East Report* No. 200, Minorities in the Middle East: Power and the Politics of Difference (Jul., 1996), pp. 23—26, 30.

② Muhammad Qasim Zaman, Sectarianism in Pakistan: The Radicalization of Shi'i and Sunni Identities, *Modern Asian Studies* Vol. 32, No. 3 (Jul., 1998), pp. 689—716.

③ Dan Darling, Sectarianism, Violence, and the Future of Iraq, http: //analysis. threatswatch. org/2006/03/sectarianism-violence-and-the/; Pres. Bush's Speech: Victory in Iraq, http: //www. chinadaily. com. cn/language _ tips/2006—12/11/content _ 755336. htm.

间的冲突，如执政地位之争、领土主权之争、市场财富之争、控制与被控制之争，其间的是是非非，恩恩怨怨，往往有复杂的历史遗留问题和外部势力的插手及内部掌权阶层的特殊考虑在起作用，有的是非分明，有的各有对错，不是简单可以了断的。历史与现实告诉我们，各类民族之间的政治、经济利益冲突，常常采取宗派的形态；而许多宗派冲突的发生，其深层原因在于民族实际利益的冲突。宗派纷争，可能被抽象地、更多地称为教条主义和呆板主义，顽固性、感情脆弱性和自明性是其外在表现。宗派纷争作为一个不为人看好的术语，有的时候谴责宗派纷争会经常用来妖魔化对立党派。综上所述，本文认为，宗派纷争是指行为利益体之间为达到自身的价值诉求而采取的一种集体偏好行为，旨在维护或者吸引壮大自身团体的利益体系。

二、宗派纷争的类别与派系

根据宗派行为体的组成以及行为目的不同，宗派纷争可以分成为宗教宗派纷争、种族或族群宗派纷争、政治宗派纷争等。不管派系之间如何竞争，宗派纷争总会表现出不同的方式和不同的形式。

宗教宗派纷争。宗教宗派纷争在宗派纷争发展的历史上占据了很大的份额。在天主教国家里，从历史上看新教徒往往被当作异端被迫害。例如，在法国新教徒比较集中的地区，胡格诺宗教徒直到亨利四世在 1598 年颁布《南特敕令》才得以在法律上享受平等的公民权利。在西班牙，对新教徒的迫害还包括对犹太人和摩尔人的清洗。同样，在一些新教徒占多数的地方，也有很多天主教徒被迫害的例子；而在一些宗教改革成功的国家，通常以天主教徒与国外的权力相联系为借口，称他们是间谍加以迫害；有的时候这种不信任表现在天主教被用作专制和歧视的代名词，而这样做进一步导致了冲突。例如，在19世纪30年代天主教扩张时候，在爱尔兰，天主教徒被剥夺了选举权，不允许从事政治工作和购买土地。今天，专断和歧视依然在很多地方保留了下来，比如在英国西苏格兰地区，特别是在有爱尔兰血统的人之间，天主教徒和新教之间的宗派纷争分歧表现明显，并且爱尔兰移民将这种冲突带到了其他的土地上，包括纽芬兰岛、加拿大的马里特省、纽约州、安大略湖、利物浦和其他一些地区。当然，也有例外，例如新教徒和罗马天主教徒在美国就出现了和平共处的局面。

种族或者族群宗派纷争。在印度半岛，宗派纷争更多表现为地方自治主义，这个最明显的表现在印度人和穆斯林两大社区之间，这也表现在印度人的印度教与锡克人的锡克教之间的冲突上。而自治主义往往演变表现为经济自治主义，在这种意义上它涉及到了极端宗派纷争社区。例如，发生在斯里兰卡的泰米尔人、僧加罗人和穆斯林社区之间的冲突也有宗派纷争的影子。在巴基斯坦，关于宗派的暴力活动自20世纪70年代以来就不时地发生。在穆罕默德·齐亚哈克执政时期，宗派纷争活动在巴基斯坦的卡拉奇地区达到顶点。此外，巴尔干半岛的种族冲突主要表现在南斯拉夫爆发的严重宗派冲突上。克罗地亚人和斯拉夫人多数是天主教徒，塞族和马其顿人属于东正教徒，波斯尼亚人和阿尔巴尼亚人属于穆斯林，族群与信仰上的不同导致了严重的身份认同危机，“南斯拉夫内战”就是其缩影。客观地讲，在西部非洲特别是尼日利亚，也存在着信仰穆斯林的阿拉伯人和信仰基督教的尼日利亚人之间严重的派系暴力冲突。

政治宗派纷争。政治宗派纷争不同于宗教宗派纷争，是因为它们更多地是由于政治制度的不同，而在执政模式与政治党派利益上产生分歧，比如在对待世袭制度和选举制度、对宗教在政治中的定位等。在政治层面，宗派纷争这个术语往往被联系为政治走向是趋向阴谋极端的一派。这方面有很多的例子，比如，很多的政治迫害就是宗派清洗，同样的现象涉及到了政治层面就是关于忠诚与否的讨论，比如 20 世纪 30 年代后期的苏联大清洗运动。而在黎巴嫩发生的宗派纷争冲突，主要是因为各派在分享政治权力方面没有达成妥协引发的。1943 年条约给了基督教马龙派比其他派别更多的权力，尽管《塔伊夫协定》结束了内战，但权力一直被分割使用着，这也是今天黎巴嫩政局依然动荡的原因。

三、关于宗派纷争产生的根源问题

宗派纷争活动给国家、社会、团体和个人都带来了不同程度的影响，甚至灾难。人们不禁感到疑惑，它究竟是如何产生的呢？对此问题，学者们提出了自己的看法。

一种观点是从微观上分析，认为民族矛盾和种族冲突是宗派纷争猖獗的主要导火索，其中也包括在宗教上的对立与历史宿怨。宗教极端思想泛滥是宗派纷争恶性膨胀的现实原因。还有一种观点是从宏观上考察，认为宗派纷争的泛滥是当代民族、种族和宗教矛盾尖锐冲突的产物，是战后残酷激烈的国际政治斗争中孕育的一个怪胎，是当代国际关系中各种利益之间尖锐矛盾和斗争的反映。也有人融合了前两种看法，认为从根本上说，国内、国际各种矛盾的尖锐化或畸形化才是宗派纷争产生的真正根源与主要原因。

笔者认为，宗派纷争的滋生和泛滥与贫困、失业，贫富两极分化严重并造成阶层矛盾激化，地区经济落后或经济发展不平衡，不合理的民族政策，宗教矛盾以及宗教矛盾的政治化，政治矛盾的宗教化，种族歧视、移民与对待难民问题等因素密切相关。随着社会的变迁，不少学者从新的角度审视这一现象，提出了新的看法，有的学者提出，宗派纷争者进行宗派活动也是理性选择的结果，从逻辑上来讲，宗派纷争大多是强者压迫弱者的产物；从社会原因来说，宗派纷争者之所以要搞宗派纷争，通常是因为他们对一个社会抱有一种强烈的不满情绪以及文化偏好（与恐怖主义有很多共同点）；从心理原因来说，宗派纷争者对自身生活与成就的不满，会造成一种特殊的心理状态，即他们存在的理由就是献身于宗派纷争活动，典型的如当今伊拉克什叶派与逊尼派武装分子的争斗。另外，有人指出，美国对宗派纷争的盛行负有不可推卸的责任。美国发动伊拉克战争，为了达到自己的政治和军事目的，都不同程度地采取了对伊拉克不负责任的实用主义政策，加紧利用不同派系之间的矛盾来试图消灭异己，特别是打击“反美武装”，扶植亲美派势力，而这又引发了“爱国”派系的反弹。与此针锋相对，有的学者认为，伊拉克战后宗派纷争泛滥的原因在于战后的伊拉克为宗派纷争提供了滋生的土壤。传统的集权被一种新的还未定形的格局所取代，旧仇新恨交织下，敌我友概念早已模糊不清，爱国与自身派系利益界定等有了新的含义，各派都在调整自己与各方的关系，宗派纷争与宗教极端主义、民族分裂主义与国际恐怖主义交织在一起，使伊拉克局势陷入了更加混乱的境地。

诚然，宗派纷争产生原因与宗教复兴派系运动产生原因是不能相提并论的。后者是各族派系的发展与复兴，是传统礼教的外延和自我保护与繁衍的推动力；前者是反世俗的，反普世的。它们也反对与布鲁斯·劳伦斯所称的有别于“现代性”的“现代主义”相关联的相对主义、本我主义和消费主义。总的来说，它们并没有摒弃城市化、工业化、发展、资本主义、科学和技术，以及这些因素对社会组织所造成的影响。从这一意义上说，它们不是反现代的。正如亨廷顿所评论的，它们接受现代化，以及“科学和技术的不可避免性及它们所带来的生活方式的转变”，但它们“不能接受它们已被现代化的观点”。①

笔者也相信，殖民主义的发展对宗派纷争的发展与残喘有着推波助澜的作用。举例来说，欧洲殖民者的入侵，特别是18世纪以后英国的殖民统治给印度各族人民带来了深重的灾难。为了民族的利益，印度教和伊斯兰教的信徒逐渐联合，特别是在1857年的印度民族大起义中，两大宗教的信徒联合起来共同反对英国殖民者，沉重地打击了英国的殖民统治。这次起义被镇压之后，英国人对印度教徒和穆斯林联合起来仍心有余悸。他们认识到，只有离间印度教徒和穆斯林，使两者处于分裂状态，才能维护自身的统治。从那时起，英国人便公开宣传对印度采取“分而治之”的政策。② 又如印度原为英国的殖民地，第二次世界大战以后，印度民族解放运动空前高涨。英国殖民主义者为了防止印度革命的爆发，避免被印度人民赶出南亚次大陆，就挑拨印度国内印度教徒和穆斯林的关系，利用他们之间的宿怨，于1947年6月3日出台印度独立方案，史称“蒙巴顿方案”。③ 根据这一方案，印度居民被按照宗教信仰分

---

① 《文明的冲突与世界秩序的重建》，塞缪尔·亨廷顿（美）著，周琪、刘绯、张立平、王圆译，新华出版社，2002年。

② 参见林承节：《印度近现代史》，北京大学出版社，1995年版，第209页。

③ 参见李植、高明振、唐希中主编：《从分散到整体的世界史》，湖南出版社，1991年版，第65页。

属以印度教徒为主的印度斯坦国家和以伊斯兰教徒为主的巴基斯坦这两个实行分治的自治领。

综观世界民族发展史，宗派问题不仅仅是领土争端、宗教冲突问题，它还与民族认同、民族独立等问题紧密地联系在一起。也有人从全球化的角度进行审视，认为近代宗派纷争是全球化发展的伴生物，全球化在创造根除宗派纷争条件的同时也刺激了现代宗派纷争的泛滥。首先，全球化为近代宗派纷争的滋生提供了物质前提。其次，全球化不仅为宗派纷争提供了强大的物质和技术条件，而且还在一定程度上激发了近代宗派纷争的发展，特别是全球化发展过程中的不平等现象。种族主义和地区冲突引发了近代宗派纷争的反全球化倾向。此外，在研究宗派与社会的关系时，还有一种模式，认为在社会冲突中，宗派自身就是一个独立因素，不必作为其他经济政治问题的反映，宗派问题自身就可以引发重大社会动荡，比如文明冲突理论就有这一模式的影子。

四、当前对宗派纷争研究的发展新趋势

当今世界，宗派纷争发展呈现出了一些新的特点和趋势：主要表现在封闭化与网络化并存，行为目标的神圣化与野蛮化并存，宗派纷争发展的网络化与地区化交织。宗派纷争问题的新发展使得国际社会对宗派纷争研究也有新的发展趋势，主要表现在以下几个方面：

其一，对历史上的宗派纷争实证研究在进一步加强，出版了大量著作。比如：对奥斯曼帝国时期黎巴嫩宗派纷争发展情况研

究（侧重文化、权力因素），[①] 就取得了很大进展；对土耳其近年来最严重的少数族群派系问题的研究也取得丰硕成果，普遍观点认为少数族群宗派会否造成问题的关键在于人口多寡，亚美尼亚裔、希腊裔、犹太裔人口在土耳其都是几万人左右，库尔德族却有1500万，由于历史上的原因，立场最极端的库尔德族人希望联合土耳其、伊朗及伊拉克的同伴，共同建立名为“库尔德斯坦”的独立国家，但这个构想显然会触动土国政府最敏感的神经，较温和的库尔德族人则希望获得自由，即用母语交谈、授课、广播的自由，而土耳其当局也正一步步缓慢地实现他们的梦想。[②] 此外，对印度、巴基斯坦宗派纷争发展的研究，对爱尔兰宗派纷争发展历史的研究，对罗马天主教徒与新教之间关系的研究等都取得重大进展。

其二，研究的实用性更趋明显。以印度的宗派纷争研究为例，印度是一个历史上以种姓制度划分人口的国家，在当今的印度，种姓制度还不时地反应在各个服务领域，即使是在学校的教育中，人们也会有所区分，比如对婆罗门和刹帝利的分析介绍，就认为不同层次的人在面貌上就有所不同，以族群阶层为根基区分的歧视无所不在，比如在绘画中就有关于不同阶层人员相貌特征的区分研究。[③] 从表现形式上看，宗派问题的恐怖色彩十分突出，恐怖主义日益成为民族宗教各派别极端势力用来实现其政治目标的惯用手段，近年在菲律宾、斐济、泰国、克什米尔、车

① Ussama Makdisi, The Culture of Sectarianism: Community, History, and Violence in Nineteenth-Century Ottoman Lebanon, Berkeley, Calif: University of California Press, c2000.

② ORIGINALLY FROM. “The Wrongs and Rights of Minorities,” The Economist, March 19, 2005, A Survey of Turkey, pp. 8－10.

③ K. de B. Codrington, The Archaeology of Indian Sectarianism, Vol. 30 (May, 1930), pp. 84－86.

臣、科索沃、西班牙、瑞士、塞拉利昂、也门等地都出现了令世人震惊的恐怖暴力事件，造成严重的后果。针对这种情况，包括联合国相关部门和国际非政府组织在内的很多学者就宗派纷争与三股恶势力之间的关系进行了分析研究。①

其三，研究的队伍日渐扩大并且对宗派活动的解析日渐成熟。以前，对宗派纷争研究主要集中在深受宗派纷争活动困扰的国家，研究者一般也有地域或者生活背景的限制，往往只对自己国家的宗派活动进行关注与研究。而且不同的年龄层对宗派的关注度是不同的，相对而言，年长者对宗派的关注度高一些；东西方在研究的领域也有不同，相对于东方来讲，西方学者研究的程度深，并且人数较多。在当前，随着全球化进程的加快发展，宗派活动也超出了一国的范畴，宗派活动的国际化导致了研究队伍日渐国际化。宗派纷争活动基于其产生的原因，各个国家有不同的情况，因此在具体评析宗派活动的时候也不能简单地用对与错来衡量，对宗派活动的解析日渐成熟。当前的宗派冲突，以伊拉克为例，阿拉伯逊尼派和阿拉伯什叶派是最主要的参与暴力的行为体，但是冲突的波动往往超越了单一派系的范围。伊朗一直被怀疑帮助了什叶派。美国一位高级官员曾经说，美国副总统切尼和沙特国王阿卜杜拉在 2006 年 11 月 25 日会晤时，阿卜杜拉说，如果美国军队撤出伊拉克，那么沙特将被迫支持逊尼派。② 逊尼派宣称什叶派是想建立一个伊朗模式的专制政权。库尔德人被卷入了这两大信仰集团，但是他们因为不是阿拉伯人而遭到

---

① 邓浩："民族宗教问题新动向"，载《人民日报》，2000 年 12 月 07 日，第 7 版。

② CNN "*Official: Saudis to back Sunnis if U. S. leaves Iraq?*". December 12. 2006.

排斥。[①]

伊拉克民族宗教比例表[②]

族群层面：
阿拉伯人：75—80%；伊拉克大多数人口为伊斯兰信仰者。 库尔德人：15—20%；目前独立的当局（大多数是逊尼派，但有自己的政府）。 亚述人：3%；这部分群体在目前的形势中起到的作用有限。 土库曼人：2%；这部分群体在目前的形势中起到的作用也有限，尽管土耳其非常关注他们同族人在伊拉克的遭遇。
信仰层面：
穆斯林：97%；这在伊拉克是主要的宗教和主要的派系区分。 ·什叶派：60%—65%；大多数是阿拉伯人，还有少数库尔德人。 ·逊尼派：32%—37%；库尔德人和阿拉伯人几乎对半分。 基督徒和耶西底（Yezidi）：3%；这些派系在目前的局势发展中发挥的作用很小。

逊尼派与什叶派之间的相互报复，民族间的互不信任使伊拉克局势更加动荡，而这在邻国也是这样，例如科威特、约旦、叙利亚和黎巴嫩，这些国家有同样的民族成分。如果引述塔里班和卢旺达爱国阵线作为例子，难民往往会演变为激进好战分子。动荡局势导致共生的极端主义、激进主义和恐怖主义活动泛滥。历史上看，真主党、泰米尔猛虎解放组织和爱尔兰共和军的出现都是战争导致的。

---

① *“US exit may lead to Iraqi civil war”*. November 19, 2003.

② http://en.wikipedia.org/wiki/Demographics_of_Iraq.

五、理论上的解决方案与未来研究的展望

在总结国际有关宗派纷争研究成绩的同时，我们也应清醒地看到国内对宗派纷争问题的研究还存在一些不足之处，主要表现为：对宗派纷争问题进行研究的作者不多，学者少；力量分散，没有影响力突出的学术作品，对国际宗派纷争的定义、类型等宏观方面分析的文章不多，对反宗派活动法律防范、大众传媒等热点性课题的法理研究少、宏观分析性的文章不多，实证案例研究的文章少。笔者认为，对宗派纷争的研究在以下几个方面尚待深入：

1. 宗派纷争研究需要与民族学、政治学和历史学相联接，同时采用理论诠释与历史实证相结合的方法进行综合研究。一个民族有主体性的信仰，包括信仰宗教和信仰哲学；或者说不同民族有着共同的信仰；或者说不同民族的政治生活模式不一样，不同民族之间都有各自历史发展进程的具体成因。但是一个民族在热爱自己信仰的同时必须尊重其他民族的信仰，不把自己的信仰强加给其他民族，只有这样，民族关系才能是和谐正常的。同样地，一个人有自由选择信仰与派别的权利，一个民族也有自由选择信仰与派别的权利。在这种情况下，处理宗派问题必然牵动民族问题，两者纠缠在一起，很难分得清楚。这就要求民族问题的处理者（国家或国际调停组织）要懂历史，要有民族学与政治学的素养，并且懂得民族精神与政治生活的微妙和重要，从而能够谨慎细心地去解决问题。

2. 宗派纷争活动跟踪研究需要加强。一般地说，宗派认同

具有凝聚力的同时，又有排斥力。对于派别内的那些开明人士（现在是少部分人）而言，他们在认同自我的同时，并不对派外人士持拒绝和排斥态度，这表明他们在内心深处的宽容、豁达。宗派纷争的极端势力则不同，他们会以民族自治划线，对外持排斥态度。这在他们的社会行为、政治行为中充分表现出来。他们极力排斥其他派系的信仰者或无信仰者，宽容心态在他们那里往往不起作用。特别是为达到其政治目的或是涉及社会政治及经济利益问题时，他们可以完全不顾后果，甚至铤而走险、滥杀无辜。我们应该区别对待，分开处理。研究各国的反宗派立法和反宗措施的个案或进行比较研究。在法治社会，反对宗派纷争需要各国从立法上加以保障，而各国不同的反宗派立法和反宗派措施有其独特的地方，通过个案和比较研究，有利于我国的反宗派立法和建立反宗派机制。

3. 跨国反宗派合作研究需要引起重视。宗派纷争是国际社会的公害，一个国家的努力难以解决宗派纷争问题，通过国际立法有利于国际社会共同努力解决这一问题。宗派纷争的冲突方面造成的危害是极其明显的，有时也造成国与国之间、区域与次区域之间的对立与危机，解决的方法可以是多样的、灵活的。在当前情况下，从安全的角度来看，高加索地区处于非常恶劣的时期。因为到目前为止，在该地区出现的区域危机，如：车臣危机、卡拉巴赫危机以及阿布哈兹地区危机均没有得到彻底解决。阿塞拜疆与亚美尼亚两国政府针对卡拉巴赫危机采取的立场进一步加剧了上述危机，民族派别的斗争与杀戮在长达 13 年的卡拉巴赫斡旋中遭到失败。无疑，卡拉巴赫危机迟迟得不到解决再次说明，高加索地区国家领导人缺乏解决地区危机的政治才能。所以说，解决地区危机的先决条件就是，地区国家领导人首先表现出坚定的政治意志，顺应时代潮流努力解决地区纷争。以上分析可以得出：宗派纷争的斗争特点是土地相邻、利益相左、宿怨积累、互相排斥，解决的办法只能是摈弃斗争哲学，实行民族和解，学会和平共处，做到利益共享。

4. 非政府组织介入宗派纷争需要引起注意。许多非政府组织对民族问题及宗教问题极其敏感，大量的非政府组织参与或支持了许多宗派间的争议和仲裁，对宗教与世界发展产生了不同程度的影响，这方面的研究需要引起重视。如乌克兰全社会公民非政府组织联合会“乌克兰社会组织联盟”（Arraid）为了开展伊斯兰文明教育运动，提高人们对伊斯兰的了解，号召乌克兰知识阶层从非正式渠道了解伊斯兰，了解其不同的派别，特别是对真主的崇尚，2006 年 5 月在乌东部城市顿涅茨克市文化宫成功地举行了第一场伊斯兰知识研讨会，由伊斯兰专家解答。2006 年 6 月 12 日在首都附近文化古城卢甘斯克举行为期两天的专家研讨会，专题讨论先知穆罕默德的圣人品性和历史成就。可以看出，在乌克兰这个东正教为主的宗教国家，进行伊斯兰宣传教育也是对多元文化和信仰的推广。又如，2006 年 11 月在吉隆坡马来西亚六大宗教领袖第一次联手为社会和谐共同祈愿就是由马来西亚 23 个非政府组织联办，形成跨宗教、种族、领域的共同响应，它不分男女老少、宗教、宗派及年龄，由大家同心协力一同来营造更和谐及团结的社会。非政府组织的职能优势之一就是很多政府不方便出面做的事情它可以做，所以如何让非政府组织在这方面发挥建设性作用需要进一步研究。

总之，从当今国际社会对全球化的融入，包括宗派纷争在内的世界民族宗教问题并不是一个可以期望在短期内能够解决的问题，对其复杂性、严重性、长期性必须保持高度的警惕和清醒的认识。宗派纷争既有国际性，又有区域性。不同的区域宗派纷争有某些共性，地区合作反宗派纷争有更强的针对性。可以直观地看到，影响当今世界宗派问题难以解决的一个根本障碍是国际大环境的不和谐，而要建立一个和谐的世界环境——和谐世界——势必要经历一个相当漫长和曲折的过程。

建构主义视角下的巴以冲突再认识

孙俊芳　王　震*

内容提要：半个多世纪以来，阿拉伯人和犹太人之间的冲突一直是国际社会关注的焦点。实际上，阿犹冲突并非与生俱来，犹太人和阿拉伯人在历史上曾经有过“和谐共处”的美好岁月。从根本上说，阿犹冲突起源于犹太复国主义在巴勒斯坦地区的扩张和垦殖，从而导致犹太人和巴勒斯坦阿拉伯人之间发生了现实利益的直接碰撞，这既是巴以冲突的起源，也是巴以冲突最为关键的实质所在。但现实利益与政治上的冲突随后开始扩展到宗教与文化领域，双方为了现实的需要纷纷在历史与文化中寻找各自存在与斗争的借口，这种借口也就顺理成章地成为他们后来民族集体认同和利益认知的一个

* 孙俊芳：华东师范大学历史系；王震：上海社会科学院欧亚所国际安全研究室研究实习员。

重要构成。如何解决巴以冲突既有赖于双方现实利益冲突的化解，也同样取决于我们能在多大程度上改变双方对于巴以冲突本身的“认知”。

长达半个多世纪的巴以冲突一直是国际社会关注的焦点，也是诸多国际关系学者研究的重要对象。伴随着巴以冲突的长期演进，学者们对此问题思考的深度和视角也在不断发生变化。“9·11”事件以来，越来越多的学者开始尝试从“宗教”、“文化”或“文明”的视角来探讨巴以冲突问题，试图寻找一种全新的视角来重新解读巴以冲突问题。巴以冲突之所以长期悬而未决，既有现实客观利益的因素，也有其深刻的历史文化渊源，同时还是一个暴力冲突与文化对抗互动的过程。本文将尝试通过对历史上的阿犹关系、阿犹冲突的起源以及巴以冲突的演变脉络的历史分析，以建构主义的视角重新认识当代国际政治中的中东和平进程。

一、历史上的阿犹关系

面对今天生死相搏的巴以冲突，一些西方学者试图从“历史”与“文化”的角度来寻找根源，认为伊斯兰教和阿拉伯人在历史上就有着“排犹”和“仇犹”的传统，而某些西方学者甚至直接将巴以冲突贴上了“文明冲突”的标签。事实上，作为同宗亲兄弟的阿拉伯人和犹太人，在历史上曾有过“美好的”和谐共处时期。在阿拉伯穆斯林帝国内的犹太人，不仅被他们宽容的阿拉伯邻居所接纳，而且拥有较多的社会升迁与发展机会，他们和阿拉伯人互相影响，一起创造了辉煌灿烂的文化，比如8—13世纪的塞法迪文化。

据有关学者研究，早在“圣经时代”，两个民族就有了交往。[①] 摩西出埃及之后，在亚喀吧湾沿岸的米甸娶了大祭司之女西帕拉为妾，这位阿拉伯女子为他生了两个儿子。公元135年反抗罗马起义失败后，犹太人进入到了全球性的大流散（Diaspora）时代。大流散之后的犹太人，大部分经地中海、近东进入了欧洲，包括伊比利亚半岛和欧洲大陆，其余则在近东和中东地区继续发展。公元7世纪末，阿拉伯人建立了横跨欧亚非三洲的大帝国。相应地，那些生活在波斯、阿拉伯半岛以及西班牙等地的犹太人也开始处于阿拉伯帝国的统治之下。穆罕默德没有对境内的犹太人和基督徒进行干预，只是让这些“异教徒”缴纳一定的“人头税”，但这种丁税最初比拜占庭帝国境内的税收还要略微轻一些。欧默尔将这一做法推广到了帝国境内的一切基督徒和犹太人，包括基督徒和琐罗亚斯德教徒。纳税之后，就可以凭当局颁发的“安全通行证”转移到战场之外的地方居住。而那些臣服者只要符合足够的标准，在不损害穆斯林特权地位的情况下，就被允许以二等公民，也就是“迪米人（Dhimmis）”的身份合法地生活在穆斯林帝国之内，并受到保护。而且，他们不仅没有被强制改变信仰，甚至还拥有宗教活动自由。“由于穆斯林免纳捐税，所以阿拉伯人实际上并不鼓励非穆斯林改信伊斯兰教，因为这样做会减少纳税人的数目。”“不仅如此，由于穆斯林法律不适用占多数的非穆斯林，对这些人的案件的审理都按阿拉伯人征服以前的民法审判，审判权由他们自己的宗教高级人员担任。”[②] 这种

---

① 张倩红：“伊斯兰世界犹太人与阿拉伯人的交往”，《世界历史》，2006年第6期。

② George E. Kirk, *A Short History of the Middle East: From the Rise of Islam to Modern Times*, Methuen (5th edition, London), 1959, p. 18.

制度被称之为“米勒特（Millet）”，它一直持续到奥斯曼帝国崩溃时期为止。

在这种相对宽松的社会环境中，犹太人凭借着聪明与勤奋，很快就取得了不凡的成绩。不少犹太人跻身社会上层，成为“宫廷医生”或是宫廷的经济、外交“顾问”。到十字军东征之前，犹太人甚至被允许在耶路撒冷旧址定居，太巴列、加沙等地的犹太文化和传统也都得以恢复。中世纪时期，耶路撒冷的犹太人和阿拉伯人甚至还为了抗击疯狂的十字军而并肩作战。1717 年，英国驻君士坦丁堡大使夫人玛丽·沃特利·蒙塔古女士曾这样写道：“在这个国家（即奥斯曼帝国），犹太教徒势力惊人。他们享有所有蒙昧的土耳其人所享受不到的许多特权；他们在这里建立了一个非常大的团体，由他们自己的法律管辖；他们控制了帝国的全部贸易——这一方面是因为他们内部有着牢固的联盟，一方面是因为土耳其人生性懒惰、不够勤奋，而他们在这方面恰好相反。每个帕夏[①]手下都有犹太教徒，他们是帕夏的官家，参与帕夏的所有机密，经管帕夏的一切事务。不管是订立契约、接受贿赂，还是转让商品，都要经过犹太教徒之手。他们是达官贵人的医生、官家和译员。”[②]

当然，我们不能否认，即使在较为宽容的穆斯林帝国内，依然存在一些对犹太人的歧视。比如，非穆斯林不得骑马或携带武器；必须穿独特的服装以和真正的穆斯林区分开来；他们的住宅不可以高于穆斯林的住宅；不可以私自修缮会堂；他们要交纳额外的人头税；不可以在穆斯林居住区内举行公开的宗教仪式，不

---

① 古代奥斯曼帝国内的地方最高行政长官，与其他地方的总督、省长职权类似。

② （美）斯塔夫里阿诺斯著，吴象婴、梁赤民译：《全球通史—1500 年以后的世界》，上海社会科学院出版社，1999 年版，第 53 页。

能与异族通婚等等。[①] 实际上，阿拉伯人的这些政策并没有认真地执行。以色列当代著名犹太历史学家阿巴·埃班也曾指出："这些限制不能阻止犹太人和非犹太人之间的交往，穆斯林与犹太人已经被共同的商业利益和相互之间的吸引力粘合在了一起，尤其是在社会上层之间建立了联系。"[②]

需要指出的是，我们对任一历史现象的考察都不应背离历史本身，而是要在特定的历史背景之中来进行考察，对穆斯林帝国民族政策的考察更是如此。首先，当时穆斯林帝国的这些政策并非专门针对犹太人，其他被征服的"异教徒"如印度教徒、基督教徒等也都处于二等公民的地位；其次，这些政策既不是因为犹太教或者犹太人的犹太性，也不是因为伊斯兰教等所谓的"文明因素"，更多地是一种征服者对被征服者所采取的政策。而这种情况在历史上并不少见，比如在东方蒙古人治下的元帝国内，也曾经出现过将臣民分为四等的现象。[③] 最后，如果我们了解同一时期欧洲犹太人的境遇的话，就会发现与那些朝不保夕的欧洲犹太人相比，阿拉伯帝国中的犹太人不仅可以保持自己的宗教信仰和生活方式，而且还可以通过个人努力获得进入社会上层的机会，其生存环境不知道要比欧洲宽松多少倍。[④]

---

① （美）斯塔夫里阿诺斯著，吴象婴、梁赤民译：《全球通史—1500 年以后的世界》，上海社会科学院出版社 1999 年版，第 54 页。

② Abba Eban, *My People*: *The Story of the Jews*, London, 1969, p. 138.

③ 在蒙古人治下的元帝国内，根据种族以及征服的先后顺序，将帝国内臣民分为蒙古人、色目人、汉人、南人四等。

④ 王震、梁平安、张忆南："从宽容到暴力——当代阿拉伯/穆斯林世界反犹情绪的另类解读"，《社会观察》，2005 年 8 期。

二、阿犹冲突的缘起

阿拉伯人和犹太人之间“和谐共处”的黄金岁月一直到19世纪末才宣告结束，其最为主要的原因就是犹太复国主义运动的兴起极大地损害了当地阿拉伯人的政治和经济利益，巴勒斯坦阿拉伯人对待犹太人的态度从一开始的友好宽容开始转变为敌视与仇恨，最终开始了维护自身权益，运用暴力驱赶犹太复国主义者的斗争。但就整体而言，这一时期双方冲突的主要诱因是经济与社会因素，经济矛盾是双方冲突的焦点。

历史上的阿拉伯人和犹太人之间也曾发生过重大对抗。公元7世纪时期，成立之初的伊斯兰教正处于不断扩展的阶段，这不可避免地同固守犹太教传统的犹太人之间发生了冲突。但是犹太人的抵抗遭到失败，于是被迫向穆斯林俯首称臣，阿拉伯半岛上的犹太人势力也一度大受影响。随着伊斯兰教影响力的不断扩大和政权的日渐稳固，阿拉伯人和犹太人之间的关系又开始缓和，这也是后来犹太文化能够在阿拉伯世界大放异彩的一个重要原因。但是，在伊斯兰教的经典中，还是留下了一些关于犹太人的偏激评论，比如《古兰经》指出：“你必定发现，对于信道者仇恨最深的是犹太人和以物配主者。”[①] 而这些内容就成为今天某些人研究政治伊斯兰时引经据典的根源。

自十字军退出耶路撒冷后，犹太人的回归圣城努力从未停止，犹太社团的活动也从未停止过。但是，在奥斯曼帝国统治时期，耶路撒冷地区的主要矛盾是基督教各派为宗教权益而展开的

① 《古兰经》第五章，第82节。

内部争斗，与基督教内部争斗无缘的犹太社团在几百年间从来没有像他们在欧洲的同胞那样遭受任何一方的迫害。19 世纪末，随着欧洲民族主义运动的兴起，散居欧洲的犹太人民族意识日渐觉醒，他们也开始了争取自身民族权利的社会运动。犹太人从一开始消极等待救世主“弥赛亚”的降临转而开始了建立国家的政治复国主义运动。初期的复国主义者曾经就“复国地点”问题进行过各种尝试，比如，政治复国主义的最主要创立者西奥多·赫兹尔甚至考虑过接受英国建议的“乌干达方案”。然而由于东欧反犹主义运动的加剧，日益强化的“受难情结”使得复国地点最终选在了巴勒斯坦地区。[①] 这正是犹太复国主义者最大的悲剧所在，正如著名犹太历史学家沃尔特·拉克所评论指出的：“阿以冲突是不可避免的，……要将几十万犹太人迁入巴勒斯坦的犹太复国主义肯定将在那里引起根本变化，致使巴勒斯坦阿拉伯人陷入痛苦境地。”“犹太人无论选择在哪里定居，迟早都会和当地人发生冲突。民族国家的成立意味着非正义行动，本地人或者被吸收或同化，或者被大批屠杀和驱逐。”[②]

1897 年，第一届世界犹太人代表大会在瑞士巴塞尔举行，随后复国主义运动得到了越来越多犹太社团和英美等国的支持。犹太人开始有计划有组织地向巴勒斯坦地区移民，他们在犹太财团和富商的支持下不断购买土地，建立新的定居点。同一时期发生在东欧和俄罗斯境内的反犹浪潮则大大加快了移民的进程。在 19 世纪 40 年代，巴勒斯坦的犹太人只有 1 万左右；到 1880 年，巴勒斯坦犹太人总数在 3 万左右，杂居于 60

---

① 参见王震：“西奥多·赫兹尔与犹太复国主义运动”，《欧亚观察》，2002 年第 4 期。

② 沃尔特·拉克著，徐方、阎瑞松译：《犹太复国主义史》，上海三联书店，1992 年版，第 726、727 页。

万阿拉伯穆斯林和基督徒当中。然而到一战爆发时，巴勒斯坦的犹太人已经达到8万人以上，农业定居点达44个。[①] 面对恶劣的自然条件，刚刚移居到巴勒斯坦的犹太人不得不大量雇用当地的农民。而巴勒斯坦阿拉伯人一开始也能与他们的犹太邻居和平共处，他们教会犹太移民如何在当地的气候条件下种植农作物，改良土地。但随着人口的急剧增加，原有的社会平衡被打破，社会矛盾随即纷至沓来。1916年，美国地理学家埃尔沃思·亨廷顿曾这样描述巴勒斯坦："莎伦平原和巴勒斯坦的其他肥沃地区，比如卡迈勒和约旦河谷部分地区，这里的农民把犹太人看作是最大的敌人。环绕雅法一带，犹太人无疑是非常成功的，因此当地民众非常妒忌。处于对这些殖民者的敌意，他们毁坏篱笆，攀折果园中的树枝，把马赶到稻田里，盗窃果园中的果实。"[②]

1917年，英国外交大臣贝耳福致函复国主义运动领导人罗斯柴尔德勋爵，表示支持"在巴勒斯坦为犹太人建立一个民族家园"。[③] 英国官方的支持被视为是政治复国主义运动的一个极大胜利，在此鼓舞下，犹太人在一战后很快掀起了一个移民的高潮。从1929—1933年，平均每年抵达巴勒斯坦的犹太移民都在8000人以上。犹太移民直接从住在埃及、约旦那里的巴勒斯坦大地主手中购买大量土地，使得生活在土地上的不少阿拉伯佃农

---

① George E. Kirk, *A Short History of the Middle East: From the Rise of Islam to Modern Times*, Methuen (5th edition, London), 1959, p. 148.

② George E. Kirk, *A Short History of the Middle East: From the Rise of Islam to Modern Times*, Methuen (5th edition, London), 1959, p. 148.

③ 这一宣言后来引起了极大争议，因其本身就包含有不可调和的矛盾：一方面在巴勒斯坦为犹太人建立"民族家园"势必会和巴勒斯坦人的利益发生冲突；另一方面，这一宣言被犹太人解读为"承认巴勒斯坦为犹太人的民族家园"，并以此作为他们建国的主要依据。

流离失所；而且犹太人所采用的现代农业和工业生产方式，对当地巴勒斯坦人的传统生产方式造成了极大冲击。一战后，英国人许诺阿拉伯领导人建立大阿拉伯国家的梦想并没有实现。在这种情况下，愤怒的巴勒斯坦阿拉伯人把矛头指向了不断移入的犹太移民。1918 年，巴勒斯坦阿拉伯人举行了一次针对英国政府发表《贝尔福宣言》的非暴力抗议活动。1920 年，耶路撒冷阿拉伯人在游行中和犹太人发生冲突，造成双方各有 6 人死亡。1921 年，雅法巴勒斯坦人爆发了反对犹太移民的暴力活动，造成 95 人死亡，220 人受伤。此后，双方冲突一再升级，并逐渐转向了有组织的暴力斗争。

据统计，在 1936—1939 年间，每年进入巴勒斯坦的移民总数都在 2 万人以上。经过 5 次“阿里亚（Aliya)”[①]，到 1939 年，巴勒斯坦的犹太移民总数已达到 45 万。[②] 随着越来越多犹太移民的到来，犹太社团开始更多地雇用犹太移民，这就在一定程度上恶化了当地阿拉伯民众的生活状况，1929 年和 1936 年又先后爆发了两次阿犹暴力冲突。就总体而言，政治、经济与社会等现实利益矛盾是当时的阿犹冲突的主要诱因，犹太人在当时的冲突中处于相对劣势，故而表现出了相对的克制。1929 年的冲突中，巴勒斯坦阿拉伯人发动了一场全国范围的反犹运动，有 133 个犹太人被杀死，6 个农业村落被捣毁。犹太人并未进行大规模的报复，只是在雅法杀死了 7 个阿拉伯人，并亵渎了位于耶路撒冷的一个清真寺。

---

① 此处专指犹太人向巴勒斯坦的移民活动，希伯来语意为“上升”。

② 肖宪：《中东国家通史：以色列卷》，商务印书馆，2001 年版，第 89 页。

三、巴以仇恨的加剧

1948 年，以色列宣告建国，阿犹之间的冲突由此开始转变为巴勒斯坦阿拉伯人和以色列国之间的对抗。冲突的激化也随之导致了仇恨的加剧，每一次冲突都会导致新的仇恨，仇恨则会导致冲突的进一步升级。正是暴力与仇恨之间的相互作用使得巴以冲突从最初的军事与政治斗争演变为一场包括军事、政治、文化、宗教在内的全方位对抗。

从以色列建国一直到 20 世纪 70 年代，巴以双方先后经历了 1948 年的“巴勒斯坦战争”，1956 年的“苏伊士运河战争”和 1967 年的“六日战争”。常年不断的战争和冲突给双方造成了极大的伤亡，也造成了大量的难民，仅前两次中东战争造成的难民就有 110 多万，但这一时期的冲突仍然以军事和政治冲突为主，宗教极端主义的影响比较有限。1948 年以色列的建国对于巴勒斯坦人来说是一个非常沉重的打击，一方面它使巴勒斯坦人失去了按照联合国分治决议建立国家和争取自身权益最大化的机会；另一方面，它在巴勒斯坦乃至其他地区阿拉伯人的心理上造成了冲击，不少人难以接受长期以来作为“迪米人”的犹太人突然变成占领者的事实。正因为如此，他们对于分治决议和以色列建国都采取了“拒不承认”的态度，甚至对于国际社会的调停也采取了反对和抵制态度。有中东问题专家曾就此评论说：“从巴勒斯坦领袖们所采取的态度中，不难看出某种类似被学校顽徒紧紧抓住手腕无法摆脱的少年的那种愤怒而又无可奈何的情绪。”①

① George E. Kirk, *A Short History of the Middle East: From the Rise of Islam to Modern Times*, Methuen (5th edition, London), 1959, p. 324.

在这一时期泛阿拉伯主义民族思潮的鼓舞下，巴勒斯坦人相信他们可以和其他阿拉伯国家一道，通过武力夺回自己的权利。他们和部分阿拉伯国家的游击战士一道，不断进行越境攻击，以引发以色列民众中的畏惧和恐慌情绪，破坏其正常的社会生产和生活。同时诱使以色列国防军进行军事报复，进而引起以色列和阿拉伯国家之间的大规模战争。这种攻击某种程度上带有中东战争后遗症的性质，据统计，1950 年造成的以色列平民伤亡人数为 50 人，1951 年为 97 人，1952 年则达到了 182 人，[①] 这些骚扰“极大影响了边界城市和首都耶路撒冷的生活”。[②] 而以色列则采用针锋相对的“非对称报复”手段进行还击，1955 年，时任总参谋长的摩西·达扬将军说道：“我们不能保证每一根水管不被爆炸，每一颗树木不被拔除，也无法阻止一个在果园中或是家中行凶的暴徒。但是我们有力量用自己的鲜血使阿拉伯社区、阿拉伯军队和政府为此付出同样代价。”[③]

从 20 世纪 70 年代开始，巴以冲突的宗教文化色彩开始增多。实际上，早在 20 年代，谢赫·伊扎丁·卡塞姆等人就主张用“圣战（Jihad）”反对犹太复国主义对巴勒斯坦地区的侵蚀，但是其影响非常有限。50 年代末成立的“法塔赫”一开始就抵制宗教极端主义倾向，新一代的巴勒斯坦抵抗运动“在相当长的

---

① G. E. Rothenberg, “Israel Defense Forces and Low-Intensity Operations”, in D. A. Charters and M. Tugwell eds., *Armies in Low-Intensity Conflict: A Comparative Analysis*, London, 1989, p. 56.

② （法）丹尼埃尔·阿伊克著，刘成富等译：《沙龙传》，凤凰出版传媒集团、译林出版社，2007 年版，第 21 页。

③ G. E. Rothenberg, “Israel Defense Forces and Low-Intensity Operations”, in D. A. Charters and M. Tugwell Ed., *Armies in Low-Intensity Conflict: A Comparative Analysis*, London, 1989, p. 56.

时间里排除了伊斯兰极端势力的干扰”。[1] 到 70 年代，这一切开始发生变化，一方面由于政治伊斯兰运动兴起的影响；另一方面，1967 年战争对巴勒斯坦人造成了极大冲击，阿以双方力量对比开始出现严重失衡。他们开始认识到，所谓的“阿拉伯解决”是靠不住的，多数巴勒斯坦人对阿拉伯国家帮助他们收复家园开始感到极端失望。阿拉伯国家对巴勒斯坦方面的支持大大减弱，约旦国王甚至动用军队将巴解组织的武装力量赶出了约旦。

在缺乏活动平台和外交支持的情况下，由于担心自身诉求可能会被国际社会所遗忘，巴勒斯坦人开始了一场自助性的“革命与希望”政治运动。一些巴勒斯坦激进武装组织和其他国际恐怖主义势力一道策划了一系列绑架人质和劫机事件，包括著名的慕尼黑奥运会“黑九月”袭击事件，以及 1976 年法航 139 航班被劫事件等。1987 年，巴勒斯坦伊斯兰抵抗运动“哈马斯”宣告成立。哈马斯在其盟约（Hamas Covenant）第七条中明确宣称：“直到与犹太人战斗、消灭他们，救赎的日子才会来临；直到犹太人藏到石头和树木后面，才会出现那个召唤：‘哦，穆斯林，这里有一个藏着的犹太人，过来，杀死他。’”[2] 值得一提的是，哈马斯与其他抵抗运动的最大不同在于它借用了伊斯兰教的“圣战”思想作为进行斗争的武器，认为“以最小的损失毁灭对方的有效办法就是这种行动——殉道”。

70 年代以来，以色列宗教极端势力也在迅速发展。这些宗教极端势力认为“六五战争”应验了上帝与犹太人之间的古老契

---

① 殷罡主编：《阿以冲突——问题与出路》，国际文化出版公司，2002 年版，第 220 页。

② 转引自王逸舟主编：《恐怖主义溯源》，社会科学文献出版社，2002 年版，第 55—56 页。

约，坚持认为约旦河西岸、耶路撒冷乃至加沙都是上帝许诺的“大以色列”的组成部分。1968年，一些激进分子组建了“信仰者集团”，他们把在西岸建立定居点作为自己的神圣使命。到1989年，“信仰者集团”占据了西岸31.3万公顷的土地，约为整个西岸土地面积的1/9。1988年，极端正统派的以色列政党在议会选举中获得了13个议席，成为政坛上一股不可小觑的势力。一些极端分子不顾政府的反对，坚持在争议地带修建定居点，主张用更为强硬的手段对待巴勒斯坦人的抵抗，甚至还多次密谋炸掉位于耶路撒冷的阿克萨清真寺。

四、巴以冲突的理论解读

长期以来，学者们对于巴以冲突问题进行了各方面的理论探索。如王京烈就巴勒斯坦问题的性质、阿以冲突的历史分期、阿以双方在矛盾冲突中的角色和作用、巴以冲突重大制约要素等方面进行了理论上的梳理。[①] 赵克仁运用博弈论和均势论对巴以冲突问题进行了尝试性的探讨。[②] 上述理论在认识和分析早期巴以之间的现实利益冲突时效果显著，但是却无法透析出巴以双方从政治、军事为主的对抗深化至文化与意识形态领域的过程，我们此处不妨运用国际关系中的建构主义理论来进行粗浅的分析和探讨。

建构主义理论认为：“国际政治中权力分配的意义在很大程

---

① 王京烈：“巴以冲突：理论构建与前瞻分析”，《阿拉伯世界研究》，2006年第1期。

② 赵克仁著：《美国与中东和平进程研究》，世界知识出版社，2005年版，第287—304页。

度上是由利益分配的，利益的内容在很大程度上又是由观念构建的。”[①] 人的需要包括生理需要、本体需要、自我尊重需要等五个方面，“当人们的需要没有得到满足，他们就产生了焦虑、恐惧或挫折感。在不同情况下，焦虑、恐惧、挫折会使人们加倍努力，改变对利益的定义，或是采取侵略行为”。[②] 巴以冲突并非与生俱来。早期生活在巴勒斯坦的阿拉伯人和犹太人并没有这里属于“你的”或是“我的”概念，没有严格意义上的利益区分。初期的犹太复国主义者也同样没有坚持一定要在巴勒斯坦建立自己的国家。然而由于高潮迭起的欧洲反犹主义恶浪，以及阿犹冲突的加剧，犹太人对于耶路撒冷圣地，对于巴勒斯坦地区的历史认同越来越多。英国等外部势力的支持则在一定程度上促进了这一认同。而大量犹太移民的到来，无疑影响到了巴勒斯坦民众的社会生活，使他们开始了为维护现状和自身利益进行自发性斗争。而这种自发性运动最后变为自觉的有组织的政治运动，并逐渐导致了越来越多的“民族”与“利益”认同，1936—1939 年的阿拉伯民族大起义被认为是阿拉伯民族主义形成的一个重要标志。1948 年以色列的建国极大地满足了犹太人的利益诉求，也使犹太人的信心和野心急剧膨胀。一些复国主义者在建国前就认为“阿拉伯人所懂得的唯一语言就是力量的语言”，[③] 这种认识无疑在建国后得到了强化，一方面犹太人更加看重武力斗争，另一面在巴以冲突中的利益诉求大大增加。

---

① 亚历山大·温特著，秦亚青译：《国际政治的社会理论》，上海人民出版社，2000 年版，第 167 页。

② 亚历山大·温特著，秦亚青译：《国际政治的社会理论》，上海人民出版社，第 164 页。

③ George E. Kirk, *A Short History of the Middle East: From the Rise of Islam to Modern Times*, Methuen (5th edition, London), 1959, p. 324.

在建构主义看来，文化具有自我实现、自我加强的性质：一旦一种文化或思想观念形成，处在这种文化中的个体就会被这种文化所建构，文化话语中的内容和意义就会不断通过行为体间的实践活动得以加强。[①] 巴以双方在长期对抗中所形成的仇恨不仅强化了各自的“集体认同”和“利益认识”，也同样强化了各自对于“敌人”的认同。双方为了斗争的需要，相互进行言辞激烈的妖魔化，把对方描述为极其狰狞的敌人。有关巴勒斯坦人斗争的新闻长期充斥于以色列的各种媒体之中，对于难民的悲惨和艰难则鲜有报道。“对于大多数人而言，巴勒斯坦人主要被看作是战士、恐怖分子和不法的贱民。如果说道‘恐怖’这个词，一个人头戴阿拉伯头巾和面罩，扛着卡拉什尼科夫枪的形象立即跃于眼前。”[②] 同样，在巴勒斯坦和阿拉伯世界的文化世界中，犹太人也始终是一副“占领者”和“压迫者”的丑恶形象。2001 年中东地区出版的一本名为《伊斯兰和巴勒斯坦问题》的儿童读物中这样写道：“在古代和近代，没有哪个民族像犹太人这样高举欺骗、邪恶和变节的旗帜。历史上在哪一个地方都没有像犹太人这样的人种，他们以如此残忍和堕落的方式行事，并在民族之间挑起这样的冲突。……他们的目标有三：在各民族之间散播分歧；腐蚀其他民族的信仰；以巴勒斯坦为中心建立以色列国，从幼发拉底河向尼罗河扩展。”[③]

巴以双方每一次暴力冲突都会引起新的伤亡，每一次战争都

---

① 亚历山大·温特著，秦亚青译：《国际政治的社会理论》，上海人民出版社，2000 年版，第 229—235 页。

② 爱德华·萨义德著，金钥珏译：《最后的天空之后：巴勒斯坦人的生活》序言，新星出版社，2006 年版，第 4 页。

③ Araham H. Foxman, *Never Again: the Treat of the New Anti-Semitism*, New York, 2003, pp. 211—212.

会导致更多的巴勒斯坦难民，而难民现象则会“加深双方的恐惧、仇恨和疏离”。[①] 著名学者萨义德曾指出：“无论是1948年我们被斩尽杀绝的暴力和社会被毁，或者是敌人对我们所施加的暴力，我们施加在别人身上的暴力，还是最为可怕的，我们在彼此身上所发泄的暴力——巴勒斯坦人的经历吸引了大量的关注，也强化了我们作为远离他人群体的自我意识。”[②] 根据国际人权组织估计，自1967年以来，被占领土上有63万名以上的巴勒斯坦人被以色列扣留过，“引起了这些家庭的极大不满”。而且12—14岁的儿童也要被判监禁，14岁以上的视同成人判刑。[③] 巴勒斯坦人的这些普遍性的经历更加深化了他们对以色列作为“占领者”和“殖民者”的认知，这种认知深深地嵌入了他们的文化意识之中。

在现代社会，那些在外来挑战面前处于弱势的群体更多地会选择传统文化来保护自己。而伊斯兰教作为一个具有高度政治参与性的宗教，长期以来在中东穆斯林抵抗外来侵略，改变社会不公方面发挥着积极作用。在自身权益得不到有效保障，正义感和自尊心长期受挫的情况下，一部分巴勒斯坦人把目光转向了宗教。我们前面谈到的卡塞姆就是深受阿富汗尼、阿卜杜等思想影响的激进派，在他死后，有数千名穆斯林在他生前讲经布道的清真寺参加了他的葬礼。后来成立的哈马斯和吉哈德实际上继承了卡塞姆的学说：在宗教的名义下继续开展反抗占领的斗争，包括

---

① 吉米·卡特著，郭仲德译：《牢墙内的巴勒斯坦》，西北大学出版社，2007年版，第45页。

② 爱德华·萨义德著，金钥珏译：《最后的天空之后：巴勒斯坦人的生活》序言，新星出版社，2006年版，第5页。

③ 吉米·卡特著，郭仲德译：《牢墙内的巴勒斯坦》，西北大学出版社，2007年版，第128页。

通过“殉难”的方式。以色列安全问题专家肖尔·谢伊通过对进行自杀性爆炸的“人弹”研究后发现：自杀式袭击者的经济状况并不是他们决心实施自杀式袭击的决定性因素。自杀式袭击者的主要动机首先是宗教信仰因素，其次是为巴勒斯坦独立建国献出生命的忠贞态度，然后才是经济与社会因素。[①] 正是这种理念驱使巴以双方进一步敌视，产生了“只有消灭对方才能使自己安全”的观念，并由此而构建出相应的安全文化。于是，战争与冲突成为巴勒斯坦地区的一种常态，任何形式的和谈都会遭遇强大的阻力。

五、巴以冲突的出路

如果从 1948 年以色列立国算起，巴以冲突已持续了半个多世纪，它是战后历史上历时最长、斗争最为激烈的一场国际争端。与此同时，巴以之争还是一场全方位的对抗，它涉及了政治、经济、军事、文化、宗教等各个领域，现实利益和宗教文化矛盾互相交织，军事对抗与文化斗争长期共存。显然，这样的冲突是不可能在短时间内得到解决的。巴以冲突源于双方现实利益的矛盾，双方在争夺现实利益过程中所进行的政治与军事对抗导致仇恨的长期积淀，最终扩展到了宗教和历史文化领域。在国际社会的共同努力下，巴以双方至今已经进行了多次和谈，然而这些和谈收效甚微，其根本原因就在巴以双方存在着深刻的敌视和不信任，双方都缺乏足够的社会基础来实现彻底和解。

---

① Shaul Shay, *The Shahids: Islam and Suicide Attacks*, New Brunswick and London, 2004, P. 84.

历史与现实共同作用导致了双方的猜疑和不信任，从而难以建立一种广泛的集体认同。如果双方能够进行深入的交往和沟通，形成良性互动，将有望使共享的认知结构移向一个“安全共同体”，以冲破当前的“安全困境”。从国家安全的角度看，以色列拥有同其他阿拉伯“不对称”的军事力量，甚至拥有核选择的能力，其国家安全已有足够的保障。然而，就个体安全而言，以色列尚无绝对保障，频频发生的针对犹太人和以色列的恐怖爆炸事件就是一个证明。因为威慑安全的手段可以保障国家安全，却无法遏止那些带有强烈宗教信仰的暴力活动。然而令人遗憾的是，信心十足的以色列仍然试图凭借自身实力追求“绝对安全”，从 2002 年起，以色列开始沿 1967 年战争前的边界线修建“隔离墙”。隔离墙把巴勒斯坦截为互不相连的三段，使巴勒斯坦人的生活更加艰难。美国前总统卡特一针见血地指出：“在剩余领土上建立巴勒斯坦国是不具备生存条件的，它完全被包围在屏障和被占的约旦河谷之间。”而“以色列的地位将更加不牢固，前途堪虞，因为日子过不下去的巴勒斯坦人会反抗压迫”。[①] 隔离墙不仅关上了巴以相互理解的大门，同时也为未来的巴以和解设置了最大的障碍。

在人类历史上，战争与冲突既是人类解决矛盾与争端的最原始方式，也是人类文明互相交往的一个重要途径。正如彭树智先生所述：“冲突虽是人类文明交往中的严重病痛，但也表现出人们从困扰和损失中挣脱困境的努力。那种认为宗教冲突不能谈判、不能和解的观点，是不符合多元文明共存的文明交往规律的。世俗性的和宗教性的冲突，同和解总是伴随在一个共同交往

① 吉米·卡特著，郭仲德译：《牢墙内的巴勒斯坦》，西北大学出版社，2007 年版，第 128 页。

过程之中。人类文明交往史证明，无冲突便无和解，无和解难以化解冲突。”① 从这个意义上说，巴以冲突虽然已长达半个多世纪，但或许这长达半个世纪的流血冲突会使得各方更加珍惜来之不易的和平，战争的苦难也许使他们对冲突与和平有着更加深刻的认识。历史总是在不断地向前发展，每一代人都是在前人的基础上创造自己的历史。如果巴以双方能够以最大的勇气和诚意，真正认识他们在历史上“和谐共处”的历史真谛，逐步建立起互信互谅的文化“认知”，那么他们将是对前人历史的一种极大超越，而和平的曙光也许就真的不远了。

六、结束语

在一些西方学者看来，“9·11”事件似乎验证了亨廷顿的“文明冲突”理论，而巴以冲突则正是“文明冲突论”的一个典型案例。本文认为，这种看法既不符合历史事实，也没有真正认识到巴以冲突的实质所在。事实上，犹太人和包括巴勒斯坦人在内的阿拉伯人曾经有过长期“和谐共处”的历史。这段历史本身就表明，巴以冲突虽然具有宗教与文化等方面的因素，但最初并不是由宗教文化因素所引起的，巴以冲突中的宗教与文化因素有着一个缓慢而长期的发展和演变过程。

从根本上说，阿犹冲突起源于犹太复国主义在巴勒斯坦地区的扩张和垦殖，从而导致犹太人和巴勒斯坦阿拉伯人之间发生了现实利益的直接碰撞，这既是巴以冲突的起源，也是巴以冲突最为关键的实质所在。但现实利益与政治上的冲突随后开始扩展到

① 彭树智著：《文明交往论》，陕西人民出版社，2002年版，第484页。

宗教与文化领域，双方为了现实的需要纷纷在历史与文化中寻找各自存在与斗争的借口，这种借口也就顺理成章地成为他们后来民族集体认同和利益认知的一个重要构成。犹太人在复杂的复国主义运动和中东战争中不断强化自己对巴勒斯坦地区的利益认知，而巴勒斯坦人也在艰难地争取民族解放的过程中强化了自身的集体认同，以及对巴勒斯坦地区和巴以冲突的利益认知。长期的对峙深化了双方对于利益与冲突的认知，同时也使得仇恨进一步升级，对抗进一步加剧。这种“暴力—仇恨—暴力升级—强化仇恨”恶性互动循环已成为今天巴以冲突所面临的最为可怕的问题。从这个意义上说，如何解决巴以冲突既有赖于解决双方面临的现实利益冲突，也同样取决于我们能在多大程度上改变双方对于巴以冲突本身的“认知”。

聚焦印度经济

中印市场经济的规范性与不完善程度比较[①]

沈桂龙[*]

内容提要：中印市场经济规范性和不完善程度的比较在理论上具有更为重要的意义。从市场的规范性看，印度的产权制度，特别是知识产权保护，比中国健康和完善；商务环境方面，中印各有千秋，但总体上中国更为优越；印度的法律体系虽然比中国完善，但执行却比较差。在市场的不完善程度方面，中印经济的自由化程度相比发达国家都低，但印度相对好一些；印度的市场体系更为完整，但也和中国一样存在二元结构现象；印度的种姓制度冲击了印度的法律体系，转型中的中国在法律的规范性和完整性方面还存在很多问题。腐败是两国都存在的重要现象，印度的腐败尤甚。

① 本文是上海社科院政治经济学重点学科阶段性成果。

* 沈桂龙：上海社科院经济研究所助理研究员。

中国和印度是世界经济发展中最引人注目的两个经济体，近年来一直以10%左右的增长速度快速发展。很多经济学家都把中印两国的增长模式、发展路径和未来增长潜力进行比较，以期发现亚洲两个最大经济体经济增长背后的规律。现代市场经济环境下，市场作为经济发展的载体和工具，具有很多制度性激励和约束，市场经济的规范性和不完善程度，将对经济发展产生长远影响。因此，比较中印两国市场经济的规范性与不完善性，相对于直接比较两国经济的总体规模和增长速度，具有更为重要的理论意义。

一、中印市场经济的规范性比较

市场经济的规范性可以用很多指标进行衡量，如经济主体的独立性、市场体系的完整性、产权制度的规范性等等，这些指标组成一个完整的集合，全面衡量市场体系的规范性。本文将重点比较产权制度、商务环境、法律体系三个方面，从一定侧面研究中印两国市场经济的规范性。

（一）中印产权制度规范性比较

明晰的产权是经济主体进行市场交易的先决条件，对产权的保护有助于维护市场经济的有序运行。在产权制度规范性方面，中印两国由于历史上的原因，存在一定的区别。

印度私有产权的保护的法理基础来源于西方对其殖民统治时代，在私有产权保护这一软件基础设施上，印度较之中国占有实质上的优势。美国麻省理工学院的黄亚生用中印两国在报税上的诚实性差异来说明两国产权保护方面的差距。根据 WBES 的调查，中国的报税诚实性不如印度。在该调查中所涉及的中国企业中，只有11.9%的企业相信，其所在行业领域内的典型企业在缴税时是报告了实际收入数字。而在印度，这个数字是41%。[①]对财产的隐瞒暗示着私有产权的保护在某种程度上的缺失或不到位。

另一方面，由于印度向来保护私有财产，并拥有在发展经济体中较完备的法治体系，即使在计划经济时代，就已存在数量众多的私人企业，并取得了不菲的成就。尽管中国也是通过产权改革走向市场化的发展道路，但是，这并不意味着中国已经从根本上解决了作为经济发展之必要前提的产权问题。中国是在1978年改革开放后，私有企业、私营经济才开始大量出现的，并且由于相关法制的不到位，使得对私有产权的保护还存在诸多的问题。

尤其值得一提的是在保护知识产权方面，印度在软件等服务业方面的优势地位使其更加注重对知识产权的保护。由于签署了一系列有关知识产权保护的国际条约，印度自20世纪90年代开始加大力度修订本国的知识产权法律。印度于1994年6月对其版权法做了较大修改和补充，明确规定了版权所有者的权利、软件出租者的行为规范、用户备份软件的权利以及对侵犯版权的惩处和罚款条例等，被称为“世界上最严厉的版权法”之一。中国的知识产权制度建立较晚，只有20多年的历史，但是发展速度较快。相关法律法规的制定以及对违反知识产权保护的行为的积极查处，为中国经济发展创造了好的市场环境，提供了较好的法律保护。但中国公众的知识产权保护意识与发达国家相比还有很

① [美]黄亚生：“经济增长中的软硬基础设施比较：中国应不应该向印度学习?”，《世界经济与政治》，2005年第1期，第67页。

大差距，并且地方保护主义还没有完全消除，全国统一、规范的市场还没有充分发育，知识产权侵权行为还时常发生，影响了中国的科技创新和经济发展。

（二）中印商务环境比较

外国直接投资在中印的经济改革发展中都占据着极为重要的地位，商务投资环境的好坏成为吸引外资以及经济可持续发展的重要条件。中印两国的基本国情不同（见表1），在市场化改革的进程中形成了有各自特点的商务投资环境。下面我们将首先从中印两国吸引外资投资环境的国际视角来考察两国的商务环境状况。

表1　中印两国基本国情指标对比

对比项目	中国	印度
2004 年 FDI	600 亿美元	50 亿美元
2004 年出口额	6000 亿美元	1050 亿美元
高速公路	870000 英里	124000 英里
每年用于新建公路的预算	250 亿美元	25 亿美元
2005 年人均 GDP	1200 美元	550 美元
每日生活费在 1 美元以下人群份额（2004 年）	13%	31%
15 岁以上识字率（2004 年）	91%	61%
创建一门生意所用的平均时间	48 天	71 天
货物出口的平均时间	20 天	36 天
上市公司总市值（2005 年 9 月 30 日数值）	6400 亿美元	3870 亿美元
宽带用户（2005 年）	3000 万户	55 万户
货物运输到美国的时间	2—3 周	6—12 周

资料来源：转引自程苓峰："跨国公司重估中国"，《中国企业家》，2006 年第 6 期，第 79 页。

印度 1991 年改革产生深远影响的一个重要领域，就是对外部门（external sector）的管理。通过削减对外关税、引入弹性汇率以及外汇交易自由化等一系列重大改革，印度吸引了大量的外国直接投资，改善了国际收支状况，拥有了庞大的外汇储备及较低的外债。改革还取消了行业许可和价格控制，1991 年印度完全取消了许可制度，并且将个人所得税边际税率降至 35%左右，这对经济增长和竞争力产生了非常积极的影响。同样，中国的市场经济体制改革也从税制、价格等领域入手，不断改善投资环境，在贸易、投资等领域都取得了非常大的成绩。一项来自德欧亚咨询公司的调查显示了德国经济界对中印商务环境的看法，该咨询公司曾于 2005 年选取了与投资有关的六项关键要素，让德国部分企业对中印投资环境进行评比（见表 2）。通过对比可以看出，在德国企业眼里，中国的优势非常明显，除了在运输成本上，中国的得分稍逊于印度外，其他几项要素得分都高于印度。同样，由高盛公司对 618 家在亚太地区有投资的跨国公司进行的问卷调查也反映了同样的结果（见表 3）。而来自世界银行的统计数据则更详细地反映了中印两国商务成本状况（见表 4）。

表 2　中印投资要素比较

投资要素	中国	印度
人工成本	1	4
企业税	8	12
关税	4	5
优惠政策	1	2
能源成本	2	8
运输成本	7	6

说明：1 等于投资环境优良，12 等于投资环境恶劣。

资料来源：EAC-Euro Asia Consulting PartG，Muenchen & Shanghai & Mumbai

表 3　跨国公司对中国与印度投资环境评估

影响投资最关键的变量	中国	印度
GDP 中长期增长的前景	10	8
市场准入	6	5
基础设施	7	4
劳工的成本和素质	8	8
产业的聚集和供应链的效率	5	4
投资的政策与环境（法制）	4	7
平均值	6.6	6

说明：数值越大表示投资环境越优良

资料来源：转引自郝前进，雷志友："中印利用 FDI 比较分析"，《世界经济研究》，2004 年第 12 期，第 52～57 页。

表 4　中印两国商务成本比较

国家		中国					印度				
年份		2003	2004	2005	2006	2007	2003	2004	2005	2006	2007
全球商业环境排名		..	..	..	92	83	..	..	..	132	120
开办企业	排名	..	..	..	128	135	..	..	..	93	111
	程序（个）	13	13	13	13	13	11	11	11	11	13
	时间（天）	48	48	48	35	35	89	89	71	35	33
	成本（人均收入的%）	18	16	14	9	8	53	50	62	78	75
	最低资本（人均收入的%）	1237	1104	947	213	190	0	0	0	0	0
申请许可	排名	..	..	..	175	175	..	..	..	133	134
	程序（个）	..	..	36	37	37	..	..	20	20	20
	时间（天）	..	..	345	349	336	..	..	224	224	224
	成本（人均收入的%）	..	..	1073	941	840	..	..	671	606	519

续表

国家		中国					印度				
雇用工人	排名	..	..	..	86	86	..	..	..	83	85
	雇用难度指数	11	11	11	11	11	33	0	0	0	0
	工时严格指数	20	20	20	20	20	20	20	20	20	20
	解雇难度指数	40	40	40	40	40	70	70	70	70	70
	雇用严格指数	24	24	24	24	24	41	30	30	30	30
	非工资劳动力成本（工资的%）	..	..	44	44	44	..	..	17	17	17
	解雇成本（周数工资）	91	91	91	91	91	56	56	56	56	56
注册财产	排名	..	..	..	28	29	..	..	..	108	112
	程序（个）	..	4	4	4	4	..	6	6	6	6
	时间（天）	..	29	29	29	29	..	62	62	62	62
	成本（财产价值的%）	..	4	4	4	4	..	13	8	8	8
获得信贷	排名	..	..	..	94	84	..	..	..	62	36
	合法权利指数	..	2	2	2	3	..	4	4	5	6
	信用信息指数	2	2	2	4	4	0	0	2	3	4
	公共注册处覆盖范围（%成年人）	0	0	0	10	49	0	0	0	0	0
	私营调查机构覆盖范围（%成年人）	0	0	0	0	0	0	0	2	6	11
投资者保护	排名	..	..	..	81	83	..	..	..	32	33
	披露指数	..	..	10	10	10	..	..	7	7	7
	董事责任指数	..	..	1	1	1	..	..	4	4	4
	股东诉讼指数	..	..	2	4	4	..	..	7	7	7
	投资者保护指数	..	..	4	5	5	..	..	6	6	6

续表

国家		中国					印度				
缴纳税款	排名	..	..	..	173	168	..	..	..	158	165
	纳税（次）	..	..	48	44	35	..	..	59	59	60
	时间（小时）	..	..	872	872	872	..	..	264	264	271
	利润税（占利润百分比）	..	..	..	..	20	..	..	..	..	20
	劳动税及缴付（占利润百分比）	..	..	..	..	46	..	..	..	..	18
	其他税（占利润百分比）	..	..	..	..	8	..	..	..	..	33
	应税总额（%毛利润）	..	..	76	76	74	..	..	72	72	71
跨境贸易	排名	..	..	..	31	42	..	..	..	142	79
	出口文件（数）	..	..	6	7	7	..	..	10	10	8
	出口时间（天）	..	..	18	21	21	..	..	36	27	18
	出口成本（美金/箱）	..	..	335	390	390	..	..	864	864	820
	进口文件（数）	..	..	11	6	6	..	..	15	15	9
	进口时间（天）	..	..	24	24	24	..	..	43	41	21
	进口成本（美金/箱）	..	..	375	430	430	..	..	1244	1244	910
合同执行	排名	..	..	..	20	20	..	..	..	177	177
	程序（个）	35	35	35	35	35	46	46	46	46	46
	时间（天）	406	406	406	406	406	1440	1420	1420	1420	1420
	成本（债务的%）	9	9	9	9	9	40	40	40	40	40
企业破产	排名	..	..	..	76	57	..	..	..	135	137
	时间（年）	2	2	2	2	2	10	10	10	10	10
	成本（财产的%）	22	22	22	22	22	9	9	9	9	9
	回收率（每美元美分数）	32	32	31	31	36	12	12	13	13	12

资料来源：世界银行网站 http：//www.worldbank.org.cn.

注：表中“..”表示无数据。

可以说，在商务投资环境方面，中印两国各有千秋。尽管中国在投资环境的综合评价上要高于印度，如在世界银行下属国际金融公司（International Finance Corporation）发表的《2006各国投资环境报告》（Doing Business in 2006）中，印度在投资环境方面的综合排名为116位，中国排名91位，印度落后中国25位。在投资环境综合评估方面，印度仅仅与不丹、博茨瓦纳和斯里兰卡等国相当。但在办理投资相关事务的效率方面，中国和印度同样都表现不好。在中国，办理完所有的投资手续平均需要363天，在印度为270天。另外，在企业税务负担方面，印度和中国也不相上下，在中国各项税务负担约占企业利润的43.2%，而印度为46.9%。可是，在对投资者保护方面印度略微好于中国，印度在这方面的得分是6分而中国的得分为4.3分。①

总之，在市场规模、出口便利性、政府优惠政策、成本结构、基础设施和宏观经济形势方面，中国有优势；而在高教育水平劳动力、管理人才、法律法规、透明度、知识产权保护、文化接近度和监管环境方面，印度有优势。但由于印度经济的改革开放比中国整整晚了10年，许多政策都没有到位，再加上印度各邦、各县的文化、宗教和习俗差异很大，所以总体而言，中国的投资环境还是优于印度的。

（三）中印法律体系比较

市场经济的发展离不开相配套的法制建设，中印两国法律体系的差别在一定程度上影响着两国市场经济发展的各方面。印度的市场经济法律体系既包括规范市场行为的民事和商事法律，也

① 资料来源：《*The Indian Express*》，2005年9月14。

包括国家宏观调控市场经济的法律，还包括实施法律的程序法规定，而印度宪法则是这些法律规定的统管原则，是印度的根本大法，它居于这一法律体系的顶端。

总的来说，印度有着比较完善的法律体系。在殖民地时期，英国殖民者就在印度建立了一套初具规模的民法体系。独立以后，在直接继承英印殖民政府经济立法内容的同时，印度又根据独立后社会经济发展的实际，逐渐完善经济立法，从而使印度市场经济法律体系比较完备，与欧美国家的法律体系兼容性更好。在印度，政府的各项收支都有相关立法约束。印度法律规定保护私人物质财产，也在一定程度上保护精神财产。

20 世纪 90 年代以来，为了与知识经济发展和经济全球化相适应，印度逐步加强知识产权法、电子商务法等方面的立法和执法力度，印度的版权法是世界上最严厉的知识产权法律，印度对知识产权的保护比中国更为有力。2000 年，根据亚洲里昂证券对全球 25 个新兴市场经济国家所做的调查显示，印度在规范化管理方面排名第 6 位，而中国仅列第 19 位。①

相比之下，中国与市场经济相关的立法起步较晚，但从 1992 年中国明确宣布建立社会主义市场经济体系以来，市场经济立法的步伐明显加快，一系列有关市场经济运行的法律相继出台。但由于受传统计划经济的影响，一些法规还存在缺位与执行不力等现象。总之，单从法律体系方面来看，印度的投资软环境要优于中国。

---

① 李光荣：“印度的优势”，《学习时报》，2004 年 6 月 21 日。

二、中印市场经济的不完善程度比较

市场经济的不完善实际上就是市场不规范性的体现。中国和印度作为两个发展中大国，在经济转轨和改革过程中，市场的不完善有着各自特殊的国情。本节将从自由化程度、市场体系和法制方面加以说明。由于腐败是两国经济生活中十分突出的现象，本文将它从法制内容中独立出来加以说明。

(一) 中印经济自由化程度发展比较

由于印度在改革开放之前就已存在数量众多的私人企业，因此，其通向市场化的道路就是放松政府管制、大力推进经济自由化与贸易自由化。按照印度甘地发展研究所所长隆德哈拉卡·雷迪的看法，印度经济自由化的第一阶段开始于印度从国际货币基金组织获取 50 亿 SDR（特别提款权）贷款的 1980 年，并持续到 1990 年。在这段时期，政府首先使进口自由化，逐步放宽价格控制，并解除对工业生产的控制，发展外向型工业、减少对公有部门的预算支持，尽量减少官僚性的条条框框，使得国家干预被极大地减少，市场力量能够在引导经济方面起重要的作用。这一阶段的一个重要成果就是打下了随后“全球化计划”的基础。

印度的全球化计划开始于 1991 由世界银行支持的“结构调整计划”。1991 年 6 月，政府在国际货币基金组织和世界银行的支持下推出了一系列稳定宏观经济和结构调整计划，导致了政策和工业生产的重组，资本、货物和技术的流入，协调经济的对外合作。可以说此时印度的经济改革才开始全面展开。

与印度相比，中国的经济改革开始于 1979 年的农业部门，而与此同时，印度的农业部门却丝毫未受影响，尽管当时这一部门几乎吸收了印度全国 2/3 以上的劳动力和 3/4 的人口。自从中国加入 WTO 后，经济改革开放的速度进一步加快。中国在吸引外资进入以及对外贸易等方面远远超过了印度，外资可以进入中国的金融、汽车、零售业等各种行业。相比之下，印度仍然限制外资进入一些重要的产业，如保险、传媒、零售业等。另外，有些行业还对外资的引进附加一些限制条件，例如民航业，按照印度目前的政策，外国人在印度民航业的董事会人数不得超过 1/3，外国人不得担任印度民航公司的董事长等。

可以说，中印两国在各自经济改革前的经济背景大致相同，都实行高度计划经济。两国经济发展都深受苏联模式影响，都把计划经济作为国民经济管理和调控的重要手段。改革前两国都大力发展公营经济，走优先发展重工业的工业化道路。当两国开始进入经济改革道路时，所采用的改革模式也大致相同，如推行市场化改革，经济由内向型向外向型经济转变等。但由于两国改革的时间不同、改革的环境不同、改革路径和效果存在差异，从而形成了不同的经济结构和经济发展模式。

（二）中印市场体系的不完善性比较

现代市场体系的基本特征主要是统一、开放、竞争、有序。所谓统一就是有统一的市场规则，不能因人因事而设立不同的规则；所谓开放就是生产要素在不同区域乃至与世界市场之间能够自由流动；所谓竞争就是单个供给者的供给量或需求者需求量的增加或减少都不会影响到价格水平；所谓有序就是市场主体能够严格遵守市场规则（赵振华，2007年）。

尽管印度已经建立起了多层次的资本市场体系，但与发达市场经济相比，印度市场经济还是不发达，从而使得印度市场经济的市场体系具有一些不完备的特征。与中国一样，印度经济也是一种发展中的市场经济，自然经济与市场经济并存的二元结构特征表现明显。当前印度农村中许多地区还是自然经济占支配地位，广大农村，尤其是边远山区和落后地区与市场的关联度不高，这意味着在印度还有相当一部分经济体尚未纳入市场经济的范畴。印度市场体系具有的不完整和不健全特征，一方面表现在一些经济市场领域尚处于刚开始发育阶段（如印度的信息市场），或者受到相关制度的限制还远未真正形成（如印度的房地产市场）；另一方面还表现在已经形成的生产要素市场中，还存在不少缺陷，不利于市场机制的正常发挥。如城乡分割、地区封闭的状况影响了印度市场的统一性和开放性，使各生产要素市场带有浓厚地区性市场的色彩，不利于生产要素在全国统一大市场中自由流动，从而影响了资源配置的效率。因此，西方学者在进行经济制度比较中，把印度的市场制度归结为“使用但有缺陷”的类型。[①]

---

① 阿兰·G·格鲁齐：《比较经济制度》，中译本，中国社会科学出版社，1985年版，第757页。

除了与印度类似的二元经济发展模式外，中国的市场体系也不尽完善。生产要素市场残缺不全，如土地市场、技术市场、企业家市场等还处于起步阶段；市场失信问题还比较严重；政府还存在对市场的过度干预或放任的现象。特别是在资本市场体系建设方面中国还落后于印度，印度资本市场的效率和透明度明显较中国高，市场机制为印度私营企业的发展提供了很好的基础。而中国股市曾受困于“国企脱困”，还曾长期陷入“股权分置”的制度泥潭中，因而在融资市场上，无论是从规范程度还是结构完善程度上都有所落后于印度。印度的资本市场已有 100 多年的历史，监管制度非常完善，全国有 23 个证券交易市场其中最大的孟买交易市场有 5000 多家上市公司，是中国的 5 倍。[①]

另外在银行融资方面，印度银行针对企业融资建立了一整套完善的企业资信评价体系，无论是国有企业还是私营企业，不管是大企业还是小企业，都统一依据企业资信评价标准发放贷款。尤其是印度的中小企业及私营经济在资金融通方面没有障碍，而中国的中小企业在融资方面还存在一系列的制度瓶颈。通过中印两国高级市场的比较，可以看出，初级市场远不及中国繁荣的印度，在货币与资本的高级市场上却比中国更有效率。但总的来说，两国在建立统一、开放、竞争、有序的市场体系上都还有很长的路要走。

（三）中印法制不完善性的比较

受英国殖民统治近 200 年的影响，印度法律制度带有很

① 李光荣：“印度的优势”，《学习时报》，2004 年 6 月 21 日。

深的英国法的烙印，这也使得印度法更易于与国际接轨。但处于经济大变革时期的印度，法制建设也存在着阻碍市场经济发展的方面。如一些法律陈旧，已经不适应现代市场经济的发展，印度著名的纳卡特案件就表明了印度劳动法的不合时宜。[①]

尤其值得一提的是印度的种姓制度（caste system）对法律的深远影响。尽管印度独立之后就对种姓制度从法律上进行了清除，从宪法、婚姻法等一系列法律规范中剔除了有关种姓压迫和歧视的内容，但实际效果却并不理想，种姓制度并未因宪法的谴责和限制而自动消失，歧视贱民甚至无视贱民生命的现象比比皆是。可以预见，在印度历经了几千年的种姓制度是不可能在短时间内单凭法律手段彻底消除的，种姓制度对于法律的负面影响仍将长期存在。

相比之下，中国是在大陆法系基础上建立起来的法律制度，尽管中国的法律体制没有受到如印度那样的种姓制度影响，但在经济转轨期间，法制的不完善性却也表现得比较明显。如在完善市场经济方面，长期以来中国更多地重视市场主体的培育，而对市场环境的构造关注不够，市场秩序的混乱与司法环境差、法律法规不健全有相当大的关系。

总之，在总体法律制度的完备性方面，中国可能还滞后于印

---

① 纳卡特案：纳卡特是印度一家工厂的工人，1984年年初的一天上午的工作时间，人们发现纳卡特在自己工作的工厂的地板上酣睡。他的雇主警告了他一下就把他放了。但他一再被发现在上班时间睡觉。第四次，工厂开始对他实施惩戒措施。经过5个月的听证会，他被判有罪，并被解雇。但纳卡特告上了一个劳工法庭，申辩说自己是一项不公平的行业做法的受害者。法庭表示同意，并迫使工厂恢复了他的工作，并支付给他50%损失的工资。过了整整17年，在向孟买高级法院和国家最高法院上诉后，工厂才最终赢得解雇一名在上班时一再被发现酣睡的雇员的权利。

度，但是中国已经开始加快完善法律的步伐。中国在规范金融市场、保护知识产权、保护环境等方面的法规建设已经取得了很大的进步。

（四）中印腐败问题比较

腐败是中印两个国家经济发展中共同面临的障碍。一直以来，印度的腐败就比较严重，印度《撒哈拉时报》在2003年10月9日出版的一则报道中披露：在过去的20年中，印度中央和地方的警察共查缴了价值高达160亿卢比（1美元约折合42卢比）的赃款、赃物和500多公斤黄金。2002年12月，国际政府管理透明化组织公布的一份报告说，印度公共管理部门中腐败盛行，一年内用在贿赂上的金钱总额达2627.8亿卢比，其中健康、教育、司法、税务等部门都存在较严重的腐败现象。2004年3月，亚洲政治和经济风险顾问公司公布的一份报告也提到，印度各部门的腐败程度居亚洲第二。[①] 另外，根据总部设在柏林的“透明国际”[②] 2005年腐败指数的排序，印度在全世界159个国家中排92位（见表5）。

① 袁南生：“印度的腐败与反腐败”，《领导科学》，2006年第7期，第50页。

② “透明国际”1993年成立，是研究腐败问题的权威非政府国际组织，以推动全球反腐败运动为己任，其研究结果经常被其他国际机构反复引用。《2005全球腐败排行榜》涵盖了全球159个国家（地区）。“透明国际世界各国贪污腐败指数”（Transparency International Corruption Perception Index，简称TI指数）是由德国一家非官方的研究机构——“透明国际”编制的。1995年7月创编后，每年发布一次，同时发表《透明国际年度报告》。TI指数反映的是被调查的商业人士对相关国家或地区腐败现象最直接、最明显的感受程度。由上表我们可以明显看出印度属于腐败比较严重的国家。

表 5　2005 年“透明国际”世界各国贪污腐败指数（部分国家和地区）

2005 年排名	国家（地区）	2005 年得分	高低值范围	2004 年排名	2004 年得分
12	英国	8.6	8.3—8.8	11	8.6
15	中国香港	8.3	7.7—8.7	16	8.0
17	美国	7.6	7.0—8.0	17	7.5
78	中国	3.2	2.9—3.5	71	3.4
81	斯里兰卡	3.2	2.7—3.6	67	3.5
92	印度	2.9	2.7—3.1	90	2.8
140	印度尼西亚	2.2	2.1—2.5	133	2.0
158	孟加拉	1.7	1.4—2.0	145	1.5

说明：①2005 年“透明国际”指数所调查国共有 159 国家，按廉洁程度排名。

②采用 10 分制，10 分为最高分，表示最廉洁；0 分表示最腐败；8.0～10.0 之间表示非常廉洁；5.0～8.0 之间为轻微腐败；2.5～5.0 之间腐败比较严重；0～2.5 之间则为极端腐败。

③出于准确性考虑，高低值范围提供了该国（地区）得分所在的区间。通常，得分大于或小于这个区间的可能性都只有 5%。

资料来源：转引自宗海曼：“印度现代化进程中的腐败问题研究”，《法制与社会》，2007 年第 7 期，第 788 页。

中国的腐败问题同样不容忽视，对中国经济转轨和腐败的制度分析表明，经济转轨是导致 1978 年以来中国腐败形势恶化的重要原因。伴随着中国经济改革自由化、分权化以及经济全球化路径的实施，中国的腐败现象也呈现增加趋势（见图 1、图 2）。

可以说，腐败是中印两个国家在经济改革和转型过程中所出现的共同现象，两个国家的腐败都比较严重。但随着中国近年来对腐败打击力度的增强，中国的腐败现象得到了一定的控制。而尽管印度在反腐败方面也频频重拳出击，但印度种姓制度的存在以及法律执行不力等方面的原因，使得印度的反腐败效果并不理想。总体上，中国的腐败程度要低于印度。

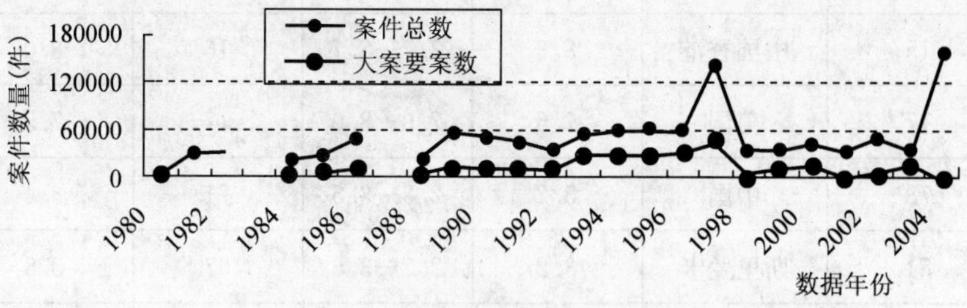

图1　权力腐败案件数量变化图（1980～2004）

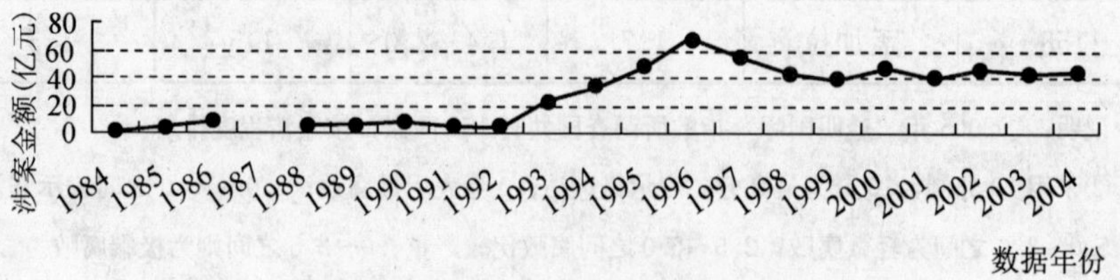

图2　权力腐败案件涉案金额变化图（1984～2004）

说明：大案要案的涉案的金额标准：1997年以后是50万，2001年以后是100万。

资料来源：吴艳梅：《中国权力腐败现状与对策》，南昌大学硕士学位论文，2005年5月，第10页。

三、结论

中国和印度是两个发展中大国，进入21世纪后两国都面临着发展经济的重任。走市场经济的道路是两国的一致选择，但国情、历史条件等的不同使得两国朝着同一个方向走出了不同的路径。

在市场体系规范性方面，经过改革两国都取得了不菲的成绩。在私有产权保护上由于历史原因，印度明显要优于中国，特别是在知识产权保护上，中国还有很长的路要走。另外，市场体系仍不健全是两国的共同现象，在印度经济改革与中国经济转轨时期，两国都还没有形成一个统一、开放、竞争、有序的市场体系。在总体商务环境方面，中国要优于印度。

市场经济是法治经济，中印两国都将完善法律制度作为营造良好市场环境的重要保障，尽管两国都在健全法律法规方面做出了巨大的努力，但是比起发达国家来讲还有很大的差距。从法律总体的完备性上来看，继承了英美法系内容的印度要优于中国。但由于印度的法律法规在执行方面存在更多的问题，所以印度较完备的法律体系的实行效果大打折扣。腐败问题是中印两国都存在的突出现象，腐败的存在与法律的不完善和执行的不力有很大关系。

开放市场以来中国、印度参与国际贸易发展比较①

于蕾*

内容提要：中国、印度同为世界上两个最大的发展中大国，先后走上改革开放的发展道路，尤其是经济全球化时代以来，两国凭借吸引外资、发展对外贸易，深入参与世界经济发展，实现本国经济快速飞跃，为发展中国家提供了全新的发展模式。两国在参与世界经济过程中有很多相似之处，如：都是利用了跨国公司的全球产业分工，分别参与全球制造业和信息技术产业发展，并先后被称为“世界工厂”和“世界办公室”；但是两国在国际贸易中的地位、发展阶段特点以及外贸政策各有不同。本文将通过比较中印两国参与国际贸易发展来探索新兴发展中国家参与世界市场的路径和模式选择。

① 本文得到上海社科院重点学科“政治经济学”以及上海社科院2007年度新进博士科研启动项目资助，特此感谢！

* 于蕾：上海社会科学院世界经济研究所博士，副研究员。

中国从1978年开始改革开放，致力于改革经济体制和调整经济结构，同时，中国也最先认识到全球化给国内经济发展带来的机遇并积极加以利用，大力引进外资和开展外贸，并实行进口替代与鼓励出口并举的外贸政策，加入WTO后中国更是全面参与世界市场并成为世界第三大贸易国。而印度直到20世纪80年代末90年代初才开始了在“华盛顿共识”框架下的新自由主义经济改革，并最初采取了相对保守的贸易政策，后期为了与新自由主义经济政策相配套，逐渐强调实行出口导向战略，并开放了资本市场。

一、中印对外贸易总体比较①

由于推动对外贸易发展的时点和侧重点不同，中国和印度在参与世界市场中表现出不同的特点：

（一）从总体看中国对世界贸易的影响远大于印度

中国、印度在世界贸易体系中的分量并不相同。2006年，印度出口仅占全球货物贸易额的1.0%，而中国占8.0%，中国进口、出口都列世界第三位，而印度出口额排名世界第28位，进口额排名世界第17位。从总体看，中国进出口总量规模较大，对外贸易依存度高，进出口一直保持了较高的顺差并不断扩大，而印度进出口总量规模较小，逆差较大并有不断扩

① 需要说明的是，由于中国、印度对贸易的统计基础并不完全相同，为了分析的可比性和权威性，本节在对中国与印度直接比较时所引用数据大部分来源于WTO历年“International Trade Statistics”统计数据，并经过作者的整理计算。

大的趋势。

20世纪70年代末，中国在全球贸易中所占份额不到1%，在世界各国排名中列第32位。当时中国的制造业十分落后，主要依赖出口初级产品换取进口所需外汇，直到80年代中期，初级产品仍占出口总额的50%以上，其中原油占了一半。经过30年的发展，中国在世界市场中的地位发生了很大变化，尤其是加入WTO加大对外开放步伐后，中国对外贸易进入高速发展新阶段。2004年，中国的双向贸易增长36%，首次超过日本成为继美国和德国后的世界第三贸易大国，2007年中国外贸进出口总值首次超过2万亿美元，同比增长23.5%。根据WTO最新发布的数据显示，中国在2007年可能超越美国成为世界第二大出口国。尤为显著的是中国占世界出口份额急剧上升，从1990年的1.9%上升至2006年的8%，使得中国对外贸易顺差不断扩大，2007年全年中国累计贸易顺差2622亿美元，比上年增长47.7%。

印度对外贸易发展尽管在发展中国家中也属于快速发展之列，但是相对于中国的速度还是略有逊色。在20世纪90年代，中国的贸易与GDP的比率上升了70%，而印度的增长为23%。2004年印度的对外贸易增长16%，但是2004年印度的双向贸易仅为1000亿美元，不到全球总量的1%。2002年至2006年，中国对外贸易连续5年大于印度对外贸易。2006年中国外贸总额达17606.9亿美元，其中出口9690.8亿美元。同期印度的外贸总额约为3000亿美元，其出口总额仅相当于中国的1/8。但是与中国一直鼓励出口、大进大出的增长所不同的是，印度的进口相对于出口发展更快。从表1可以看出，从2000年到2006年，印度出口额世界排名基本保持在30名上下波动，而进口额排名从26名快速上升到17名，反映出与中国并不完全相同的贸易发展道路。

表1　中国、印度在世界商品贸易中的地位

年份	占世界商品出口额的比重（%）		在世界商品出口额的位次	
	中国	印度	中国	印度
2000	3.9	0.7	7	31
2001	4.3	0.7	6	30
2002	5.0	0.8	5	30
2003	5.8	0.7	4	31
2004	6.5	0.8	3	30
2005	7.3	0.9	3	29
2006	8.0	1.0	3	28

年份	占世界商品出口额的比重（%）		在世界商品出口额的位次	
	中国	印度	中国	印度
2000	3.4	0.8	8	26
2001	3.8	0.8	6	27
2002	4.4	0.8	6	24
2003	5.3	0.9	3	25
2004	5.9	1.0	3	23
2005	6.1	1.3	3	17
2006	6.4	1.4	3	17

资料来源：根据 WTO“International Trade Statistics”历年数据整理。

（二）印度服务贸易比中国更有出口竞争力

细分中印两国对外贸易的构成，可以很清晰地发现：中国商品贸易比重较高，制造业出口势头强劲，但在服务贸易领域，进口大于出口呈现逆差，尤其是 2000 年以后虽然中国服务贸易总量不断增加，但是对外服务贸易逆差也不断上升（见图 1）。

而与之相反的是，印度虽然货物进出口量规模较小，逆差较大并有不断扩大的趋势，但是服务贸易比重较高，尤其是 2002 年以后，尽管印度对外货物贸易总体呈贸易逆差扩大的趋势，而在服务贸易领域却呈现顺差状态（尽管 2004 年出现反复），且服务贸易的顺差在 2005 后进一步扩大（见图 1）。

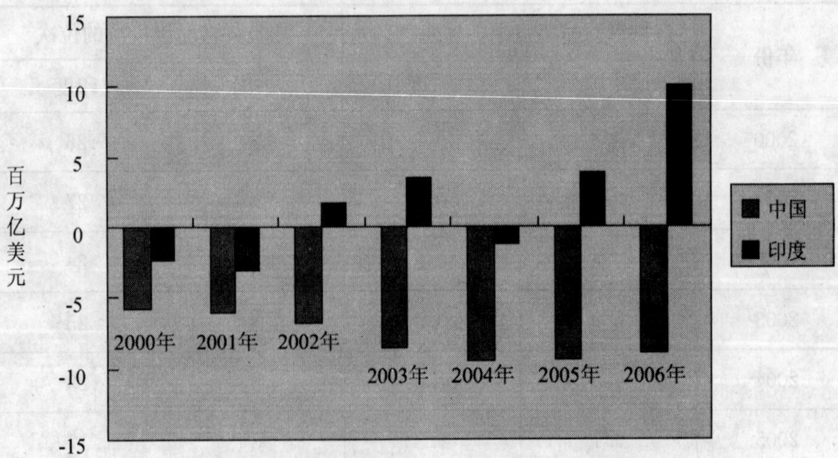

图 1　中国、印度服务贸易进出口情况

说明：正值表示顺差，负值表示逆差。

资料来源：根据 WTO “International Trade Statistics” 历年数据整理计算。

（三）外资对中印两国贸易贡献度不同

在中国、印度的对外贸易竞争力里，外商投资企业所表现出来的作用是不一样的，外商直接投资构成了中国对外出口尤其是高科技产品出口的主力部分，也是中国外贸呈现“大进大出”特点的根源，而外资对印度贸易的影响相对较小。

跨国产业转移是中国对外贸易发展的重要动力。外商投资企业占中国出口的比重已经超过一半。在来华外商投资企业中，东亚地区经济体的企业将其劳动密集型生产环节转移到中国，充分利用中国劳动资源低廉的优势，在中国建立组装基地。这种产业转移的结果是，这些企业大规模进口生产所需的中间产品，使中国对周边经济体形成巨额的贸易逆差，如对台湾地区、韩国均有数百亿美元的贸易逆差。与此同时，这些产品在大陆组装后输往这些企业原有的传统市场，主要是欧美市场，导致中国对欧美市场出现较大贸易顺差。外商投资企业在中国对外贸易发展中发挥重要作用，中国对外贸易的发展与吸收外国直接投资的政策有非常密切的联系。

中国进出口的强劲增长与外资增长有着重要关系，1986 年至 2001 年，中国进出口总额年均增长 13.7%，而同期外商投资企业进出口额年均增长 34.7%。外商投资企业在进口、出口额中的比重都扩大到 50%以上，并且外商投资企业出口增长速度快于进口。外商投资企业出口的产品主要是工业制成品，占外商投资企业出口总额的比例一直保持在 80%以上（见表 2）。尽管 2007 年由于外贸政策的调整，外商投资企业在中国贸易中的比重比 2006 年略有下降，但是其主体地位依旧保持，可见，跨国公司促进了中国出口竞争力的提升。

表 2　1986—2007 年中国外商投资企业进出口商品统计　单位：亿美元

年度	进口			出口		
	全国	外商投资企业	比重%	全国	外商投资企业	比重%
1986	429.04	24.03	5.60	309.42	5.82	1.88
2000	2250.97	1172.73	52.10	2492.12	1194.41	47.93
2001	2436.13	1258.63	51.67	2661.55	1332.35	50.06
2002	2952.16	1602.86	54.29	3255.69	1699.37	52.20
2003	4128.36	2319.14	56.18	4383.74	2403.41	54.83
2004	5614.2	3245.7	57.81	5933.7	3386.1	57.07
2005	6601.2	3875.1	58.70	7620.0	4442.1	58.30
2006	7916.1	4726.6	59.71	9690.7	5638.3	58.18
2007	9558.2	5594.1	58.53	12180.1	6955.2	57.10

资料来源：根据中国商务部统计数据计算整理。

而印度的 FDI 主要面向国内市场，而非出口导向，只有独资企业 9%的投资额和合资企业 4%的投资额是出口导向的，除了对软件和 IT 服务业的投资以外，出口导向的投资是在简单的劳动密集型制造业中（但这些行业的投资额非常小）。

（四）中国和印度的贸易方向相近

由于同处于跨国公司全球产业链条分工环节以及相似的经济发展条件，中国、印度两国的贸易方向较为接近。以 2004 年为例，两国的五个主要出口目标市场中有三个是相同的，即美国、欧盟和中国香港。中国向这三个国家（地区）的出口占出口总额的 56.2%，印度的出口也占其出口总额的 45.8%，这意味着两国出口的半数都销往相同的区域。出口方向的重合不可避免地导致两国同类出口商品之间的激烈竞争。对于进口来说，欧盟和美国是中印两国共同的主要进口来源地（见表3）。

表3　中国和印度的贸易方向比较（2004年）　单位：%

中国				印度			
出口目标市场		进口来源地		出口目标市场		进口来源地	
美国	21.1	日本	16.8	欧盟	22.7	欧盟	19.2
欧盟	18.1	欧盟	12.5	美国	18.0	美国	6.4
中国香港	17.0	中国台湾	11.5	阿联酋	8.0	中国	5.2
日本	12.4	韩国	11.1	中国香港	5.1	瑞士	4.2
韩国	4.7	美国	8.0	中国	4.6	韩国	3.6

数据来源：WTO统计数据整理。

二、中印贸易政策演变比较

中国、印度对外贸易发展反映出来的特点异同是跟两国的贸易政策及其不同演变过程分不开的。随着世界经济和贸易的发展，中国和印度的贸易政策和战略也先后经历了不同发展阶段，并且逐渐趋同。

（一）中国对外贸易政策演变的四个阶段

1. 封闭条件下对外贸易保护发展战略（1949—1978年）

在封闭时代的中国，对贸易发展是以保护为宗旨，当时中国对外贸易政策的核心是“实行对外贸易的管制，并采用保护贸易政策”，反映中国对外贸易政策的保护倾向。在对外贸易体制上“高度集中，独家经营，政企合一”，由国家来代替市场进行资源的配置，通过计划和数量限制来干预出口，不参与国际贸易组织活动，对外贸易以创汇为目的。

2. 有限开放条件下的开放式保护贸易战略（1979—1991 年）

1978 年改革开放以来，中国经济体制从严格的计划经济体制向市场经济体制转变，对外贸易战略也发生大的调整，开始下放对外贸易经营权，并逐渐放宽外汇管制制度，鼓励发展出口加工贸易。1985 年中国开始实行出口退税政策，通过向出口商部分或全部返还政府对出口产品征收的国内税来提升本国产品的国际竞争力，有效刺激了出口的增长。比较优势理论逐渐成为中国对外贸易政策的理论基础，出口劳动密集型产品并进口资本技术密集型产品的格局确立。

在这段时期中国开始迈出参与国际贸易活动的步伐，1986 年 7 月中国正式向关贸总协定（GATT）递交《中华人民共和国对外贸易制度备忘录》，提请恢复中国在 GATT 的创始缔约国地位。

3. 全方位对外开放条件下的对外贸易发展战略（1992—2002 年）

1992 年 10 月以后中国进入社会主义市场经济阶段，对外开放全方位进行，对外贸易政策也进行了广泛的改革。在 1991 年到 1993 年期间进行了取消外贸财政补贴、进一步完善承包制的改革，并先后提出“市场多元化”和“以质取胜”两大战略，为突破西方制裁、拓展中国外经贸发展空间和提高发展水平，奠定了重要基础。

1994 年开始了以外汇体制改革为核心的综合配套的外贸全面市场化改革，建立适应国际通行规则的外贸运行体制。同年还提出了“大经贸”战略。鼓励外贸企业、生产企业、科研院所、外商投资企业、民营企业等各类企业参与外经贸活动，实现外经贸经营主体多元化。

这个阶段国家贸易政策基本上奉行了“顺差至上”的理念，鼓励出口，在对外贸易大幅增长的同时，也开始引致国外对中国贸易摩擦的增加，同时随着 90 年代对外资的大力吸引，进入中国的跨国公司通过产业转移生产，开始在中国外贸中发挥重要作用。

4. 入世后的对外贸易政策转型（2002 年至今）

2001 年中国加入世界贸易组织，无疑是中国对外关系上的重大里程碑，同时意味着中国将要更广泛、更深入地参与到国际分工和国际市场的竞争中，并作为 WTO 的成员国遵照 WTO 的宗旨和规则，在 WTO 的框架下完成相关的国际经贸往来。中国的对外开放进入新的发展阶段，在客观上加快向贸易自由化战略靠拢，对外贸易政策进行了大幅度调整。对外贸易政策目标调整为促进对外贸易发展，构造有利于经济均衡发展的产业机构，实现产业的持续升级，推动中国在适度内外均衡基础之上高速发展。由此带来中国对外贸易的跨越式大发展，并在 2004 年成为世界第三大出口国，也带来贸易顺差的不断攀升，对外贸易摩擦不断。2007 年底中国已经连续 12 年成为全球遭受反倾销调查最多的国家，而且中国又成为遭受反补贴调查最多的国家，共遭受 8 起反补贴调查。

同时由于跨国公司在中国进出口中已经占据主体地位，中国人民币不断升值，“出口至上”的贸易策略必须调整。自 2005 年开始，中国尝试通过增加出口税、降低出口退税的方式来限制高耗能、高污染和资源性产品的出口。为了提高出口产品的技术含量和附加值，商务部在 2006 年设立外贸发展基金，在科技研发和自主创新方面给予企业更多的支持。2007年中国对外政策调整主要集中在出口退税政策、加工贸易政策和外贸环保政策三个方面。如2007年7月1日调整了部分商品的出口退税政策；7月23日颁布“44号文”（《加工贸易限制类商品目录》），纺织、家具等1853种加工贸易出口受限；12月底，新一批589种商品的加工贸易禁止类目录公布。《劳动合同法》的出台可能会间接引起某些加工制造企业的出口量下降，但却是中国对外贸易结构调整的必然趋势。2007年的全国商务工作会议明确要求把“减顺差”作为2007年中国外贸发展的头等大事，而2008年“调整进出口结构”成为主要的工作重点。

（二）印度对外贸易政策的三个阶段

1. 从独立至80年代末，政府严格管制之下的贸易政策

在1990年前，印度政府并没有制定中长期的贸易政策，1990年第一次制定了1990—1993年为期三年的中期进出口计划，但1991的支付危机中止了其实施。在1991年贸易体制改革前，印度作为关贸总协定（GATT）的缔约国却没有依照GATT的宗旨积极推进贸易自由化，而是长期对贸易实行严格的政府管制，通过设置贸易壁垒来保护本国幼稚产业的发展。80年代，印度几乎没有采取贸易自由化政策，关税形式的贸易保护（以有效保护衡量）加剧，数量管制形式的贸易保护（以保护所涵盖的范围衡量）略有下降（见表4）。不仅制造业，而且对于不同的行业来说，均是如此。为了限制进口，印度对进口商品征收的最高关税率在300%以上，有些商品的进口关税甚至高达500%。同时，印度还设置了大量的非关税壁垒，特别是对进口商品实行严格的许可证管理和数量限制。

但是1973年的石油危机使严重依赖石油进口的印度经济遭

到沉重打击，在贸易保护的羽翼下成长起来的印度企业没有能力降低成本，导致贸易逆差不断扩大。在不利的宏观经济形势下，印度政府把进口替代的外贸政策，调整为进口替代与出口促进相结合，在放宽进口限制的同时鼓励出口。其主要措施为：扩大可进口商品的种类，建立出口加工区，对出口企业的生产和出口予以政策支持等。①

表 4　1980—2000 年印度的贸易保护程度（%）

	1980—1985	1986—1990	1991—1995	1996—2000
所有行业				
贸易保护的平均有效程度	115.1	125.9	80.2	40.4
进出口覆盖比率	97.6	91.6	38	24.8
进口渗透率	10	11	12	16
中间产品				
贸易保护的平均有效程度	147	149.2	87.6	40.1
进出口覆盖比率	98.3	98.3	41.8	27.6
进口渗透率	11	13	15	18
资本品				
贸易保护的平均有效程度	62.8	78.5	54.2	33.3
进出口覆盖比率	95.1	77.2	20.5	8.2
进口渗透率	12	12	12	19

① 鲁达尔·达特、桑达拉姆：《印度经济》，下册，中译本，四川大学出版社，1994 年版，第 323—327 页。

续表

	1980—1985	1986—1990	1991—1995	1996—2000
消费品				
贸易保护的平均有效程度	101.5	111.6	80.6	48.3
进出口覆盖比率	98.7	87.9	45.7	33.4
进口渗透率	4	4	4	10

资料来源：Das (2003)，转引自，丹尼·罗德里克、阿尔温德·苏布拉马尼扬，“印度经济增长转变之谜”，《比较》第14辑。

2.1991—2001年出口导向型对外贸易政策

1991年是印度改革和对外体制发生重大调整的一年。1991年印度发生独立后最为严重的国际收支危机，迫使政府求助于IMF，并接受其经济改革的建议，贸易体制进行重大改革，开始向贸易和投资自由化转变。接着由于世界贸易组织（WTO）即将在1995年成立，印度作为GATT的成员国也必须采取更加开放的姿态，以符合WTO的要求，完成向WTO创始成员国的过渡。90年代印度采取了大量贸易自由化措施，按照贸易和投资自由化的要求，印度逐步降低了关税和非关税壁垒。1992年3月印度商业部颁布了“1992—1997五年贸易政策”，基本废止了对进出口的许可证管理，限制贸易和禁止贸易的商品基本取消，大多数商品都可以不必经过政府许可自由进口。

3.2002年至今大力鼓励出口战略

由于1990年出台的中期进出口政策因支付危机被中止，印度政府直至2002年1月30日才推出新的贸易战略规划，即2002—2007年第三个五年进出口政策，这是印度独立以来最鼓励出口的进出口政策，其核心是中期出口战略，关注的焦点由进口自由化转向出口，取消了所有对出口数量的限制，对经济特区的发展给予更多政策鼓励，间接出口补贴、出口退税、出口减免等政策适用范围和幅度都得以扩大，并制定2007年印度贸易达到世界贸易总量1%的目标。[①]

（三）对中印贸易政策演变的简单评论

由上述中国、印度贸易政策演变的阶段分析可以看出，中国和印度的贸易政策都经历了进出口从政府管制到逐渐市场化的过程，对进出口的侧重都经历了从限制出口到鼓励出口的趋同过程。但是由于印度的改革阶段整体比中国滞后了10多年，所以相比印度的贸易政策，中国更早地对外开放了市场，融入到世界经济发展过程中。尽管中国到2002年才加入世贸组织，但是对世界贸易的影响却远远大于印度。到目前为止，印度仍是世界上最封闭的发展中国家之一，尽管近10多年来贸易取得一定幅度的增长，但无论货物贸易总量还是贸易占GDP的比重都低于中国，经济的内向性突出。

基于苏布拉马尼扬和魏尚进（Subramanian和Wei，2003）的数据和方法，利用引力模型对1980年到2000年的贸易进行估计，表5给出了印度和中国虚拟变量的估计系数。除了2000年之外的所有时期，印度虚拟变量的系数为负且统计上是显著的，系数绝对值在80年代呈上升趋势，仅仅从90年代中期才开始下降，这些数据显示印度在2000年仅仅是一个正常的贸易国。而在1980—2000年的大部分时间里，中国虚拟变量的系数为正且

① 刘小雪，“鼓励出口——印度2002年—2007年中期进出口政策评价”，《国际贸易》，2003年第1期。

统计上是显著的（见表5）。①

表5　有关印度和中国贸易结果的引力模型分析结果

	1980	1985	1990	1995	2000
印度	－0.39	－0.49	－0.82	－0.68	0.04
	0.13	0.13	0.15	0.12	0.1
中国	0.52	0.39	0.39	－0.3	0.71
	0.15	0.12	0.14	0.13	0.12

资料来源：Das（2003），转引自，丹尼·罗德里克、阿尔温德·苏布拉马尼扬，“印度经济增长转变之谜”，《比较》第14辑。

但是进入21世纪后，中国、印度两国的贸易政策又开始出现向不同方向发展，印度开始大力鼓励出口的发展，而中国开始转向注意内外市场的平衡发展、贸易结构的调整，从过度依赖外向经济向开拓内需市场发展。

三、中印参与世界市场模式的异同

进入21世纪以来，中国和印度作为世界第一大和第二大发展中国家，经济发展速度以及发展潜力都受到了全世界越来越多的关注。中国和印度在很多方面都有相似的地方，比如劳动力成本低，经济高速发展，同时也都面临着经济改革等等。但是，中国和印度参与世界市场的模式却有异同：

① 丹尼·罗德里克、阿尔温德·苏布拉马尼扬，“印度经济增长转变之谜”，《比较》第14辑。

（一）中国印度两国参与世界经济发展的背景类似

第一，两国独立建国以来的经济发展模式都遭遇巨大挑战，迫切需要寻求新的发展道路。

中国建国后至1978年改革开放前一直是一个经济封闭的国家，存在所有社会主义计划经济国家发展所面临的局限和困境，经济大起大落，生产力低下，人民生活水平极低。1978年中国终于走上中国特色的改革开放道路，开始建立社会主义市场经济，参与世界经济的发展，探索出一条发展中国家发展的新模式和可供其他发展中国家借鉴的经验。而印度独立后追求民族自主性，成为一个市场封闭的国家，片面强调重工业的战略引发了粮食危机、财政赤字居高不下以及经济结构失衡等一系列问题。从20世纪60年代中期到80年代初，印度的经济增长率一直维持在3.5%，人均增长率只有1.3%，均大大低于其他发展中国家，20世纪90年代初才开始朝着自由市场经济方向进行经济调整和改革。

第二，两国都看到了经济全球化带来的发展机遇，并且主动把握这个机遇，参与世界经济发展的浪潮。

印度为了与新自由主义经济政策相配套，强调实行出口导向战略，并开放了资本市场。中国实行的是进口替代与鼓励出口并举的外贸政策，逐渐形成了通过利用国内外两种资源两个市场，发挥比较优势，参与国际经济循环的战略思路。中印两国都参与了新一轮全球产业转移和大分工，通过借助跨国公司的全球资源布局参与了世界经济的循环，逐渐增强国力，成为新兴的发展中大国。

（二）中印两国开放模式不尽相同

中国的开放之路主要依靠了两点：FDI 和出口，中国开放是高度对外依赖的开放，开放带来了中国经济的腾飞，但也产生了很多不良后果，比如国内本土企业和本国跨国公司的培育不够、外资对中国资源的恶性消耗并由此引致的环境恶化、中国出口引起越来越多贸易摩擦等。因此，中共十七大开始对过去的开放模式进行调整，将可持续发展和科学发展作为开放的最终目标。

与之相反的是印度选择了保守开放的道路，在逐渐吸引外来资本和发展贸易的同时，也同样重视本国企业的发展，因此印度有如塔塔公司这样的大企业，其国内经济发展对外依存度也相对较低。但是印度被动接受了跨国公司将 IT 服务业转移印度的选择，跳过了工业化阶段直接发展服务业，其服务业缺少产业支撑，使得其国内基础设施、交通建设、工业发展等成为短腿，经济结构出现了一定扭曲。因此印度正大力吸引制造业跨国公司，重新合理安排产业布局。

如何提升本国的国际分工地位，提高对外开放的质量，从参与世界市场中获得更高的发展效益，将是中国、印度两国在 21 世纪共同面临的新课题和选择。

信息产业在印度经济改革中的优先地位研究

高子平*

内容提要：信息产业是印度经济改革的优先产业。印度政府通过创立科技园区（STP）、提供政策优惠和资金支持、制定法律法规、吸引海外技术移民回国等措施大力扶持信息产业的发展，使其在印度经济改革中的地位进一步突出，并发挥了带动产业结构调整、提高国民经济开放度、促进跨国经济科技合作等效用。印度经济改革中的优先领域选择有着深层次的复杂动因，也适应了印度的特殊国情，对于已经进入工业化中期阶段的中国产业发展有着一定的借鉴意义。

信息产业是印度经济改革的优先领域。如今，信息产业已成为印度增长最快、获益最多的部门，以软件业为龙头的信息产业

* 高子平：上海社会科学院理论经济学博士后流动站、国际问题研究中心助理研究员。

已成为印度经济增长的发动机。对于以工业化作为改革开放优先领域的中国而言，尽管国情差别很大，不便于进行简单化的比较，但印度在信息产业方面的成功经验值得借鉴。

一、信息产业在印度经济改革中优先地位的形成

早在英迪拉·甘地执政后期，印度政府对计算机产业的发展就表现出了异常的关注，并罕见地在国内朝野各界形成了长达二十多年的基本共识，即由政府牵头，优先发展信息产业，借此推动整个国家的经济改革。因此，印度信息产业在经济改革中的优先地位早在改革之前就已经开始呈现，并且基本超越了党派利益纷争，从而进一步证明信息产业的优先发展符合印度的特殊国情。

（一）政府（信息）产业政策的较早形成

尽管印度学者很少提及甚至公开否认，[①] 实际上，英迪拉·甘地在其执政后期就开始重视信息产业的发展。1981 年，印度政府制定了发展计算机的政策，主张放宽进口，降低关税。1984 年，拉吉夫·甘地总理提出通过发展计算机软件“把印度带入 21 世纪”的目标，明确了以软件业为产业，可以获得相应的补贴和优惠，并于 1986 年制定了《计算机软件出口、开发和培训政策》，为软件生产提供了必需的投入，如提供进出口用汇便利、

---

① Balaji Parthasarathy: Globalizing Information Technology: The Domestic Policy Context for India's Software Production and Exports, Iterations, 3 May 2004.

金融支持、人员培训、高速数额传输、简化投资和进出口手续等；给予一定的税收优惠，如免交国内货物税、进出口生产的软件全部用于出口则可以免交关税等等。这是印度计算机产业发展的一个重要里程碑，也标志着印度信息产业发展的基本思路的初步形成。

1991 年，拉奥总理执政后，继续奉行大力发展计算机产业的方针，允许出口商选择交纳关税的方式，允许其保留出口收入的 50％；产品 100％出口的软件厂商可免缴营业所得税，免除进出口软件的双重税赋；为了提高计算机软件的质量，引进国外的先进技术，政府还放宽了对计算机进口的限制，大幅度降低关税。① 印度政府对商务部管辖下的 6 个出口加工区和电子工业部管辖下的 7 个软件技术园区除了免除关税外，还以优惠价格向其提供工厂和办公大楼，并提供电力、供水、电话、数据通信等方面的优良设施和环境。另外，为了改善外商投资环境，印度政府还规定，凡软件产品全部出口的企业，外资控股可达 75％～100％，这在印度外资政策上几乎是绝无仅有。该措施刺激了外商的投资热情，加上在 80 年代拉吉夫·甘地政府改变了过去的进口替代政策，强调“凡是有利于技术更新、有利于出口的，无论是原料、中间产业还是资本成品都可以进口”。② 这些相应政策，大大刺激了印度出口导向型的软件业发展。

1998 年 5 月，印度人民党政府上台后，瓦杰帕伊总理明确提出“要把印度建成一个名副其实的信息技术超级大国”，并

---

① Deve Gowda and Gujral：*Economic Reforms under Narasimha Rao*，Taraqqi，Jannuary2001，January 2001.

② Vipin Gupta，Arnold Reisman：*India's Economic Development：the Role of Institutionalized Technology Transfer*，May 7，2005，http：//ssrn. com/abstract.

相继成立了以他本人为组长的“国家信息技术特别工作组”和信息技术部，制定了“印度信息技术行动计划”。新组建的“国家信息技术与软件发展委员会”发布了著名的《2008年信息技术发展计划》，明确提出用10年时间在印度独立60周年之时，实现“软件超级大国”的目标，并确定2008年印度软件业出口达500亿美元的目标。[①] 该IT发展计划明确了信息产业为印度优先发展的产业，提出打破印度国内信息基础设施经营的垄断局面，解决信息技术发展的瓶颈问题；进一步改革税制，确保资金对信息软件业的支持；普及信息技术教育和培训；完善电子商务和相关法律，并建议将政府预算的1%—3%用于信息技术应用，促进政府的信息化，从而为印度信息产业发展提供了变革的动力和宏伟蓝图。为此，印度政府专门组建了印度信息产业部，“十五”计划（2002—2007年）也明确了印度的IT发展战略重点。

（二）大力创建科技园区

为了适应国际市场的激烈竞争，20世纪80年代末印度电子部发起了“软件技术园”计划。1990年，印度电子工业部宣布了首批3个软件科技园区（STP）：班加罗尔（Banglore）、布巴内斯瓦尔（Bhubaneswar）和浦那（Pune），三者以班加罗尔为中心，沿印南部两边海岸沿伸到浦那和布巴尔斯瓦尔，形成了一个海岸大三角的分布。[②] 1995年时，印度还与新加坡合资1.6亿美元共建了技术园。1998年，人民党政府又宣布了25

---

① Subramanian Swamy：*Can India catch up with China*? Frontline，Volume 17-Issue 15，July 22-Aug. 04，2000.

② Balaji Parthasarathy：Globalizing Information Technology：The Domestic Policy Context for India's Software Production and Exports，Iterations，3 May 2004.

个软件科技园区。在每个软件技术园中，都有适合于软件开发的各种基础设施，如高速数据通信设备、大型计算机、综合服务设施等。每个技术园都可通过卫星地面站与国际用户保持联系，通过微波技术与国内用户联系。印度软件公司以人造卫星作中介的传输网络，采用速度高达64Kpbs的数据传输系统连接海外用户，编程人员能调用网内的世界各地信息，随时按客户要求接受订单、调试和修改程序，甚至能对一分钟之前刚刚完成的编程进行修改。这样，印度软件开发机构足不出户即可向国外用户提供质量上乘的服务。

由于印度工农业发展的相对落后，尤其是基础设施建设严重滞后，印度政府推行的科技园区计划既能集中有限的财力物力，提供相对较好的公共服务，又能尽量减少传统官僚体制的严重制约，在充分发挥人力资本的集聚效应的同时，发挥物质资本的规模效应。如今，印度的信息技术人才多集中在卡纳塔克邦（班加罗尔）、安德拉邦（安德拉尔）、泰米尔纳杜邦（金奈）和喀拉拉邦等几个相邻的邦，而科技园区也主要分布在上述各邦，从而形成了印度南部的一个海岸三角。如今，印度软件出口的70%来自STP园区。[①] 仅卡纳塔克邦的班加罗尔就有200多家以信息技术为主的外国公司，被誉为“印度的硅谷”。

（三）大力培养高科技人才

早在20世纪50年代末和60年代初，尼赫鲁总理便效仿美

① Nagesh Kumar and K. J. Joseph: *Export of Software and Business Process Outsourcing from Developing Countries: Lessons from the Indian Experience*, Asia-Pacific Trade and Investment Review, Vol. 1, No. 1, April 2005.

国麻省理工学院建立了五所世界一流的理工学院，它们成为培养印度高层次科技人才的摇篮。如今，印度高等院校每年培养电脑专业的毕业生约41000名，主要集中在这五所学校。印度政府在培养信息产业人才方面的主要措施包括：

第一，为各种密切联系实践的成人教育、职业教育等社会办学提供便利并予以规范。政府办教育主要是给政策，私人办学机构能方便地拿到营业执照，进口教育设备可以免税。印度的高校都设有董事会，董事会里的很多成员都来自大公司，他们能充分地考虑企业发展的人才需求，教师队伍中也有不少是来自第一线的专家，教学内容与企业的需求和实践联系十分密切。仅卡纳塔卡邦就有数百所从事IT资格认证培训的职业学校，可以满足企业对各层次人才的需求。

第二，印度政府规定银行和金融机构可以发行教育债券，以便投资于软件教育和培训。银行和金融机构利用教育债券基金，优先向软件培训教育公司和机构提供低息贷款。企业家可以得到银行和金融机构提供的特殊金融优惠条件（包括风险资本），以建立软件教育机构。公共投资的软件机构将拥有足够的自主权，以吸引和利用公共基金，费用将与人均国民收入相联系，以便每年能自动递增。此外，政府还大力吸收跨国风险投资，在主要政策性金融机构设立软件产业风险投资基金，为软件企业提供信贷扶持。

第三，为了提高学生素质，专门指定了“知识行动人才培养计划”，正式任命了一个九人特别小组，主要负责信息技术人力资源开发工作，并在高等院校设立了一个电子信息网络，为各教育机构与国立电子实验室以及国际社会建立联系提供方便，并使各种数据库等得到广泛应用。

（四）质量控制

印度信息产品及服务的外部市场主要分布在北美和欧洲。2002—2003 年度，印度软件出口收入中北美（美加）占 61%、欧洲 23%、日本 4%。[①] 这就迫使印度完全按照西方制定的质量标准提供产品及服务。为此，印度政府建立了相应的组织（如 NASSCOM)，加强了对软件开发的管理和协调。同时，印度政府在电子部设立了软件发展局，其下属的国家软件技术中心（在孟买）主要追踪世界软件发展的重大动向，研究和开发前沿软件技术，设计开发高技术软件，并对软件人员开展继续教育。国家软件发展中心（在班加罗尔）则设有规模可观的软件库，为班加罗尔地区的软件企业提供技术服务。相应地，印度的软件公司都按政府规定设立了质量管理部门，从项目起步到规格变更，直到最终测试，都用标准文件进行管理。如今，绝大部分的印度软件公司都把美国设定的 SEI 等级作为质量管理的基准，并将最高级别（5 级）作为质量目标。

此外，为了保护知识产权，帮助软件外包企业建立良好的信誉，1994 年，印度出台了全球最严厉的《版权法》，对各种盗版现象进行严厉打击；为了保护企业和消费者的信息安全，为信息服务纠纷解决提供法律规范，又于 2000 年通过了《信息技术法》和《半导体集成电路设计法》。印度全国性行业协会“全印软件和服务公司协会”（NASSCOM）的创立和成功运作，进一步加强了行业内部的质量自我控制，在国际上树立了良好的形象。

---

① *Indian Economy*, by ITP Division, Ministry of External Affairs, http: //www. indembsofia. org/shtml.

二、印度信息产业优先地位形成的深层次动因

政府的推动促进了印度信息产业快速发展，但这只是提供了政策空间，正如印度的英语、与西方国家的时差等一样，都不是印度信息产业发展的根本动因。信息产业本身的很多特质及发展规律才能说明如下几个深层次问题：第一，宏观的信息产业政策早在 20 世纪 80 年代就已经初步形成，为何信息产业从 90 年代初才开始迅速发展？第二，为何印度信息产业的发展能在如此复杂的政治体制中获得罕见的普遍支持？第三，为何印度信息产业的出口导向没有带来“印度威胁论”？

（一）从时代背景来看

印度将信息产业置于经济改革的优先发展地位，这顺应了冷战终结后经济全球化、信息化浪潮加快的时代潮流，以及发达国家产业结构调整（尤其美国“新经济”）的总体趋势，从而将国内经济改革的优先领域与世界范围内产业结构调整的方向一致起来，获得了广阔的（国际）发展空间。冷战的终结消除了 20 世纪 60 年代以来不断加剧的信息化进程、80 年代明显加快的全球化进程在全球推进的主要障碍，以美国新经济为代表的知识经济初露端倪，经济增长的动力和方式开始发生革命性变化。

冷战终结后，印度尽管失去了前苏联在军事政治方面的全力支撑，但也为恢复与西方之间传统的文化联系、强化与西方的意

识形态认同提供了条件。[①]

印度不失时机的自由化改革与世界范围内的全球化、市场化、信息化进程完全吻合，尤其与以美国为代表的新经济增长完全吻合，从而为印度改革、尤其是信息产业的发展提供了良好的外部环境，使其软件及服务业的出口几乎超越了政治纷争、国际经济波动等，基本呈现一路攀升的形势，这在印度独立后的经济发展进程中是非常罕见的，也充分反映了印度信息产业与国外、主要是发达国家信息化浪潮之间的密切联系。

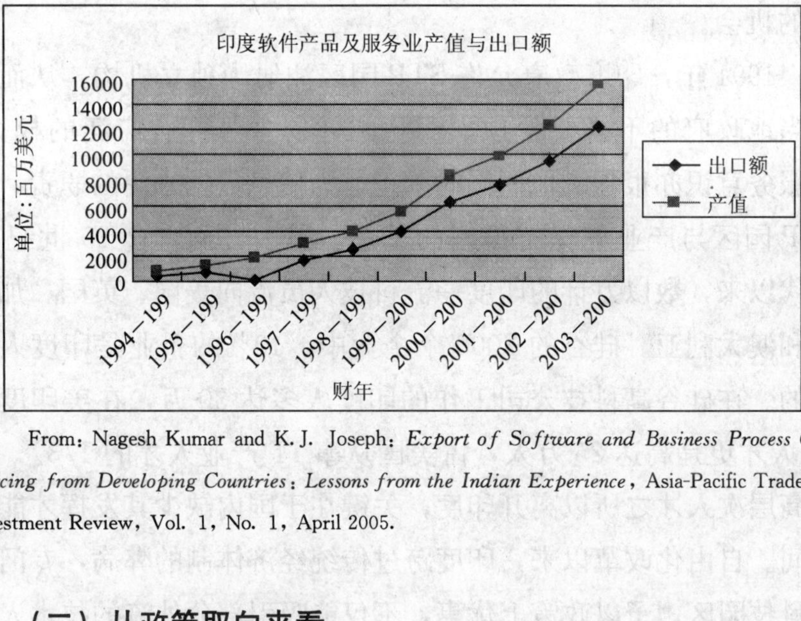

From: Nagesh Kumar and K. J. Joseph: *Export of Software and Business Process Outsourcing from Developing Countries: Lessons from the Indian Experience*, Asia-Pacific Trade and Investment Review, Vol. 1, No. 1, April 2005.

（二）从政策取向来看

印度充分利用了本国的人才优势，促进以出口为主导的信息产品及服务发展，顺应了印度国情。信息产业的集聚度较高，但与工农业的关联度则取决于后者的发展程度。印度工业

① Lawrence R. Klein and T. Palanivel: Economic Reforms and Growth Prospects in India, http: //rspas. anu. edu. au/papers, August 2000.

长期相对滞后[1]导致信息产业与其他产业的关联度较低，难以带动整个产业结构的调整与提升，普通群众很难从中获益，但另一方面，与工业投资所需的相应的能源、土地等相比，信息产业本身的物质资本投资需求相对较少，对普通群众的现有利益和生活方式的影响不大，利润率极高，从而在发展过程中避开了一系列的制度约束和反对声，并在一定程度上避开了国内物质资本匮乏的现实，因此，很少遇到普通群众大规模抗议的事件，这与很多跨国工业项目在印度的境遇形成了显著的反差，也使很多地方性、宗教性政党失去了利用民粹主义阻止投资的机会。

1991 年，印度政府允许 STP 园区注册为独立机构，从而避免当地政府的不必要干预。STP 园区的主管拥有广泛的权力，其服务意识亦很强。他们同时承担作为信息数据来源的职责，使 STP 园区与产业界保持很好的关系。另一方面，自 20 世纪 60 年代以来，数以万计的印度一流科技人员流向美国、英国、加拿大和澳大利亚。硅谷的 2000 个企业中，40%的企业是印度人领导的。在硅谷高科技公司工作的印度人多达 30 万，在美印度裔 IT 人才更是高达 25 万人，占美国从事 IT 产业人才的 1/3。[2] 这些高层次人才之所以离开印度，关键在于国内缺少其发挥才能的空间。自由化改革以来，印度跨过传统经济体制的弊病，专门设立科技园区，予以政策上优惠，不仅能吸引部分外流的技术人才回国创业，带回相应的知识、技术、客户关系等，而且能通过与

---

① When to make India a manufacturing base? The McKinsey Quarterly, 11 November 2007.

② Mihir A. Desai, Devesh Kapur, and John Mchale: *The Fiscal Impact of High Skilled Emigration: Flows of Indians to the U.S.*, the Weatherhead Center for International Affairs, Harvard University, January 2003.

外迁技术移民跨国合作的方式带动国内信息产业的发展，从而形成了在国外备受争议、在印度国内居然得到普遍认可的出口主导战略。[①]

出口主导的信息产业发展战略顺应了印度国情，并适应了一些发达国家和新兴发展中国家对信息技术的应用日益扩大的需求。比如，欧盟国家因推行单一货币需要大量的转换程序，以使原有的 IT 系统和软件兼容。由于软件工程师短缺，欧盟国家也向印度软件公司寻求货币转换的解决方案。印度软件部门及时抓住这个具有战略意义的出口机会，向欧洲市场的中高层进一步渗透，超过 108 个印度软件公司向欧洲国家提供了低成本、省时间、有效的软件工具。许多印度公司向欧洲国家提供的软件包同时解决了“千年虫”和欧元的转换问题，极大节省了客户的时间和成本。互联网和电子商务的迅速发展也为印度软件产业带来了新的发展机遇。互联网激发了对支持性办公系统的消费浪潮，这种办公系统可用来处理电子商务中大量的小订单。这正符合印度在系统重建方面的传统优势，许多公司从合同性工作转向商业咨询。同时互联网也使更多的印度软件工程师可以从事面向海外市场的软件编写和服务工作。业务流程外包（BPO）日益成为跨国公司降低成本、促进增值的重要工具，而印度则成为世界首选的软件服务外包地，甚至开始扩展知识流程外包（KPO）业务。[②]印度软件服务出口的项目结构表明，印度意识到了本国的人才优势，并充分利用了这一比较优势，为软件产业的迅速发展提供各种优厚的政策条件。据美国和英国的软件进口商称，与在本国购

---

① Dr Ranjana Agarwal：Global Trends in Knowledge Process Outsourcing：Is India a force to reckon with? http：//www. iimk. ac. in.

② *Indian BPO Identifies KPO and Others for Future Growth*，Outsourcing Times，June 10，2005.

买软件服务相比而言，购买印度相应的软件服务，能节约40%—50%的成本，[①] 而印度正是利用其“价廉物美”的人力资源发展软件产业的。

印度软件出口的发展历程也说明印度靠软件服务的出口推动了其软件业的发展。80 年代，印度刚刚开始发展软件业时所采取的主要形式是把软件服务行业的廉价劳动力出口到海外。印度政府官员率领一批批印度青年到美国硅谷，为美国客户提供了低成本、高质量的现场软件服务（on the spot service），使印度公司与潜在的客户建立了良好的关系。尽管出口廉价劳动力的利润不高，但低人力成本使出口者仍能获得正常利润。随着国际市场需求的增加和客户范围的扩大，他们把工作带回自己国家，提供远程服务（offshore service），形成了独占鳌头的业务流程外包（BPO），包括专业服务、项目开发、IT 支持服务，他们所需要的生产要素主要就是软件工程人员的劳动，从而避开了在物质资本上的劣势。

印度在自由化改革之初就根据国际经济形势的变化和国内经济社会现实，将信息产业置于改革的优先地位，予以全力护持，从而使长期陷于僵持状态的经济发展获得了重要的突破口。信息产业在国际国内的骄人成绩对印度经济改革的贡献也日益引起了广泛关注，以致外界将讨论延伸到了印度经济改革的模式问题。

① Rashmi Saxena: Software Outsourcing India Is a Wise Decision? http: //EzineArticles. com/? expert=Rashmi _ Saxena.

三、信息产业对印度经济改革的主要贡献

经过近20年的发展，信息产业本身在印度经济改革及国民经济增长中的地位与作用不断突出，对印度经济发展的正面效应将持续扩大。尽管对信息产业发展能否带动印度形成一种全新的经济发展模式存在广泛争议，但信息产业本身的贡献则是毋庸置疑的，主要包括以下几方面：

1. 信息产业在国民经济中的比重不断加大，缓解了改革初期物质资本匮乏、缺少经济增长点的局面。虽然信息产业占印度国民收入的份额仍然有限，但由于它的高速增长，目前对整个国民收入增长的贡献已接近12%。众所周知，改革之前的印度经济积弊丛生，历次改革努力不是无从下手，就是阻力太大而作罢。将信息产业作为经济改革的优先发展领域，这在发展中国家经济发展历程中尚属首次。姑且不论信息产业能否拉动印度实现现代化，至少信息产业本身的发展已经取得了超过预期的成就，对于缓解国内物质资本匮乏、减轻改革的阻力具有不可小觑的特殊作用。尤其是2001年以来，随着SPT建设的逐步到位和国际市场规模的逐步形成，印度信息产业开始进入高速发展阶段，在印度国民生产总值中的比重也不断上升，成为了印度经济增长的最主要亮点（见下图），大大改善了印度国民经济的结构，提高了经济增长的质量。印度国家软件和服务公司协会与麦肯锡咨询公司（NASSCOM-McKinsey）合作完成的报告估计，2008年

软件产业产值将占印度国民生产总值的 7.7％。[①]

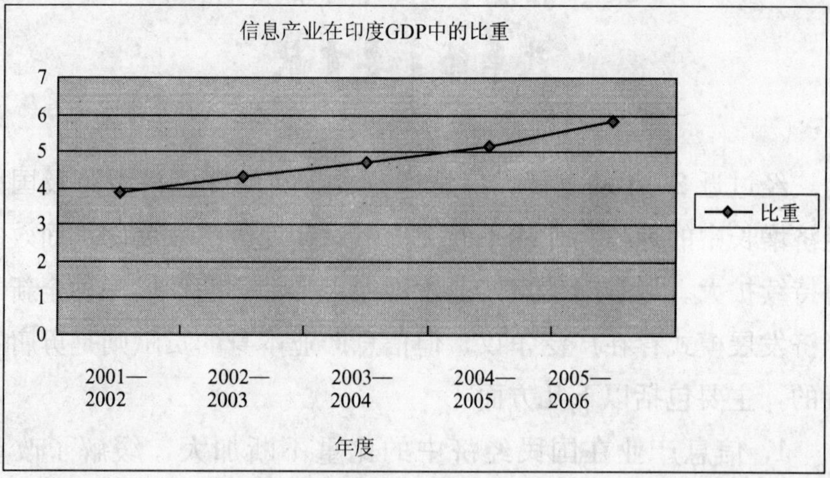

From：Statistical Yearbook 2005－2006，p. 6，India.

物质资本的匮乏是所有经济转轨国家在改革初期面临的最棘手的问题之一。印度 1991 年经济改革的直接动因是还贷高峰的到来与外汇储备的几近耗竭。作为无法从国外获得足够的资金支持的大国经济体，通过发展相对投资额度偏低的信息产业，印度在相对低成本水平上获得了一定量的物质资本积累，大大缓解了经济改革面临的各种社会性阻力和大规模物质资本投资的压力（见下图）。同时，外债的规模不断缩小，还贷额度不断加大，财政支出的合理度相应地有所提高。这主要是信息产品及服务的出口主导使印度外汇储备状况迅速扭转，甚至成为了外汇储备大国。

① Jayan Jose Thomas，Labour in the New Economy：An Indian Perspective，ISAS Working Paper，No. 4，19 September 2005.

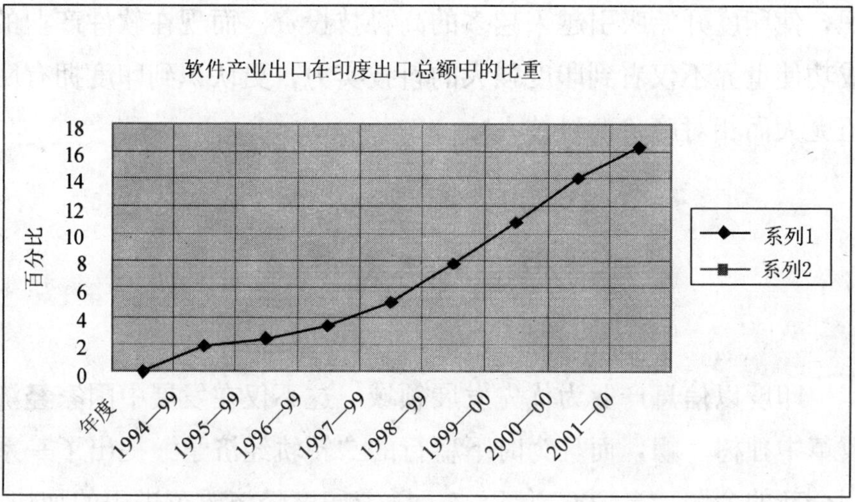

From：Statistical Yearbook 2004－05，India.

2. 软件外包等出口主导战略促进了印度经济政策的大幅度调整，推动了印度国内经济开放度的提高，推进了印度与西方在高科技领域的跨国合作。同时，信息产业的外向型发展重塑了印度的国际形象。

虽然印度的国际形象始终是落后和贫穷，但它拥有人数众多的工程师队伍，涌现出为数不少的具有国际竞争力的软件公司。如今，已有 170 家公司获得了 ISO9000 质量标准的认可。在得到最高级别 CMM5 级的全球 59 家计算机软件公司中，有 29 家来自印度。仅塔塔集团就拥有 1 万多名软件技术人员，该公司的软件出口连续多年排名印度首位。INFOSYS 公司有软件技术人员 5000 余名，也是印度第一家在美国 NASDAQ 上市的软件公司，在 NASDAQ 的表现也给印度软件公司以极大信心。此后，又有多家印度软件公司在 NASDAQ 和 NYSE 上市。印度软件企业在美国股市的成功，是印度已经跻身于全球软件领域领导者之列的最好证明，软件产业的成功也改变了国际社会对印度的认识，使印度开始吸引越来越多的高科技投资。而现在软件产业的成功使世界不仅看到印度强大的科技实力，更认识到印度拥有队伍庞大而相对廉价的科技人才。

四、几点启示

印度以信息产业为优先发展领域，这不仅在发展中国家经济改革中独树一帜，而且为时下盛行的“转轨经济学”提出了一系列全新的命题。自 2000 年以来，随着印度经济改革进程的加快，尤其信息产业的迅速增长，“经济改革比较”自然成为了“中印比较”中的又一个全新课题，并经由炒作而得出了很多耸人听闻的结论。需要通过对印度信息产业优先发展的地位进行冷静分析，并对照中国优先发展制造业的改革战略，以期获得一定的启示：

第一，如何认识中国优先发展制造业、印度优先发展信息产业的改革思路。与中国立足低端、惠及低层的制造业优先发展战略不同，印度开辟了一条立足高端、惠及高层（包括高层次人才）的改革思路。70 年代末的中国面临着严重的人才断层，而 90 年代初期的印度面对的是巨大的人才压力；70 年代末的中国只有通过制造业的发展才能将巨大的人口压力转化为发展动力，90 年代初期的印度已经失去了重走中国制造业发展之路的内外部条件（姑且不论印度自身对制造业发展的兴趣）；70 年代末的中国改革正值冷战酣然之际，而 90 年代初期的印度终于走出了冷战的羁绊。这都为各自确立经济改革的优先发展领域设置了基本前提。如今，对于两者已经取得的成绩，无论在各自国内，还是在国际社会，人们都予以认可和尊重。换言之，两者都是在特定历史条件下根据各自国情作出的历史性选择，本身既不存在是非问题，也不存在对错问题。两国都为各自的经济改革挖得了“第一桶金”，并为后续的改革提供了政治动力和经验积累。因此，“中印比较”命题一旦被简单化或者成为媒体炒作的话题，难免会得出感性但脱离实际的结论，甚至简化为孰优孰劣的二元式武断。

第二，必须动态、辩证地看待经济改革优先领域在产业链中的低端地位。毋庸置疑，中国的制造业和印度的信息产业都处于产业链的低端，都通过在国际分工中付出相对高成本的方式搭上现存国际经济秩序的便车。但是，问题的关键不在于是否处于低端，而在于能否走向高端。由于各自都已经进入了产业链的特定层级，而不再是自我封闭的经济体，因此，两国都存在走向产业链高端的可能。实践证明，中国制造业的科技含量和产品质量都在迅速提高，印度的信息产业也远非许多人所说的简单外包，而是同样开始了自主创新进程，印度在知识产权保护、风险投资基金管理、人力资本参与股权分配等方面的举措为自主创新营造了良好的制度环境。

第三，关于出口主导与内需主导的问题。印度国内需求与发展空间有限，但在教育、语言方面存在优势，软件外包可以十分顺畅地与欧美发包方对接。中国缺乏这方面的优势与机会，但国内市场十分巨大。印度与欧美国家的时差、印度的英语优势等并不是中国所能具备的，也不是中国必须努力争取的。任何产业发展的关键都在于是否拥有市场空间，而不在于是国内市场还是国际市场。中国信息产业发展的国内市场远远大于印度，在远未充分发展国内市场的情况下，盲目地与印度争夺软件外包业务，无异于避轻就重，舍近求远。软件外包成为印度软件业的重心，这是印度特殊国情的产物，并不等于中国软件业也必须以外包为主要发展方向，中国也不具备印度在外包方面的特殊条件。

总之，印度信息产业优先发展战略经过近20年的推进，积累了很多经验。中国在加快信息化进程、大力调整产业结构的过程中，理应认真学习印度的这些经验，尤其是在体制机制层面，认真学习印度为高科技产业营造良好的发展空间和制度环境的各项举措，加快风险投资基金的创设，强化知识产权（包括软件设计产品）的保护，为信息交流的诚信制度建设（如从业人员的“竞业避止”等）立法，改变高科技创业者在工作中的地位（落实人力资本参与股权分配），构建起高科技发展所需的真正的软设施，以与现有的硬设施匹配，从而实现信息产业等高科技产业的持续健康发展。

中国对外战略的新走向

中国能源政策与中亚能源安全

潘 光*

内容提要：本文拟对中国能源政策和能源开发战略的调整、中亚对中国海外能源发展战略的重要意义、中亚地区的能源安全形势、上海合作组织多边机制在促进中亚能源开发中互利共赢方面的作用，以及中亚能源安全和开发的前景做一探析。

一、中国能源政策和能源开发战略的调整

中国已超过日本，成为世界上仅次于美国的第二大能源消费国。2006 年，中国进口原油达 1.4518 亿吨，创历史新高；[①] 到 2010 年，中国可能要进口 1.8—2 亿吨原油，占总消费量的 50%

---

* 潘光：上海国际问题研究中心主任，上海社会科学院研究员。

① 根据中国海关 2007 年的统计。

以上。[①] 同时，随着能源消耗量的急剧上升，环境污染和能源浪费现象日益严重，使政府和全社会面临一系列急需解决或协调的问题。

面对这样的前景，中国从20世纪90年代中开始逐步调整能源政策和能源开发战略，这主要体现在五个方面：

1. 稳住东部，发展西部。贯彻可持续发展方针，对东部老油（气）田不作过量开发，而将开发重点转移到西部的新油（气）田上，同时实施西气（油）东输工程，这也是中国正在推进的西部大开发战略的重要组成部分。

2. 调整能源结构。减少煤在整体能源结构中的比例（目前约为65%—69%），增加油、气、水电、核能所占比例（现在约各占20%—25%、3%、6%、1%），争取在2020年使这一比例改变为煤占54%、油占27%、气占9.8%、水电加核电占9.1%，同时大力开发新能源。为了在充分利用丰富的煤资源的同时减少污染，还要努力发展和推广煤转油技术。

3. 建立国家能源储备体系。建立必要的战略能源储备，不仅可以防止能源供应突然中断使国民经济遭受的损失，而且可以在能源价格暴涨时起到稳定市场的作用。进入21世纪，中国已开始构建自己的能源储备体系。

4. 节约能源。目前，中国每创造1美元国内生产总值所消费的能源是世界平均水平的3倍，每年因燃料利用率低而带来的损失高达1200亿美元。[②] 为改变这种状况，中国政府正采取各种措施，如颁布《可再生能源法》、修订《煤炭法》、颁布建筑节

---

① 《东方早报》（上海），2005年2月16日。

② 美国《商业周刊》，2005年4月11日。

能标准、将公交车使用的燃气轮机改为柴油机、推广煤转合成气技术、规定新产汽车的节能标准、关闭能源消耗大户等，以尽可能节约能源。

5. 积极开发海外能源。在利用国内资源的同时，大力开发国外的油气资源，同时努力实现多通道进口油气，这也就是本文要重点探讨的海外能源开发战略。

目前中国从30多个国家进口石油天然气，近几年向中国供应油气较多的国家有沙特、伊朗、安哥拉、俄罗斯、阿曼、苏丹、也门、印度尼西亚、澳大利亚、泰国、马来西亚、刚果、哈萨克斯坦、委内瑞拉、利比亚等。从地区看，中国进口能源的60%左右还是来自中东，都要通过时有风险和危机发生的霍尔穆兹海峡和马六甲海峡。因此，为维护能源安全，中国海外能源开发战略的主要目标就是确保外部油气资源供应来源多元化和运输通道多走向。为实现这一目标，就不能仅仅购买油气，而必须进入国际能源开发和运输市场进行直接运作。

从20世纪90年代中以来，中国企业已开始走出国门，大踏步地进入国际能源市场进行投资开发。中国石油天然气集团公司（CNPC）、中国海洋石油有限公司（CNOOC）和中国石油化工股份有限公司（SINOPEC）是中国企业进入国际能源市场的领头羊，已在世界各地投资开发了数十个重大项目。总体来看，中国企业的海外能源开发主要面向五个方向：中东方向、中亚—西伯利亚方向、印度尼西亚—澳大利亚方向、非洲方向、拉丁美洲方向，其中在哈萨克斯坦、苏丹、委内瑞拉、印度尼西亚、澳大利亚、伊朗等国的投资开发项目均取得了显著成果。

二、中亚在中国海外能源发展战略中的重要地位

中亚在中国海外能源发展战略中占有特别重要的地位。这首先是因为中亚在上述五个方向中具有独一无二的地理优势：其油气资源无需通过海洋，可以经过陆地到达中国。也就是说，这是一个无须远洋海军就可确保安全的石油天然气供应来源，而且还能为从中东到中国的油气另辟陆上运输渠道，这对于在近期内尚难建立足以保卫海上运输线的远洋海军的中国来说，无疑具有重要的战略意义。其次，该地区极其丰富的油气足以在相当长的时期里满足中国的能源需求。里海沿岸及其大陆架是世界第三大油气资源富集区，而且这些石油天然气大部分尚待开发。哈萨克斯坦在这一地区已探明的石油储量就达46亿吨，预计2010年的石油产量将提高到1亿吨，届时将有大量原油外运销售。里海盆地的天然气储量也极为丰富，仅土库曼斯坦一国已探明储量就达12万亿立方米至21万亿立方米。因此，中亚国家迫切希望拓展外部能源市场，而中国正是一个需求增长最快的巨大的能源市场，这一供求互补性为中国与该地区的能源合作奠定了坚实的基础。再次，中亚能源开发最需要的就是资金和技术，而中国拥有上万亿美元的外汇储备，大型能源企业不仅资金雄厚，而且已具备较先进的能源开发和加工技术，这都为中国参与中亚和西伯利亚的能源开发创造了有利条件。

在这样的形势下，中国开始逐步进入中亚和西伯利亚的能源开发市场。1997年9月，中国石油天然气集团公司（CNPC）获得了哈萨克斯坦阿克纠宾斯克和乌津两大油田的开采权，这

是中国企业大举进入里海盆地能源开发市场的重要标志。自那时起，哈萨克斯坦就一直是中国在中亚地区最重要的能源开发合作伙伴国。现在，中国石油天然气集团公司已在哈运作多年，拥有年产500多万吨的油田，积累了同哈方合作的大量宝贵经验。2005年10月，中国石油天然气集团公司又收购了哈萨克斯坦石油公司（PK公司），在投资中亚能源开发市场方面继续迈步。2004年9月，中哈输油管道（阿塔苏至阿拉山口）正式破土动工。经过一年紧张施工，到2005年12月顺利竣工投产。出席竣工仪式的纳扎尔巴耶夫总统说："当我1997年首次提议时，所有人都认为这是天方夜谭。……今天，我们要将这条长达1000公里、总造价逾8亿美元的管道投入使用。整个地区都在沸腾，经济将得到发展。"① 该管道于2006年5月正式输油，目前输油量为每年1000万吨，在二期工程完成后将提高至2000万吨，最终目标是年输油5000万吨。这是中亚历史上第一条向东通向中国，并最终可能穿越中国抵达太平洋的输油管道。这是中国第一条跨境原油输送管道，标志中国海外能源发展战略取得了重大突破。值得一提的是，它走过的路线正是古代促进东方与西方交流与发展的丝绸之路。今天，这条古丝路又作为能源黄金通道展现在世界面前，从而使中国和中亚国家成为欧亚之间的"能源桥梁"。

与此同时，还有许多中国—中亚能源合作项目正在进行或计划进行。中国与哈萨克斯坦正在积极推进合作修建中哈天然气管道项目。2005年1月，中哈在北京举行了建设天然气管道的首轮谈判，此后该项目进展顺利。到2015年，哈萨克斯坦开采的天然气产量将达到500亿立方米，但其国内需求不会超过160亿

① ［俄］《独立报》，2005年12月20日。

立方米，而中国却需要大量天然气，因此中哈天然气合作的潜力十分巨大。据哈萨克斯坦石油天然气公司新闻处称，哈计划2008年后开始向中国提供天然气80亿—100亿立方米。如中哈天然气管道与中国西气东输管网连接，哈天然气将通过该管道经新疆送到上海，最终还可能运抵日本和韩国。此外，中国与土库曼斯坦合作开发天然气并修建输气管道项目正在积极推进，中国与乌兹别克斯坦也签署了修建全长530公里的乌中天然气管道的协议。[①] 除了油气以外，中国与中亚国家在水电方面的合作正在稳步推进。由哈萨克斯坦、吉尔吉斯斯坦、塔吉克斯坦和乌兹别克斯坦等国组成的中亚水利及能源利用财团将中国作为重要合作伙伴。[②] 目前，由中国贷款建设的塔吉克斯坦500千伏南北高压输变电线等重大项目进展顺利。

目前，中国对中亚地区能源开发的政策原则主要体现在以下三个方面：其一，维护地区安全和稳定是能源开发和能源安全的前提。这其中包括：以和平方式解决本地区的各类争议和冲突；支持建立中亚无核区；反对极端主义和恐怖主义；打击武器偷运、走私贩毒等跨国犯罪行为。其二，支持中国企业积极参与中亚、特别是上海合作组织成员国的能源开发。如通过中央政府发挥协调作用来支持企业进入中亚，给予这些企业一定的政策优惠，通过外交途径保护该地区中国公民和法人的合法权益等。其三，维护公平竞争原则，积极开展国际合作。中国希望与所有参与中亚能源开发的国家和集团在平等的基础上展开竞争，并在互利原则的指导下开展合作。中国不仅愿与中亚国家及俄罗斯进行合作，也愿与美国、欧洲、日本、伊朗、土耳其等所有有关国家

---

① 《东方早报》(上海)，2007年6月1日。

② 新华社北京2002年10月11日电。

进行合作。

三、中亚能源安全：威胁、合作与竞争

苏联的瓦解和中亚新独立国家的出现，使中亚的石油天然气资源向外部世界开放。任何国家在这一“门户开放”的形势下，都具有开发中亚能源的均等机会。

然而，中亚能源安全仍然面临着严重的威胁，中亚能源开发也面临着一系列障碍。首先，中亚及其周边区域还存在一些已出现的或潜在的冲突热点和安全威胁。历史遗留下来格鲁吉亚内部纷争、纳戈尔诺—卡拉巴赫冲突和克什米尔争端等问题，伊拉克战争导致的新一轮暴力浪潮和塔利班、“基地”组织在阿富汗的回潮，恐怖团伙和极端势力在贫困的费尔干纳地区迅速赢得支持，吉尔吉斯斯坦国内的政治对抗，以及贩毒、武器走私、跨国犯罪等非传统安全威胁，都对中亚能源市场吸引外部投资和稳定发展十分不利。其次，中亚地区的投资环境仍然欠佳。非经济因素如官僚主义、法制不健全、金融体系不完备、腐败、黑社会和有组织犯罪等对正常的经济、能源合作干扰极大。再次，融资依然存在较大困难。中亚能源合作项目如修建油气管线等均是特大项目，需要大量资金投入，但随着围绕能源开发的国际竞争日趋激烈，在国际金融市场上为此类大型项目融资也越来越困难。最后，还有诸多技术性障碍：关于里海法律地位和资源划分的争议可能引发的纠纷；在复杂的地理状况中进行勘探和修建管道面临的技术性问题和难点；人为原因导致的里海及其周边区域生态环境恶化带来的问题等等。

这些问题并非不能解决，但又不是仅靠个别国家可以解决的，必须通过地区或国际的合作来应对。

维护地区安全和稳定是能源开发和能源安全的前提。在这点上，中国、俄罗斯、中亚国家、美国、欧盟、日本和韩国等东亚国家、印度和巴基斯坦等南亚国家、以东盟为代表的东南亚国家，以及大多数中东伊斯兰国家等都有共同利益。这些共同利益主要表现在以下方面：打击恐怖主义和极端主义，特别是将阿富汗的反恐战争进行到底；防止大规模杀伤性武器的扩散，包括核武器与核材料的扩散；促进中亚的经济发展和社会文化发展，推动阿富汗的战后重建；共同应对贩毒、武器走私、非法移民、跨国犯罪、环境污染、水资源短缺、公共卫生突发性事件等非传统安全威胁。目前，上述各方都在为此努力，并在各个层次进行合作。

在能源开发中进行竞争是非常正常的。比如在中亚能源输出管道的走向问题上，俄罗斯当然希望保持传统的主导地位，使中亚能源输出管道通过俄境，美国和欧洲则极力使管道绕过俄罗斯，通过高加索—中东一线走向西方，而中国希望修建更多的中亚—中国管道，其他东亚国家也乐见中亚油气流向东方。同时，在希望油气流向东方的中国与日本之间，在极力使油气流向西方的美国与欧洲之间，在均为油气输出国的俄罗斯与中亚国家之间也都存在着竞争。不过，无论是能源消费国还是能源输出国，现在都发现在竞争的同时必须进行对话和协调。最近，世界上最大的五个能源消费国美、中、日、印度、韩国举行了五国能源部长会议，就充分说明了这一点。能源输出国已经建立了自己的组织，能源消费国是否也要建立组织？这个问题已经出现在国际社会的议事日程上。

四、促进互利共赢：上海合作组织的作用

至关重要的是，参与竞争的各方必须努力寻求一个互利共赢的方案，以免良性竞争在一定条件下演变为恶性冲突。比如在中亚能源输出管道的走向问题上，只有油气管线多向输出才能使各方互利共赢，任何试图以力挺某一油气输出管线来挤压、排斥其他国家能源需求的做法都是不可取的，在经济全球化的今天也是做不到的。在这方面，多边合作机制可以发挥不可取代的作用，如联合国、上海合作组织、欧亚经济共同体、独联体、欧盟、欧安组织、北约等国际或地区组织都在发挥协调和组织作用。

以上海合作组织为例，它在历史上首次将中、俄、中亚结合在一个利益共同体内，使它们能在其框架内最大限度地缩小分歧、竞争及其带来的负面影响，同时最大限度地扩大和巩固它们的共同利益。比如上海合作组织正在发挥协调作用，使理论上与俄哈管道形成竞争态势的中哈管线也可以为俄罗斯所用，以推动上海合作组织框架内中国—中亚—俄罗斯多边能源合作。早在2004 年 5 月，纳扎尔巴耶夫总统访华期间就表示，欢迎俄罗斯利用哈中管道向中国出口石油。[①] 目前，他的想法正在变为现实。一方面，中哈管线的油源既来自中石油集团在哈西部的油田，也来自哈南部由俄罗斯卢克石油公司和加拿大石油公司开发的油区；另一方面，中、哈、俄三方也可以交换方式供油：中石

① 新华社北京 2004 年 5 月 18 日电。

油集团所在油区距里海近，可以通过原有哈俄管线将油出口到俄罗斯，而俄罗斯则可以向哈输送同样多的石油，再通过哈中管线出口中国。这样的做法就达到了互利共赢的目的。为此，哈俄双方还准备提高俄哈管道的运输能力，并将其与中哈管线相连。2007 年 11 月 26 日，俄罗斯工业和能源部长赫里斯坚科宣布：俄哈双方"签署了 2008 年石油过境议定书，俄罗斯石油将首度从哈过境输往中国，每年 500 万吨"。[①] 俄报纸还刊出了这样的大标题："俄罗斯石油将通过哈萨克斯坦管道流向中国"。[②] 哈萨克斯坦能源部长指出："这将是哈中俄三个上海合作组织成员国展开合作的一次实践。"[③]

目前，乌兹别克斯坦、土库曼斯坦等国也对通过中哈石油管线和将来要修建的中土、中哈、中乌输气管线向中国出口油气表现出浓厚兴趣。俄罗斯观察家认为，中哈管道是在上海合作组织框架内向建立能源消费者和生产者俱乐部迈出的第一步。[④] 接下来，更多的中亚—中国管线将建成，不仅是中亚国家，而且还有高加索国家，乃至中东国家的油气将可以经过这些管线输送到中国和东亚国家（如日本和韩国）和南亚国家（如印度和巴基斯坦）。俄罗斯人士指出，将要建设的中国—中亚管道必然要延长到乌兹别克斯坦和土库曼斯坦，然后还可与俄罗斯和伊朗的管网相连，形成亚洲输送油气大管网。[⑤] 这样一种前景已经出现：从中亚经中国通向东方的管道不仅可以输

---

① ［俄］《独立报》，2007 年 11 月 27 日。

② ［俄］《新闻时报》，2005 年 2 月 22 日。

③ 俄塔社俄罗斯萨姆松 2005 年 11 月 17 日电。

④ 俄塔社阿斯塔纳 2005 年 2 月 6 日电。2004 年 8 月，俄罗斯建议在上海合作组织框架内建立消费者和生产者俱乐部。2006 年 6 月，普京总统在上海举行的上海合作组织成员国首脑会议上正式提出了这一主张。

⑤ 俄塔社阿斯塔纳 2005 年 2 月 6 日电。

送哈萨克斯坦开采的油气，还可以输送俄罗斯、土库曼斯坦、乌兹别克斯坦、阿塞拜疆等国的石油天然气，甚至输送来自伊朗等中东国家的油气，从而大大促进中亚和东亚之间，乃至中东和亚太之间的能源合作。

结　论

随着中国的迅速发展，特别是其对能源的需求日益增长并积极参与全球能源开发，中亚能源安全对中国具有越来越重要的战略意义。上海合作组织在历史上首次将中、俄、中亚结合在一个利益共同体内，大大促进了中国与中亚的能源合作，使中国在维护中亚能源安全、促进中亚能源开发方面发挥更加积极的、建设性的作用，而且这一作用将日趋增强。

尽管仍然面临着威胁和障碍，存在着日趋激烈的竞争，在一种合作、互利、共赢的强劲力量推动下，中亚能源安全和能源开发的前景依然是充满希望和令人乐观的。

首先，参与中亚能源开发的所有各方都认识到地区安全是能源安全与开发的前提，因此会共同努力维护中亚地区的稳定和发展。

其次，由于互相投资并互相拥有对方的股份，参与中亚能源开发的国家和跨国公司的利益往往是互相交叉或交融的。从这个意义上说，它们都是中亚能源市场上的利益攸关者，既可从中获利，也要遵守规则和承担责任。在这样的态势下，任何损人利己的做法都是目光短浅的，只有互利共赢才能确保中亚能源市场的可持续繁荣和发展。

最后，尽管通向各个方向的管道将中亚的油气输向不同的目的地，形成竞争态势，但同时它们又在中亚互相连接，形成一个能源供应网络，大大缩短了东亚与中东、欧洲之间，俄罗斯与南亚之间，乃至整个欧亚大陆上能源陆路运输的距离。

从这样一个更加广阔的视野看，新的“丝绸之路”将使中亚逐渐成为欧亚之间的能源黄金通道和全球能源供应的又一个重要枢纽，是使中亚能源开发前景十分光明的决定性因素。

欧盟对华政策中的“中国责任论”及其影响

戴轶尘　余建华*

内容提要：随着中国不断融入国际体系，“中国责任论”正成为国际社会回应中国和平发展的主流话语。2006年欧盟推出的对华政策文件是一份欧洲版的“中国责任论”，其中欧盟既认可了中国的大国地位，但又以“国际责任”的名义，在应对能源安全、气候变化等全球性公共问题上向中国提出了诸多要求，使之成为未来一段时间内影响中欧关系走向的重要因素。

近年来，国际社会越来越倾向于以“中国责任论”来评议中国的发展。欧盟作为当代国际体系中一个举足轻重的国际行为体，自然不会在这波热炒“中国责任论”的声浪中保持沉默。2006年10月，欧盟委员会发表的第六份对华政策

* 戴轶尘：上海社会科学院欧亚研究所研究实习员；余建华：上海社会科学院欧亚研究所副所长，研究员。

文件就是一篇富有欧洲特色的“中国责任论”，它集中体现了当前欧盟在发展对华关系上的新思考和新要求。“中国责任论”已成为中国在推进中欧战略伙伴关系上所必须妥善应对的问题。

一、欧盟对华政策的变与不变

2006年10月，欧盟委员会出台了第六份对华政策文件《欧盟与中国：更紧密的伙伴、承担更多责任》，同时也破天荒地以姊妹文件的形式推出了题为《竞争与伙伴关系——欧盟—中国贸易与投资政策》的首份对华贸易政策文件。与以往的欧盟对华政策文件相比，新政策文件既体现了欧盟对华政策的一贯立场，又反映出了当前欧盟在对华关系上的新的利益诉求和政策手段。具体来说，欧盟对华政策的变与不变表现在以下几个方面：

首先，新文件保持了欧盟在对华政策战略定位上的连贯性和递进性。欧盟早在1995年首次发表对华政策文件时就明确指出，“与中国建立起一种同中国在世界及地区范围内的经济政治影响力相适应的长期关系”，并将“鼓励中国全面融入国际社会”、“支持中国内部的改革”和“加强欧盟与中国的联系”作为对华政策的三个主要内容，涵盖了包括政治、经济、科技、社会、环境及文化等各个领域，体现了欧盟将发展对华关系作为其对外战略中的“一块基石”的战略考量。[①] 新文件

① 宋新宁、张小劲主编：《走向二十一世纪的中国与欧洲》，香港社会科学出版社，1997年版，第308页。

在继承这一基本立场的基础上进一步提出："伙伴关系应该符合双方的利益，而欧盟和中国需要共同努力承担更主动和有责任的国际角色，为建立一个强有力的、有效的多边体系提供支持和作出贡献。目标是中国和欧盟能够通过发挥各自的长处从而对全球问题提出共同的解决方案。"[①] 这说明欧盟在对华政策上已完成了建立中欧战略伙伴关系的必要性和可能性的初步探讨，而进入了探讨如何建立一种具有导向性和有效的伙伴关系的更高阶段。

其次，新文件延续了欧盟在对华认知上一贯的务实性态度，同时进一步强化了在策略上和手段上的两面性。在文件中，欧盟毫不保留地肯定了中国的大国地位，指出"过去十年中，中国重新成为了世界大国。经济实力位居世界第四，而且是第三大出口国，政治实力不断增强"，并明确表示"支持中国的改革进程也符合我们的利益"、"欧盟应该继续通过鼓励并支持中国的内部政治及经济改革进程"。[②] 欧盟既从中国的发展中看到了获取和平红利以壮大自身力量和提高国际地位的机遇，但也毫不讳言地指出中国和平发展使之成为了欧盟的竞争对手，认为"中国目前的增长模式也导致了中欧贸易的严重不平衡"，"从中国的进口增加了欧洲适应全球化的压力"。[③] 面对

---

① 欧盟委员会：《欧盟一中国：更紧密的伙伴，承担更多的责任》，2006 年 10 月，第 2 页。http：//www. delchn. ec. europa. eu/download/communication-paper-CHN _ 070622. pdf。

② 欧盟委员会：《欧盟一中国：更紧密的伙伴，承担更多的责任》，2006 年 10 月，第 2 页、第 4 页。http：//www. delchn. ec. europa. eu/download/communication-paper-CHN _ 070622. pdf。

③ 欧盟委员会：《欧盟一中国：更紧密的伙伴，承担更多的责任》，2006 年 10 月，第 6—7 页。http：//www. delchn. ec. europa. eu/download/communication-paper-CHN _ 070622. pdf。

这些由中国和平发展而带来的机遇和挑战，欧盟的总体策略是将双方的共同利益与分担责任紧密挂钩，在明确表示积极支持中国成为国际社会成功和负责任成员的同时，又从欧盟的自身利益和战略关切出发，呼吁中国在贸易、知识产权保护、人权、国际援助政策、气候变化、地区安全等领域承担更大的国际责任。

最后，欧盟首次将对华贸易和投资文件单列发表，采取了一种按具体问题领域分而治之的方式，突出了其在政策操作层面上的灵活性。欧盟和中国在经贸领域中的互补性历来是支撑中欧战略伙伴关系的稳固基础。据中国商务部统计，2007 年欧盟作为中国的第一大贸易伙伴，中欧贸易额高达 3561.5 亿美元，其中中国对欧盟的贸易顺差 1342.3 亿美元，同比增长了 35.4%，而在中国对外贸易十大顺差来源地中，欧盟成员国中英国、荷兰、西班牙、意大利榜上有名。[①] 欧盟对华贸易中的巨额逆差对其内部的劳动密集型产业形成了较大冲击，欧盟各国都不同程度地承受着由此带来的就业压力，从而导致欧盟开始重新评估中欧在双边经贸关系中的地位，并明确表示中国对欧盟的贸易政策而言是“最为重要的一个挑战”。但在另一方面，欧盟也认识到中欧双方最大的战略共识在于建立一个有效的多边体系，而双方在经贸领域的利益摩擦不应成为妨碍深化双方长期战略合作的阻力。将经贸问题单列开来既能使中国认识到欧盟对这一问题的高度关注，又能将由此可能产生的负面影响尽量局限在专门领域中而不影响到整体的中欧关系。

① 中国商务部：“中国前十位贸易伙伴”、“中国前十位贸易顺差来源地”，http：//zhs. mofcom. gov. cn/tongji2007. shtml。

二、“中国责任论”的欧洲特色

“中国责任论”在全球范围内的持续升温不是一个偶然的现象，它既是部分西方国家刻意鼓吹的结果，也与中国在融入国际体系过程中国际地位的不断提高有着密切的关系。英国诺丁汉大学教授郑永年认为，当前中国与全球资本主义体系的关系已经历了“请进来”、“接轨”，正式进入到“走出去”的新阶段。在中国融入到世界经济体系的过程中，自身庞大的经济规模使中国的内部需求和供应必然对外部世界产生巨大的影响——中国对能源、矿石等原材料的巨大需求左右着国际市场的价格，同时中国的商品和资本也开始走出亚洲，进入到了非洲、拉美甚至西方发达国家中。这一方面在客观上让西方国家感受到了巨大的经济竞争压力，另一方面则是，中国在政治体制和文化价值观上没有向西方靠拢使这些国家在主观认知上始终对中国的和平发展抱有疑虑和戒心。[①]

然而冷战后十多年来，在西方舆论中一度盛行的“中国崩溃论”和“中国威胁论”都未能延缓中国的发展速度和遏制中国的影响力，从而渐渐在西方失去了市场。事实表明，当前中国作为世界工厂已成为全球资本主义价值链条上一个不可或缺的重要环节，中国与世界各国经济依存度不断提高，导致大多数国家都谋求通过与中国的合作来分享中国发展所带来的重大的机遇和收益。在这样的情况下，美国作为现行国际体系的主

---

① 参见郑永年：“中国与全球资本主义：冲突、合作与和平发展”，《国际政治研究》2007年第1期，第1—8页。

导者带头抛出了“中国责任论”。2005年9月21日，美国前常务副国务卿佐利克在美中关系全国委员会上发表了题为《中国往何处去：从成员到责任》的著名演讲，提出“要促使中国成为这个体系中负责任的利益攸关方”的论点。① 这一表述不仅意味着美国否定了遏制派的对华政策，明确表示合作将是美国对华政策的主旋律，而且还需要以合作来引导中国的行为。在美国看来，中国虽已逐步融合进了美国所主导的国际体系，但中国的转型并未完成，“当中国成为一个全球性角色时，它必须作为一个负责任的利益攸关方来行事”，“我们的战略就是鼓励中国为它的人民做出正确的战略选择”。② 显然，美国的言外之意是，判断中国是否负责任的主要依据就是中国有没有按照西方认可的价值标准和行为方式来处理国际事务。

美国抛出“中国责任论”后，欧盟出台了第六份对华政策文件。正如《欧盟—中国：更紧密的伙伴，承担更多的责任》这一标题所显示的那样，“责任”作为关键词贯穿文件全文，一共出现了12次，可谓之为一份欧洲版的“中国责任论”。就欧盟出台这份文件的时机和文件的内容而言，或多或少有跟风美国之嫌，但仍然体现了欧盟在看待和应对中国融入国际体系、国际地位上升这一趋势时所持有的独特战略视角和政策理念。

欧盟是在中欧战略伙伴关系的框架下将中国作为对等的伙伴来谈论中国责任的。美国从维护其主导的霸权体系出发，认为中国作为“负责任的利益攸关方”要在“目前的国

---

① Robert Zoellick, “Whither China: From Membership to Responsibility?” Remarks to National Committee on U. S. -China Relations, September 21, 2005.

② The White House, *The National Security Strategy of the United States of America*, March 2006, pp. 41—42, http: //www. whitehous. gov/nsc/nss/2006.

际秩序框架中实现其合理的抱负”。[1] 换言之，中国最大的国际责任就是承认和维护美国在现存国际体系中的霸主地位，而根本不谈美国对中国负有何种责任。与美国不同的是，欧盟在对华政策文件中提到中国责任时一直将双方放在一起来讨论，强调双方作为伙伴负有对等的责任，如“更紧密的战略伙伴关系意味着双方责任的增强”，双方“需要共同努力承担更主动和负责任的国际角色”，“全球化给双方带来了挑战和进一步的责任”。[2] 尽管在欧盟看来，中国作为现存国际体系中的一个后来者，在处理国际事务方面还是一个新手，因此欧盟在行文中难免出于“教师”心态而对中国的内政外交多有批评、指摘之处，但同时也不忘强调“更加密切而牢固的战略性伙伴关系符合欧盟与中国的利益，但随之而来的，是更多的责任和对开放的需要，这将要求双方共同行动”。[3] 相对于美国高高在上、睥睨天下的霸主姿态来说，欧盟还是以一种较为平等的视角来看待中国责任的。当然，中国和欧盟作为两个处于不同发展阶段的政治经济体，强调对等责任对于实力较弱的一方意味着更大的压力。

更值得注意的是，欧盟将建立有效的多边体系视为中欧双方最为重要的共同利益和共同责任。美国站在霸主的立场上来

① See G. John Ikenberry and Anne-Marie Slaughter, Princeton Project on National Security (FINAL): *Forging a World of Liberty Under Law, U.S. National Security in the 21st Century*, September 2006.

② 欧盟委员会：《欧盟—中国：更紧密的伙伴，承担更多的责任》，第2—4页。http://www.delchn.ec.europa.eu/download/communication-paper-CHN_070622.pdf。

③ 欧盟委员会：《欧盟—中国：更紧密的伙伴，承担更多的责任》，第12页。http://www.delchn.ec.europa.eu/download/communication-paper-CHN_070622.pdf。

界定中国责任，给中国开列的“责任条款”包括：加快政治改革步伐、加强知识产权保护、放松人民币汇率管制、增加军事预算透明度、加大对阿富汗和伊拉克战后重建的投入、增加联合国会费、对朝鲜和伊朗施加更大的压力、改变获取外部能源的方式、处理好与苏丹及缅甸等国家的关系等。[①] 显然，美国是希望中国在不挑战美国霸权的前提下，能够主动地为其分担提供国际公共产品的巨大成本，从而确保美国坐稳霸主宝座，同时国际体系不会因此而发生任何根本性的变化。但在欧盟看来，均势和霸权作为解决国际秩序问题的传统方法已失去了吸引力。[②] 在2003年欧盟发表的安全战略文件中就明确提出“有必要建立一个以有效的多边主义为基础的国际秩序”。[③] 为了实现这一战略目标，“欧盟应与其他伙伴一道确定具有共同利益的问题，找出多边解决方式，并使它们参与新规则的制定，而不是停留在诸如‘促进地区一体化’或‘多边机制’等一般观念上”。[④] 在欧盟看来，中国已具备了充当其多边主义合作伙伴的政治经济条件，而且双方在价值观上的差异可以通过功能多边主义这一手段来加以克服。所谓功能多边主义就是指“在共同关心的问题上通过协定开展合作，进而将合作‘溢出’到其他领域，逐步朝一体化方向迈进。……这一新多边主义——较少注重制度方面——需要对新兴大国和发展中国家（尤其是中

① Glenn Kessler, “US Says China Must Address Its Intentions: How Its Power will Be Used Is of Concern,” *The Washington Post*, September 22, 2005.

② ［英］罗伯特·库珀：《和平箴言——21世纪的秩序与混乱》，北京大学出版社，2007年版，第82页。

③ European Council, *A Secure Europe In A Better World-The European Security Strategy*, Brussels, 12 December 2003.

④ European Council, *A Secure Europe in A Better World-The European Security Strategy*, Brussels, Dec. 12, 2003.

国、印度和非洲）的利益采取更加开放的态度，并且根据各种不同约束力的规范标准来整合共同利益和确定可行的解决方法。”①

三、“中国责任论”对中欧关系的影响

欧盟在对华政策上将“共同利益”和“分担责任”两者相提并论，意在将中国纳入到其倡导的多边主义体系之中，从而为欧盟创造出更多的分享中国发展的和平红利的机遇。这对近期的中欧关系发展带来了双重影响：一方面，欧盟将中欧双边关系中的经贸摩擦、人权、武器禁运等老生常谈的问题冠以中国责任之名，将其纳入到欧盟善于使用的多边框架中进行处理，从而能更有力地约束中国的行为，取得对华政策上的主动权；另一方面，欧盟强调中欧双方在应对能源安全、气候变化和环境保护等全球性公共问题上共担责任也扩大了双方对话的内容，给中欧关系的发展带来了更多的变数。

欧洲著名的学者型外交官罗伯特·库珀提出的五大外交箴言之一就是“扩大范围”，即将双边范围中的难题放到多边范围中寻求解决。② 1998 年，中欧借助亚欧会议的多边平台建立起双边定期首脑会晤机制就是对这一外交原则的成功运用。对

① ［德］白小川：“欧盟的多边功能主义与中国崛起”，《世界经济与政治》，2007 年第 2 期，第 48 页。

② ［英］罗伯特·库珀：《和平箴言——21 世纪的秩序与混乱》，北京大学出版社，2007 年版，译序第 12 页。

于未来一段时期内的中欧关系而言，应对能源安全、气候变化等全球性公共问题将成为中欧双方以多边议题引导双边关系的新领域。

能源是中欧双方开展科技合作最早的领域。20 世纪 80 年代，原国家科委代表中国政府与当时的欧共体能源总司就开始了接触和交流，并从 90 年代中期开始由欧盟委员会和中国科技部轮流主办"中国—欧洲联盟能源合作大会"。目前，中欧双方已连续举行了 6 次能源合作大会，会议的议题涵盖了能源供应与安全、能源的可持续发展、能源市场的改革与发展、能源政策与科研和环境政策间的紧密联系等问题。可以说，在中欧之间已形成了机制化的能源合作对话渠道，并且对话与合作的内容和形式也从最初由欧盟向中国提供技术培训、拨款资助、派遣专家转向了双方在优化能源结构、清洁能源、可再生能源、提高能效和节能等方面进行政策研究、人员交流、政策和技术研讨会、人员培训、技术考察以及可能的技术示范和转让等等。

与之同时，欧盟为应对气候变化而积极落实《京都议定书》、大力减排的举措也得到了中国政府的配合。欧盟一直是《京都议定书》最大支持者，其在 2007 年 3 月出台的新能源政策中承诺在 2020 年前将欧盟温室气体排放量在 1990 年的基础上减少 20%以上，并实现欧盟可再生能源占总能源耗费比例的 20%。虽然中国作为发展中国家还不必履行《京都议定书》下强制减排的义务，但在科学发展观的指导下已将节能减排确立为一项长期的战略性政策，于 2007 年 3 月正式推出了《中国应对气候变化国家方案》，并批准了 352 个"清洁发展机制"（CDM）项目，每年可少排放 7.8 亿吨二氧化碳，成为帮助发达国家减排温室气体的最大发展中国家。[①] 2007年12月，中国和欧盟公布的《第十次中欧领导人会晤联合声明》中强调双方将继续加强合作共同应对气候变化带来的严峻挑战，并重申了对于《联合国气候变化框架公约》和《京都议定书》的承诺，强调根据“共同但有区别的责任”和各自能力，发达国家在2012年后应继续率先减少温室气体排放，并协助发展中国家为应对气候变化作出更大贡献。[②]

欧盟和中国在温室气体减排问题上积极协调双方的政策立场为当时正在印尼巴厘岛举行的联合国气候变化大会取得突破性进展提供了有力的支持。2007年12月15日，联合国气候变化大会最终通过的“巴厘岛路线图”强调了在“共同但有区别的责任”原则下开展国际合作，不仅将美国这个世界上头号温室气体排放大国纳入了《联合国气候变化框架公约》的轨道，而且在减缓气候变化问题之外，强调了适应气候变化、技术开发和转让以及资金等包括中国在内的广大发展中国家在应对气候变化过程中最为关心的问题。显然，“巴厘岛路线图”的最终通过不仅使欧盟作为《京都议定书》主导者而成了大赢家，而且也使以实际行动承担减排义务的中国获得了国际社会的好评，中欧双方在共同关心的问题上依靠双边合作在多边舞台上实现了共赢。

不仅如此，中欧在多边问题上的对话与合作也正通过“溢出”效应来化解中欧双边关系中的摩擦与分歧。2008年4月

---

① “中国成为发达国家减排温室气体的重要合作伙伴”，新华网，2007年3月16日。http：//news. xinhuanet. com/newscenter/2007－12/03/content _ 7194330. htm。

② 《第十次中欧领导人会晤联合声明》，新华网，2007年12月3日。http：//news. xinhuanet. com/newscenter/2007－12/03/content _ 7194330. htm。

24—25 日，欧盟委员会主席巴罗佐带领了由 9 位欧盟委员会委员组成的庞大代表团访华，与中国就气候变化、双方外贸走向等经济问题展开了高层对话。值得注意的是，巴罗佐一行是在当时部分欧盟国家抵制 2008 北京奥运甚嚣尘上之际来到中国的。他在与胡锦涛主席和温家宝总理会晤中明确表示反对抵制北京奥运，并强调欧方用战略和长远眼光看待和处理对华关系，希望同中方在相互尊重的基础上就双边和国际事务进行坦诚对话，增进相互了解与信任。欧盟及其各成员国尊重中国的主权和领土完整，承认台湾、西藏都是中国的一部分，维护中国的稳定与繁荣符合国际社会的利益。① 由此可见，巴罗佐的来访无疑是向中国传递了一个积极的信号，为缓和当前中国与欧盟成员国在西藏问题上的分歧做了铺垫。对于中国而言，可以借助欧盟所谓的“功能性多边主义”，积极同欧盟及其成员国就其所关心的国际能源、金融、粮食安全和稳定、气候变化、可持续发展、恐怖主义等全球性问题上展开对话，阐明中国在这些问题上作为负责任国家的一贯立场和政策，并将这些对话“溢出”到其他领域中去，为解决近期中欧关系中的一些棘手问题提供更大的协调余地，从而在中欧之间形成以多边议题加强双边关系的协调，同时又通过双边合作来促进多边问题解决的良性循环格局。

① “欧盟豪华代表团来华商谈合作”，《新闻晨报》，2008 年 4 月 25 日。

以和谐地缘关系构筑中国大周边外交

宁维嘉*

内容提要：中国位于欧亚大陆东部，太平洋西岸，是欧亚大陆地缘战略区域与太平洋地缘战略区域的交汇边缘地带，大国利益在此交汇。中国应构筑“大周边”外交，优化区域环境，加强与大国的战略伙伴合作，扩大对外影响，维护国家利益。

中国位于欧亚大陆东部，太平洋西岸，是欧亚大陆地缘战略区域与太平洋地缘战略区域的交汇边缘地带。中国边界线漫长，邻国众多且国情多样，周边环境相当复杂。在陆地上与中国接壤的国家有 15 个，陆地边界线共 22800 公里，另有 7 个国家与中国隔海相望。中国周边大国林立，北有俄罗斯，东有日本，西有印、巴，东南则有日益强大的东南亚国家联盟。此

* 宁维嘉：上海市社会科学院国际政治专业硕士研究生。

外，美国在本地区的影响辐射也无处不在。处理与这些国家的关系涉及中国改革发展与复兴的前途。

冷战结束后，中国在亚太地区及全球安全战略格局中的地位上升，在亚太地缘战略中处于中心地位，出现了一个有利于中国改善与周边国家关系的国际环境，为中国稳定周边提供了良好的机遇。进入新世纪，中国的发展面临着一个前所未有的战略机遇期，为了抓住这一发展的战略机遇期，实现中国民族的伟大复兴，党和国家提出了发展外交关系的新方针："大国是关键，周边是首要，发展中国家是基础，多边是舞台"。在针对周边国家方面，党和国家提出了"以邻为伴、与邻为善，加强区域合作，把同周边国家的交流和合作推向新水平"，[①]"睦邻、安邻和富邻"的政策，对中国进一步发展同周边国家的关系提供了新的战略契机，从而使为中国复兴构建一个和谐地缘成为可能。

科学技术的发展和全球化进程的日益加深打破了传统意义上的地域界限，使得"天涯若比邻"成为一个可能的现实。而这一切也使得一个国家的政策特别是外交政策，受到越来越多因素的影响，在这些影响中，其他国家特别是世界大国（如美国、欧盟）或地区性大国的影响格外突出。因此，中国在今后的对外交往中，特别是在同周边国家的交往中，需要树立一个更加宽泛的"周边"外交概念，积极构筑中国的"大周边"外交。具体而言，"大周边"外交应该包括三个层次，第一个层次是指中国与传统近邻之间的关系；第二个层次是指中国与美国、俄罗斯、欧盟、日本等世界大国之间的关系；第三个层次则是指中国与主要能源、原料产地、海上重要航道周边国家的

---

① 转引自中国共产党十六大报告。

关系。这三个层次相辅相成，互相影响。

一、建立睦邻互信，优化区域环境

中国是世界上陆海邻国最多的国家，这些邻国中既有军事大国、经济大国、地区大国，也有最不发达的国家，而且社会制度、意识形态、经济发展水平以及内外政策各不相同，这就为中国处理邻国关系带来了复杂性。新中国成立后，中国一度因历史遗留问题与领土争端与邻国发生冲突和外交争端，导致中国的地缘安全环境恶化。随着冷战的结束和中国改革开放的不断深入，中国的地缘安全环境有所改善。进入新世纪，中国周边地缘环境呈现总体良好的态势，但同时又潜在许多严峻的挑战和不确定因素，概括起来，改善的事实与恶化的潜忧并存，直接的对抗和间接的威胁同在。[①]

（一）中俄关系改善和“上海合作组织”的成立使得中国来自北—西北方向的威胁大大减轻

中华民族自诞生之时起就面临着来自北—西北方向游牧民族南下的威胁，北—西北一线地缘因素对中国历史进程的发展产生了巨大的影响。到了近代，随着北方俄罗斯帝国的兴起和对中亚大规模的殖民扩张，沙皇俄国成为衰落中国的北部大敌。从中俄第一个不平等条约——《瑷珲条约》开始，沙俄通过 19 个不平等条约强占和攫取了中国共计 150 多万平方公里

① 刘振洪：“论中国的地缘政治环境与地缘战略选择”，《中国外交》，2001 年第 4 期，第 3—5 页。

领土，并趁中国爆发辛亥革命时策动外蒙古独立，在地缘上对中国形成了包围态势。沙俄的继承者苏联利用这一地缘态势，在20世纪60年代中苏交恶时，在中国北部边境陈兵百万，对中国构成严重的地缘政治威胁。

上世纪80年代末90年代初，随着苏联解体和冷战结束，困扰中国2000余年的北—西北地缘大患终于初步解决。俄罗斯国力大幅衰退，中亚五国的独立构成了西北方向中俄之间的缓冲地带，这一切使中国北—西北一线地缘安全增加了许多和平因素。1997年，“上海五国机制”（“上海合作组织”前身）首脑于莫斯科签订《关于在边境地区相互裁减军事力量的协定》，规定：“在长达7000多公里边界线各自一侧100公里范围内，裁减后每一方保留的陆军、空军、航空兵的人员不超过13.04万人。”[①] 为各国实现睦邻互信打下了坚实的基础。

在睦邻互信的基础上，中国开始与俄罗斯和中亚各国开始在打击地区“恐怖势力、分裂势力、极端势力”方面进行合作。2001年，“上海五国机制”在吸收乌兹别克斯坦的基础上正式建立以打击境内的“恐怖势力、分裂势力、极端势力”为目标的“上海合作组织”。2002年10月，中国和吉尔吉斯斯坦共和国在中吉边境地区成功举行了代号为“01”的联合反恐实兵演习。这是中国军队第一次与外国军队联合举行的军事演习，也是在上海合作组织框架内与其他成员国首次举行的双边联合军事演习。2003年8月，中、俄、哈、吉、塔五国在中哈边境地区举行多边联合反

① 《关于在边境地区相互裁减军事力量的协定》，《解放军报》，1996年4月27日。

恐演习，标志着上海合作组织各成员国之间的军事合作进入了一个崭新的阶段。2004 年 1 月，上海合作组织秘书处在北京正式成立，上海合作组织反恐中心在乌兹别克斯坦正式挂牌，这标志着上海合作组织机制化建设正式启动。2007 年，上海合作组织成员国又举行了代号为“和平使命—2007”的联合反恐军事演习，这是上海合作组织全体成员国参加的首次联合反恐军事演习。一系列合作措施的出台显示了“上海合作组织”各成员国打击恐怖主义、分裂主义、极端势力的决心和努力。

“上海合作组织”的成立大大改善了中国北—西北方向的地缘环境，使中国在北—西北方向有了更广阔的预警空间，跨国的国际合作使恐怖主义、分裂主义和极端势力活动空间减小，有利于保持中国北—西北一线地缘安全和维护中国的领土完整。通过上海合作组织，中国加强了和北—西北方向周边国家的关系，增进了彼此的信任和了解，双方的经济贸易关系不断扩大。中国和哈萨克斯坦的石油管道项目已经完工，将大大缓解中国石油过度依赖海上运输的局面，并且使中国石油进口的来源和运输方式更加多样化，有利于中国利用好中亚里海地区的油气资源。

（二）改善中印关系，巩固中国同南亚国家的传统友谊，保持中国西线地缘的稳定与和平

中国与南亚山水相连，是南亚国家最大的邻国。中国长期以来十分重视发展与南亚国家的友好关系，南亚在中国周边外交中占有重要位置。加强与南亚国家特别是该地区大国印度、巴基斯坦的互利合作，是中国对南亚政策的重要内容之一。

印度是第一个与新中国建交的非共产党国家，在1954年中印签订的《关于中国西藏地方和印度之间的通商和交通协定》中第一次提出了“和平共处五项原则”，这给当时的国际社会带来了巨大的影响。但是20世纪60年代中国和印度因为边界问题而引发的战争使两国关系恶化，并且印度成为“藏独”势力海外活动的大本营。中国改革开放后开始逐步改善和印度的关系，但是1998年印度进行了以“中国威胁”为借口的核试验，使两国关系陷入低谷。中国政府提出了“以邻为伴，与邻为善”的方针，得到广大周边国家的认可和积极响应。2003年6月温家宝总理和来访的印度总理在人民大会堂签署了《中华人民共和国和印度共和国关系原则和全面合作宣言》。这是一份纲领性文件，确立了中国和印度关系的目标和指导原则，全面规划两国在各个领域的合作。它标志着中国—印度关系进入一个新的发展阶段。

巴基斯坦也是最早承认新中国的国家之一，并在中美关系正常化进程中为中国作出了重要贡献。70年代末期以来，中巴两国都坚决反对苏联入侵阿富汗。冷战结束后，中国与巴基斯坦保持了传统的友好合作关系，两国关系发展顺利。巴基斯坦继续将对华关系视为其外交战略的重要支柱。近年来，在反对西方国家诸如利用人权问题干涉中国内政方面，积极支持中国的立场，在许多国际事务中，两国密切配合，相互支援。在巴基斯坦遇到困难的时候，中国总是给予积极帮助；在许多重大国际问题上，巴基斯坦也总是对中国的立场给予全力支持。长期以来，两国建立了非常友好、真诚的关系，两国在战略合作方面形成了某种默契，这种合作堪称不同社会制度国家合作的典范。

在外交关系顺利发展的同时，中巴还在经济、军事等领域展开了密切的合作。在当前中国企业“走出去”战略的影响下，许多有实力的中国企业纷纷在巴投资，以便更好地开拓南亚的广大市场。中国帮助巴修建印度洋上的瓜答尔港口，打开了又一条通往印度洋的通道，有利于包括石油在内的物资和中国产品快速便捷地输往印度洋及其周边地区。

维护国家稳定、社会安定、民族和睦，发展经济、改善人民生活，是中国和南亚各国的共同目标。中国应抓住南亚自由贸易区加快建设的契机，利用并进一步拓展中国经济与南亚各国的经济的互补关系，相互促进，共同发展。在安全上相互信任，共同树立并维护“互信、互利、平等和协作”的新安全观，通过对话和协作解决地区争端，保持西线地缘的和平与稳定。

（三）加强中国—东盟关系，降低中国东—南线“热线”地缘风险

中国的东—南线地缘是当今世界经济发展最为迅速的地区，也是世界上大国利益最为集中的地区之一，世界上所有大国都在该地区有着重大的利益，同时该地区也是全球地区危机热点最为集中的地区，因此将中国东—南线地缘称为“热线”毫不为过。

中国南面主要和东盟诸国家相邻。东盟重视和中国发展友好关系，中国已经成为东盟地区最大的出口对象国。中国自1994年起参加东盟地区论坛外长会议和东盟与对话国外长会议，中国与其他国家一起为增强这一地区的经济活力，提高东亚、东南亚各国的综合实力，增进各国间相互了解与睦邻友好作出了很大努力。通过东盟“10＋3”和“10＋1”会议机制，中国和东盟的友好关系积极稳定地发展。2002年11月，中国

国务院总理朱镕基和东盟10国领导人签订了《中国—东盟全面经济合作框架协议》，双方决定2010年建成中国—东盟自由贸易区。中国经济迅速发展，东盟国家成为最大受益者之一，东盟国家希望能够搭上中国经济发展的高速快车，中国和东盟的经济正在高速融合。2003年10月中国和东盟通过了旨在强化政治、安全保障、社会、经济等全面关系的《关于为和平与繁荣建立战略性伙伴关系的共同宣言》，并签署了东盟的基本条约——《东南亚友好合作条约》，这标志着中国正式加入该条约。这是中国首次和一个国家集团签署战略伙伴关系的文件，中国也是同东盟签署这一条约的第一个大国。2006年10月30日，中国—东盟建立对话关系15周年纪念峰会在广西南宁隆重举行。这些都标志着中国和东盟的关系发展进入了崭新的阶段。

日本是世界第二经济大国，也是中国邻国中最大的经济体。20世纪70年代中日恢复邦交后，两国关系尤其是经贸关系发展迅速，到目前为止，中国已经是日本最大的贸易伙伴，日本是中国第三大贸易伙伴。但是和经济关系的迅速发展不同，两国的政治关系却忽冷忽热，经常出现摩擦，这主要表现在历史问题、领土问题、能源问题等方面。小泉内阁执政后，中日政治关系一度达到恢复邦交后的最低谷。2007年，中国国务院总理温家宝和日本内阁首相福田康夫成功实现互访以及中国军舰实现“甲午战争”之后首次访日标志着中日关系有缓和的迹象。但应注意的是，在日本政界和民间仍存在着许多极右翼势力，这使中日关系在未来的发展充满了变数。

中国与朝鲜半岛国家有着悠久的交往历史。1950年新中国刚刚建立就派遣志愿军入朝“抗美援朝，保家卫国”，用鲜血铸就了中朝友谊。中国是朝鲜最大的援助国，对其国内政治稳定和经济的恢复发展作出了巨大贡献。1992年，中国与韩国建交后，两国关系发展迅速、平稳，经贸交往不断扩大，中国当前是韩国最大的贸易伙伴。中韩双方在保持朝鲜半岛局势稳定方面有着共同的愿望，在2002年爆发的朝核危机中，中国以“保持对话、建立信任、减少分歧、扩大共识”的态度积极从中斡旋，先后在北京举行了六轮朝核问题的六方会谈，有效缓解了半岛紧张局势。

中国古代地缘军事战略大家孙子曾说：“诸侯之地三属，先至而得天下之众者，为衢地。”东—南线地缘在中国的总的周边地缘中，是最具发展潜力的地区，是中国国家利益最重大的地区，也是最具有战略意义的地区。因此东—南线地缘就是中国的“衢地”。东—南地缘对中国的外交和军事战略具有决定性的意义，理所应当成为中国在未来几十年中全力以赴进行建设、经营和重视的地区。中国应加强与周边国家的政治合作与经济往来，以促进中国经济的发展，并有利于降低东—南线“热线”地缘危机爆发的风险。

二、建立大国伙伴关系，加强战略合作

中国周边地区是世界上大国最集中的地区，既有俄罗斯、中国、日本这样的世界性大国，也有如印度、巴基斯坦、印度尼西亚和东盟这样的在本地区有重大影响力的地区大国或国家集团。同时本地区在历史又曾是西方国家的殖民地和美俄传统势力范围的交汇区，美国与欧盟各国在本地区有着重大的利益，因此中国要想构建和谐地缘，建立面向未来的大周边外

交，必须与各大国以及重要地区组织建立伙伴关系，加强同它们的战略合作。

俄罗斯是最早同中国建立战略合作关系的世界大国。苏联解体之后，俄罗斯的传统势力范围受到西方的大幅打压，在试图与西方交好不果后，俄罗斯开始加强与中国等国家的关系。1994 年，中国和俄罗斯宣布建立建设性伙伴关系。1996 年，中俄双方关系升格为战略协作伙伴关系。中俄建立战略协作伙伴关系之后，加强了政治、经济、安全等方面的合作，成功解决了边界划界问题等历史遗留问题，经济交往密切，双边贸易额逐年上升。在国际事务中双方积极有效地进行协调和磋商，在朝核危机、伊朗核问题等国际热点中进行了卓有成效的合作，有力地推动了地区稳定与世界的和平与发展。

20 世纪 90 年代以来，中日关系时好时坏。进入 21 世纪，随着小泉纯一郎内阁的上台，中日关系更是跌入了历史低谷。安倍晋三内阁上台后，中日关系有所松动，双方就建立战略合作展开了探讨，并确立了“战略互惠关系”的内涵，2006 年 10 月安倍访华时以《联合新闻公报》的形式明确了中日战略互惠关系的框架，规划了两国关系的未来。接替安倍晋三就任日本首相的福田康夫更是公开表示希望与中国建立“中日创造性合作伙伴关系”。这一切都表明冰冻多年的中日关系在向一个好的方向转变，而伙伴关系与战略合作将是中日关系未来发展的重要趋势。

美国是当今世界唯一的超级大国，出于其自身利益的考量，将中国视为潜在的对手。虽然早在 1997 年，中国和美国就决定致力于建立面向 21 世纪的建设性战略伙伴关系，但受“炸馆事件”和“撞机事件”的影响，小布什就任总统之初一度将中美关系定位为“战略竞争对手”。“9·11”事件之后，中国国家主席江泽民是较早给小布什打电话表示慰问、关切之意的国外领导人之一，正是“9·11”改变了中国在美国威胁层次上的地位，加速了中美关系的解冻与飞速发展。从2003年下半年到2004年年初，不止一位美国高官称：目前的中美关系是1972年尼克松访华以来最好的时期。这种说法有些夸大其辞，但中美关系的改善与发展却是不争的事实。近年来，美中在反恐、朝核危机和台湾问题等热点问题上多有合作，中美关系发展较为顺利，美国政界、军界高层均希望与中国构筑更进一步的“伙伴关系”。

欧盟是世界上最大的发达国家集团，而中国是世界上最大的发展中国家。中国与欧盟之间不存在根本利害冲突，也不存在历史遗留问题。双方在人类和平与发展的一些重大问题上有着广泛的共同利益。1998年，欧盟委员会通过了名为《与中国建立全面伙伴关系》的对华政策文件，以提高中欧关系水平。2001年，中国与欧盟决定建立全面伙伴关系。2003年10月，第六次中欧领导人在北京会晤后，双方决定发展全面战略伙伴关系。中国与欧盟的“三架马车”——法国、德国和英国的关系也十分密切。2004年胡锦涛主席访法，两国元首在巴黎发表共同声明，将中法关系定位在“全面战略合作伙伴关系”，这句话真实折射出两国关系的内涵和未来发展方向。中国与德国和英国也先后确立建立战略伙伴关系。不断充实和发展的中欧全面战略伙伴关系，符合中欧双方的根本利益。

此外，中国还大力发展同本地区的地区大国和国家集团的战略关系。1996年，中国和印度共同确立建立面向21世纪的建设性合作伙伴关系，中国和巴基斯坦共同构筑面向21

世纪的全面合作伙伴关系。1997 年，中国与东盟国家表示确立睦邻互信伙伴关系。2003 年，中国和东盟国家宣布建立面向和平与繁荣的战略伙伴关系。2005 年，中国和印度尼西亚宣布建立战略伙伴关系，与印度建立中印面向和平与繁荣的战略合作伙伴关系。这一系列战略关系的构筑，极大扩展了中国在国际政治舞台的回旋空间，有利于中国加强与周边国家的睦邻友好。

三、扩大对外影响，维护国家利益

随着中国改革开放的不断深入，经济飞速发展，中国的国家利益也在扩大和向外延伸。中国与他国的经贸往来日益增加，不仅需要开拓和培育新的市场，还需要维护和拓展获得海外资源的渠道，这就需要中国加强与主要能源、原料产地、重要海上航道周边国家的关系。

在中东，中国加强了与主要产油国科威特、沙特阿拉伯和伊朗的关系，并以联合国常任理事国的身份积极参与中东和平进程，并于 2006 年向黎巴嫩派遣了联合国维和部队。在拉丁美洲，中国自 20 世纪 90 年代中期起先后与巴西、委内瑞拉、墨西哥、阿根廷和秘鲁建立了不同内涵的战略伙伴关系，还与智利建立了全面合作伙伴关系。中拉高层往来前所未有的频繁。中拉高层多次互访，双方高层的接触与对话推动了双边政治关系“由浅入深”。双方政治的发展推动了经济往来的扩大，双边贸易额 2004 年增至 400 多亿美元，中国首次超过日本跃升为拉美最希望开拓的亚洲市场。中国与非洲国家的交往也日渐加深。2000 年中国与南非发表了《比勒陀利亚宣言》，建立了伙伴关系。2006 年，中非合作论坛北京峰会召开。峰会通过了《中非合作论坛北京峰会宣言》和《中非合作论坛——北京行动计划（2007 至 2009 年）》，宣布建立和发展中非新型战略伙伴关系。在深化平等互信的政治关系、拓展互利共赢的经济合作、扩大相互借鉴的文化交流、推动均衡和谐的全球发展、加强相互支持的国际合作等领域加强合作。2007 年，中国国家主席胡锦涛出访非洲 8 国，进一步了巩固中非传统友谊，落实北京峰会成果。近年来，中非贸易呈现高速增长态势，2006 年中非贸易额达到 555 亿美元，同比增长 40%。中国对非洲的直接投资累计达到 66.4 亿美元。同时，非洲各国的出口产品，包括能源、原材料以及工业制成品，也开始大量进入中国市场。

中国的现代化建设和实现中华民族的复兴是一个长期而艰难的过程，需要一代人甚至几代人的长期努力才能实现。这就要求中国必须致力于建立一个长期稳定的和平环境，与周边国家建立更加持久稳定的伙伴关系。相信在各方的共同努力下，中国与周边更加的睦邻友好关系将有更大的发展，中国大周边外交将结出丰硕的成果。

中巴（基斯坦）司法审查制度之比较

段占朝[*]

内容提要：社会主义的中国和伊斯兰国家的巴基斯坦，在司法审查制度设计上具有不同于世界其他国家的特点，这两个国家之间也存在着重大差异。其差异主要表现在五个方面：司法审查体制、范围、依据、后果和作用。

众所周知，司法审查起源于美国，是联邦最高法院通过“马伯里诉麦迪逊案”（Marbury v. Madison）确立起来的。其初始涵义是指，司法机关对行政行为的合宪性进行审查。在美国，由于司法审查的依据是违不违宪，所以有人也把司法审查叫做违宪审查。

美国司法审查制度诞生以后，被世界各国所效仿。时至今日，世界各国几乎都建立起了自己的司法审查制度。司法审查

* 段占朝：上海社会科学院经济、法律、社会咨询中心助理研究员。

的精神虽然被继承了下来，但其涵义已发生了很大变化，司法审查的体制、依据、内容、方式以及作用等，都因各国经济、政治、文化等国情的不同而有差异。由于在审查依据上不再局限于是否合宪，还包括是否合法，更为重要的是，在大陆法系国家，司法审查权由行政法院行使，违宪审查权由宪法法院行使（法国由宪法委员会行使），所以在美国之外的不少国家，司法审查并不等同于违宪审查。因此，从世界范围内来说，司法审查是指，司法机关对法律或行政行为的合宪性或合法性进行审查并作出司法裁判的制度。

社会主义的中国和伊斯兰国家的巴基斯坦，在司法审查制度设计上具有不同于世界其他国家的特点，这两个国家之间也存在着重大差异。

一、中巴司法审查体制比较

与世界其他国家不同，中国和巴基斯坦的司法审查制度都具有很强的民族特色。

在中国，现行法律并没有使用“司法审查”这个法律术语。司法审查也就是行政诉讼，是指司法机关对具体行政行为的合法性进行审查并作出司法裁判的制度。而在巴基斯坦，司法审查是指司法机关对法律或行政行为是否合乎伊斯兰法进行审查并作出司法裁判的制度。

从司法审查体制上看，中巴司法审查既有相同的一面，也有不同的地方。相同的是，中巴司法审查的主体都是司法机关。不同的是，中国实行一元多级的司法审查体制，而巴基斯坦实行独立的、专门的司法审查体制。

与中国一元多级的法院体制相同，司法审查实行一元多级的体制，即普通法院行使司法审查权，从中央到地方四个层次的法院都有司法审查权。

巴基斯坦的司法审查体制经历了一个发展过程。1962 年宪法第 98 条赋予最高法院司法审查权，即审查影响公民权利的公共行为，最高法院有权宣布法律是否“合宪”。法律违背基本权利条款或宪法中其他条款，都将被最高法院宣布无效。1978 年，《最高法院沙里亚法庭令》（The Shariat Benches of Superior Courts Order）实施，巴基斯坦在四个省高等法院内部设置“沙里亚法庭”（Shariat Benches），联邦最高法院内部设立“沙里亚上诉法庭”（Appellate Shariat Benche）。1980 年 5 月 27 日，巴基斯坦废除了四个省的“沙里亚法庭”，在巴基斯坦首都设立一个专门行使司法审查权的“联邦沙里亚法院”（Federal Shariat Court），同时保留了最高法院“沙里亚上诉法庭”，作为隶属于最高法院的专门法庭。最高法院“沙里亚上诉法庭”受理不服“联邦沙里亚法院”判决而提起的上诉。这次改革在不改变传统法院体制的前提下，通过将“沙里亚法庭”独立为专门法院——“沙里亚法院”，强化了司法审查权。

值得一提的是，“沙里亚”法院或法庭只对法律进行司法审查，根据宪法规定，具体行政行为则由行政法院行使司法审查权或由行政裁判所（Administrative Tribunal）行使准司法审查权。根据巴基斯坦《宪法》第 212 条规定，巴基斯坦建立行政法院体制，审查行政机关及其工作人员的行政侵权行为。然而迄今为止，巴基斯坦还没有建立行政法院。从而造成这样一种状况，即行政机关及其工作人员漠视甚至损害公民权益的行为时有发生，而公民对这种行为却投诉无门。

为了改变这种状况，巴基斯坦后来设立了三类行政裁判所，就相关行政部门的具体行政行为行使准司法审查权。这种专门行政裁判所是“收入税上诉裁判所”（Income Tax Appellate Tribunal），“环境保护裁判所”（Environmental Protection Tribunal），“关税、消费税和销售税上诉裁判所”（Customs, Excise & Sales Tax Appellate Tribunal）。这三类行政裁判所既不隶属高等法院，也不受控于行政机关。它们是准司法机构。因此，行政裁判所审查制度不属于司法审查制度的范围。即使如此，行政裁判所审查行政行为的制度也仅限于这三类行政行为，还有大量的其他类型的侵权行政行为，公民只能通过普通民事诉讼程序进行控诉。

因此，在巴基斯坦，行政机关的抽象行政行为由“沙里亚”法院（法庭）进行司法审查，而个别法定的具体行政行为由行政裁判所行使准司法审查，除此之外的一般行政侵权行为，要通过法院一般民事诉讼程序处理。

中国的司法审查权由普通法院行使，而巴基斯坦的司法审查权由专门的“沙里亚”法院行使。这是中巴司法审查体制上的差别。

二、中巴司法审查范围比较

根据中国现行法律的规定，司法审查的范围是指行政机关对特定的行政相对人做出的影响其权利义务的具体行政行为。其范围不包括立法机关制定的法律和行政机关制定行政法规和规章的抽象行政行为，立法行为和抽象行政行为分别由立法机关和行政机关根据各自的权限范围对其进行审查。根据《立法法》第八十八条的规定，全国人大有权审查全国人大常委会制定的法律，全国人大常委会有权审查国务院制定的行政法规、有权审查省级人大及其常委会制定的地方性法规，国务院有权审查部门规章和地方政府规章，省级人大有权审查其常委会通过的地方性法规，地方人大常委会有权审查本级政府通过的规章，省级人民政府有权审查下一级人民政府通过的规章。

中国《行政诉讼法》对司法审查的范围采取“概括式”和“列举式”表述。该法第二、五条规定：公民、法人或者其他组织认为行政机关和行政机关工作人员的具体行政行为侵犯其合法权益，有权依照本法向人民法院提起诉讼。另外，第十一条第二款还规定，除前款规定外，人民法院受理法律、法规规定可以提起诉讼的其他行政案件。《行政诉讼法》这两个条款的“概括式”规定，为司法审查范围随着经济社会的发展而不断扩大留下了法律空间。

但是，由中国的现实国情所决定，中国司法审查的范围在现阶段还有一定的限制。这体现在《中华人民共和国行政诉讼法》第十一条的“列举式”规定，中国司法审查的范围局限在以下几个方面的具体行政行为：（一）拘留、罚款、吊销许可证和执照、责令停产停业、没收财物等的行政处罚行为；（二）对限制人身自由或者对财产的查封、扣押、冻结等行政强制措施；（三）行政机关侵犯法律规定的经营自主权的行为；（四）行政机关违法拒绝颁发许可证和执照或者对其申请不予答复的行为；（五）申请行政机关履行保护人身权、财产权的法定职责，行政机关拒绝履行或者不予答复的行为；（六）行政机关没有依法发给抚恤金的行为；（七）行政机关违法要求履行义务的行为；（八）行政机关侵犯其他人身权、财产权的行为。

根据《行政诉讼法》第十二条的规定，中国排除对以下几个方面具体行政行为的司法审查：（一）国防、外交等国家行为；（二）行政法规、规章或者行政机关制定、发布的具有普遍约束力的决定、命令（即抽象行政行为）；（三）行政机关对行政机关工作人员的奖惩、任免等决定（内部行为）；（四）法律规定由行政机关最终裁决的具体行政行为。

从以上分析可知，中国司法审查的范围仅限于具体行政行为，但也并非全部具体行政行为都可以提起司法审查。

与中国不同，巴基斯坦司法审查的范围只包括法律。“沙里亚法院（法庭）”审查法律或其条款，而不管它们是立法机关通过的还是行政机关通过的，但宪法例外。巴基斯坦“沙里亚法院（法庭）”不仅有权审查现行（existing）法律，还有权审查未生效的（future）法律。

然而，巴基斯坦宪法设想的行政法院审查具体行政行为的司法审查体制至今未予实践，故而具体行政行为侵权不能通过“沙里亚法院（法庭）”由司法审查予以解决，而要通过普通民事诉讼程序解决。因为巴基斯坦属于英美法系，在理论上和实践中，都不承认行政法，也不可能在普通法院设行政法庭。因此，在巴基斯坦，司法审查的范围包括立法机关的立法和政府的抽象行政行为，但不包括政府的具体行政行为，对具体行政行为的审查权由普通法院行使，适用普通民事诉讼程序，而非司法审查程序。

三、中巴司法审查依据和标准比较

中国司法审查的依据是普通法律。这里的法律包括全国人大及其常委会通过的法律，国务院通过的行政法规，省级人大及其常委会通过的地方性法规，国务院批准的较大的市人大及其常委会通过的地方性法规。中国司法审查可以参照“规章”。既然是“参照”，法院就有权决定是否采用之。

根据中国现行法律的规定，司法审查的标准主要是政府及其部门作出的具体行政行为是否合法或者合理。“合法”即合乎上述法律，“合理”主要是指行政机关是否滥用职权和行政处罚是否显失公正两种情况。

具体而言，中国司法审查的标准可从《行政诉讼法》第五十四条归纳出以下几个方面：证据是否充分，适用法律法规是否正确，是否违反法定程序，是否超越职权，是否滥用职权，是否履行和拖延履行法定职责，行政处罚是否显示公正。

但《行政诉讼法》第五条规定：“人民法院审理行政案件，对具体行政行为是否合法进行审查。”该条规定将司法审查的标准限定为“合法性”，这与第五十四条的规定相矛盾，这是法律内部的冲突问题，需要通过修订法律予以解决。

在中国，司法机关无权审查法律是否违宪，其审查权交由全国人大及其常委会行使。因此，在中国，司法审查与违宪审查是两个不同的概念。

与中国也与世界其他世俗国家不同，巴基斯坦司法审查的依据是伊斯兰法，而不是世俗法律。巴基斯坦是个伊斯兰宗教国家，在这里，伊斯兰法的至上性得到了理论界和实务界的广泛认同。巴基斯坦法学专家普遍认为，伊斯兰法至上是法律的合法性原则的基本要求。英国法律专家萨米·祖拜德（Sami Zubaida）在对伊斯兰世界的法律进行研究后发现，“伊斯兰国家的任务就是执行上帝的法”,[①] 也就是“伊斯兰法”。巴基斯坦前总理阿齐兹(Shaukat Aziz)也公开宣布:“在巴基斯坦,没有什么立法可以与伊斯兰法律精神相悖。”[②] 在法律上,巴基斯坦也以宪法形式确立了伊斯兰法的至上性,巴基斯坦宪法规定:任何法律都不得与伊斯兰法的禁止性规定相抵触。1998年,巴基斯坦通过了“1998年宪法法案(即第十五修正案,‘沙里亚’法案)”,在2A条款之后增加了2B条款,专门规定了《可兰经》(或称《古兰经》)(The Holy Qur'an)和圣训(The Sunnah)的至上性。2B条款规定,巴基斯坦,《可兰经》和圣训至上。更为微妙的是,巴基斯坦宪法也是根据伊斯兰法制定的,因而宪法在巴基斯坦不具有根本法的地位,它只是普通法的一部分,因此宪法不具有至上性。正因为巴基斯坦宪法不具有至上性的特征,所以巴基斯坦虽然有宪法诉讼的形式,但却没有违宪审查之实质。换句话说,巴基斯坦没有建立起真正的违宪审查制度。[③]

需要特别指出的是,伊斯兰法至上并不是说《可兰经》和圣训在现实生活中直接适用,其至上性是通过立法形式将法律伊斯兰化实现的。

在巴基斯坦,伊斯兰法是指以《可兰经》、《圣训》为主要法律渊源,公议、类比和专家推理为补充渊源,法律伊斯兰化了的法律体系。公议,即ijma,是指法律学者和宗教领导人关

---

① Sami Zubaida, Law and Power in the Islamic World, P2, I. B. Tauris &Co Ltd, 2003.

② Aziz to Fight Polls From Attock, 16, Dawn, February 4, 2007.

③ 英国法律专家迪豪斯认为,违宪审查具有两大支柱:宪法至上和直接效力。参见Renaud Dehousse, The European Court of Justice, Macmillan Press Ltd, 1998. 正因为巴基斯坦宪法不具有至上性,所以巴基斯坦没有违宪审查制度。而中国存在违宪审查制度,这也反过来推断出中国宪法具有直接效力。

于伊斯兰法的一致看法或观点。类比，即 qiyas，是指从《可兰经》、宗教传统和公议中进行的推论。专家推理，即 ijtihad，是指特定学者通过研究从伊斯兰法律渊源中做出的推理。根据巴基斯坦《最高法院沙里亚法庭令》的规定，巴基斯坦司法审查的依据是《可兰经》和《圣训》，而不包括次要渊源。巴基斯坦历史上的四部宪法都一致规定："所有现行法律都应该与《可兰经》和《圣训》中阐述的伊斯兰禁止性规定相一致，任何法律都不得同其禁止性规定相抵触。"[①]

需要强调的是，这里的圣训是指"先知"穆罕默德的圣训（The Sunnah of the Holy Prophet），而不是其他人的圣训[②]。但巴基斯坦在法律伊斯兰化的过程中遭到了穆斯林"什叶派（Shia）"的不断抗议，后来，不得不在现行宪法第 227 条上作了一些变化，规定在将该条应用到任何一个穆斯林教派的私法上时，《可兰经》和圣训是指那个教派解释的版本。

中国司法审查的依据是普通法律，即法律和法规。巴基斯坦司法审查的依据是伊斯兰法，即《可兰经》和圣训。

四、中巴司法审查后果比较

根据《中华人民共和国行政诉讼法》第五十四条的规定，中国司法机关对具体行政行为进行审查后的处理方式主要有四种：维持判决、撤销判决、限期履行判决和变更判决。

---

① Jameelur Rehman Khan, Government and Administration in Pakistan, Barqsons Printers (Pvt) Limited, 1987, p. 286.

② Rashida Patel, Islamisation of Laws in Pakistan? Faiza Publishers, 1986, p. 104.

如果具体行政行为证据确凿，适用法律、法规正确，符合法定程序的，判决维持。

具体行政行为有下列情形之一的，判决撤销或者部分撤销，并可以判决被告重新作出具体行政行为：1. 主要证据不足的；2. 适用法律、法规错误的；3. 违反法定程序的；4. 超越职权的；5. 滥用职权的。

如果被告不履行或者拖延履行法定职责的，判决其在一定期限内履行。

行政处罚显失公正的，可以判决变更。

巴基斯坦司法审查后的裁判方式主要有两种：一是宣布被审查的法律伊斯兰化；二是宣布被审查的法律非伊斯兰化。当“沙里亚法院（法庭）”审查现行法律或未生效法律不与伊斯兰禁止性规定相抵触时，可以宣布该法律伊斯兰化而予以通过。相反，如果发现被审查的法律与伊斯兰禁止性规定相抵触时，宣布该法律非伊斯兰化。

当然，否定性判决并不会马上生效。根据 1984 年 1 号总统令，在上诉期内，或者上诉提起后判决作出之前，否定性判决都不会生效。否定性判决一旦生效，被宣布为非伊斯兰化的法律就要失去效力，联邦政府或省政府必须予以修改，使其与伊斯兰禁止性规定相一致。

但是，也有人对宪法的这一规定持有异义。旁泽普（Punjab）政府认为，联邦“沙里亚”法院无权审查并指导民事法律的废除和修改。它也无权教导立法机关什么更公正、什么更适当、什么更合理。司法机关这样做超越了其权力边界，是对立法权的侵犯。

联邦“沙里亚”法院的判决，其效力不仅及于被审查的法律，还在司法机关内部产生效力。根据现行宪法 203—GG 条的规定，联邦“沙里亚”法院的判决约束高等法院及其下级法院。联邦“沙里亚”法院判决的效力高于高等法院，高等法院及其下级法院有义务根据联邦“沙里亚”法院的最终判决适用法律。

五、中巴司法审查作用比较

中国司法审查的作用主要有两个，一是促使政府依法行政，二是维护公民权利。

《中华人民共和国行政诉讼法》第一条揭示了中国司法审查的目的所在：为保证人民法院正确、及时审理行政案件，保护公民、法人和其他组织的合法权益，维护和监督行政机关依法行使行政职权，根据宪法制定本法。在中国，行政诉讼等同于司法审查本身也间接说明了司法审查对行政机关的制约和监督。

巴基斯坦司法审查的作用主要是实现法律的伊斯兰化。

与西方法律文化不同，巴基斯坦司法机关没有制衡立法机关和行政机关的价值追求。也与中国法律文化不同，巴基斯坦司法机关也没有制约和监督行政机关的内在冲动。巴基斯坦设置政府架构的目的是为了执行上帝的法，实现上帝的意志。

根据巴基斯坦理论界的观点，立法机关、行政机关和司法机关都是根据上帝的意志产生，并对上帝负责。立法机关是为了维持人类世界的兴旺发达，保护人类摆脱恐惧、饥饿和无知。政府是为了行善。司法机关判断立法机关和行政机关的日常行为是否尽到了上帝赋予其的职责。另外，司法机关还具有保护人权和防止压迫的职能。[①] 这就是巴基斯坦伊斯兰国家司法权的三大职能。

由巴基斯坦司法职能所决定，巴基斯坦司法审查的首要价值就在于实现法律的伊斯兰化。这可以从“沙里亚”法院（法庭）的名称和司法审查的依据上得到印证。巴基斯坦的司法审查权由“沙里亚”法院（法庭）行使，而“沙里亚”（Sharia）一词被看成是上帝意志的表达，而不是国家意志的表达。[②]“沙里亚”是宗教法，那么在巴基斯坦，它就是伊斯兰法。同时，法律规定，“沙里亚”法院由 8 个穆斯林法官组成，其中首席大法官也必须是穆斯林。更为关键的是，巴基斯坦现行宪法规定，任何法律都不得同《可兰经》和圣训的禁止性规定相抵触。巴基斯坦《最高法院沙里亚法庭令》还规定，“沙里亚”法院在宣布被审查法律非伊斯兰化的同时，可以建议相关机关重新修改非伊斯兰化的法律，以便与《可兰经》和圣训的相关禁止性规定相一致，[③] 从而实现法律的伊斯兰化。

但真正的问题是，现在的法律是否都与基本人权相一致，并在真正意义上伊斯兰化了？巴基斯坦法律专家认为，伊斯兰法中首要的积极的价值是，“人的绝对尊严”、“自由”、“正义和同情”、“平等和友爱”。按照伊斯兰法学原理，实现这些价值最大化是伊斯兰立法的主要目的。[④] 然而将这些价值引入法

---

① Syed Wajid Rizvi，Islam & Governance，Malik Maqbool Ahmad Maqbool，2005，p. 6.

② B. A. Roberson，Shaping the Current Islamic Reformation，Frank Cass Publishers，2003，p. 82.

③ Jameelur Rehman Khan，Government and Administration in Pakistan，Barqsons Printers (Pvt) Limited，1987，pp. 292—293.

④ Ahmet Akgunduz，Norms and Values in Islam，http：//www.uga.edu/islam/norms_values.html.

律的任务甚至还没有开始。

另一个重要的问题是，在一定程度上，巴基斯坦人并不支持法律的伊斯兰化。巴基斯坦历史上的几次大选已充分说明，他们并不接受政教合一的政党。

还有法律专家认为，今天让时光倒转，让他们按照数个世纪以前的法律条文的字面含义执行法律是不切合实际的。①

中国司法审查的作用在于，通过审查和纠正政府的具体行政行为，保护公民的合法权益。在巴基斯坦，虽然公民也可以提起司法审查，但其目的不是出于保护公民权益的考虑，其真正的意图在于实现法律的伊斯兰化。

① Rashida Patel, Islamisation of Laws in Pakistan?, Faiza Publishers, 1986, p. 214.

关于中国多边外交的若干思考

虞卫东*

内容提要：随着中国改革开放的深入，在国际舞台上，中国经历了相对孤立——部分参与——全面参与的变迁。在全球化日益加剧和中国经济快速增长下，中国积极加入和参与国际组织和机构的活动，运用多边外交，为中国的和平发展争取更多的机会和舞台，同样，中国也面临着许多挑战。多边外交对中国国家形象的塑造是机会，更是考验。

二战后，随着联合国的正式成立，多边主义在世界政治中开始变得日趋重要。伴随着国际性和地区性多边组织的不断涌现，时至今日，多边外交已经演化为一种"普遍性、经常性和日益制度化的外交方式"。"在宽泛的意义上来说，外交对国际行为体主要有四种功能：沟通、谈判、参与多边机构以及推销

* 虞卫东：上海社会科学院欧亚所副研究员。

经济商品。”[①] 由于全球化的深入发展和全球性问题与危机的日趋严重，国际多边组织对各个主权国家的国内政策和行为也施加着越来越大的影响。在相互依存的条件下，多边外交有助于推进国家间的和平与国际稳定。

一、中国多边外交与中国外交转型

20 世纪 80 年代，邓小平指出和平与发展是当今世界的两大主题，中国调整了对外政策。1986 年第六届全国人民代表大会第四次会议通过的《政府工作报告》明确指出：“中国广泛参加各种国际会议组织，开展积极的多边外交活动，努力增强各国在各个领域的合作。”这是中国首次在政府工作报告中将多边外交明确列为外交政策的重要内容之一。截至 2000 年，中国参加多边条约和重要国际组织 230 多个，几乎涵盖了政治、安全、军事、经济、文化和社会等各个领域所有政府间的重要国际组织和条约。2004 年，中国提出的新外交方针是“大国是重点，周边是关键，发展中国家是基础，多边外交是舞台”，第一次把多边主义提升到外交方针的地位。在对待国际组织和多边国际机制的态度上，中国从一个“封闭的旁观者”向“开放的积极参与者”转变，中国的多边外交经历了三个阶段：

第一阶段：相对孤立阶段（1949—1970）：在这一阶段，美国和一些西方国家拒绝承认中华人民共和国，而且支持国

① ［英］克里斯托弗·希尔：《变化中的对外政策政治》，上海人民出版社，2007 年版，第 164 页。

民党政府占据联合国等国际组织的席位。中国一方面为驱逐台湾“代表”，恢复在联合国的合法席位，拒绝承认和参与由西方主导的国际组织和国际条约协定，是国际组织的挑战者。另一方面，随着发展中国家政治力量的崛起，中国调整了外交策略，试图与一些相对中性的国际组织建立联系，争取获得国际承认。比如在20世纪50年代初分别向世界卫生组织提出了加入申请；并以观察员身份参加了“华沙条约组织”。

第二阶段：部分参与阶段（1971—1991）：20世纪70年代末期，中国开始实行改革开放的政策，参与国际组织也进入全新发展时期，从挑战者逐步向参与者转变。在这一时期里，中国表明了要与国际接轨的愿望。中国参与国际组织的数量与日俱增。当中国确立了以经济建设为中心的国家战略目标后，中国更加注重与国际经济、贸易与金融组织机构的交往。80年代后，中国成为了世界银行和国际货币基金组织的理事国，还加入了世界知识产权组织公约、国际农业发展基金、国际海关合作理事会、亚洲开发银行、国际清算银行、关税及贸易总协定等机构等。另外，中国还参加了联合国的裁军谈判会议，并签署了一系列的裁军和军控文件。但总的来说，中国的参与还比较被动，缺乏建设性和主动性。

第三阶段：全面参与（1992—）：冷战结束后，中国参与国际组织的步伐明显加快，中国参加多边条约和重要国际组织230多个，几乎涵盖政治、安全、军事、经济、文化和社会等各个领域所有政府间的重要国际组织和条约。总之，中国从对抗转变为合作，从消极转变为积极，从部分参与转向全面参与，开始接受并维护现行的国际制度规则。冷战结束以来，在全球化的推动之下，国际政治让位于世界政治，对一个国家的公开性和透明度的要求越来越高。在这个时期，在国际社会里或重大全球问题上，中国实现了从“旁观者”向“局内者”的角色转变，越来越融入国际组织。中国签署了《生化武器公约》、《全面核禁试条约》、《禁止恐怖主义爆炸的国际公约》、《联合国打击跨国有组织犯罪公约》等等；主动接受国际社会对中国发展战略武器的监督限制；加入世界贸易组织。

经过这三个阶段的循序渐进，中国加快和深入了参与国际多边组织步伐，拓宽了中国多边外交的舞台，让世界有机会看到一个改革开放、积极融入世界和透明公开的中国。中国的多边外交充满了机遇和挑战。

二、中国多边外交的机遇和挑战

在约翰·鲁杰看来，多边主义是一种在普遍化的行动原则基础上，协调三个或者三个以上国家之间关系的制度形式。根据约翰·鲁杰的定义，多边主义有三个显著特征：普遍性的行为原则，不可分割性以及扩散的互惠性。考虑到多边主义的组成部分，最重要的普遍性行为原则是平等参与的权利和平等的投票权；不可分割性是组织决议在法律上的约束力以及少数成员无法阻止组织作出决议；扩散的互惠性的传播并不直接涉及决策协议，因为基本上和源自于坚持实质性规则的长期相互利益相关。①

① ［美］约翰·鲁杰：《多边主义》，浙江人民出版社，2003年版，第458页。

人们往往会把多边主义与单边主义对立起来，还会觉得多边主义对那些处于弱势的第三世界国家有百利而无一害。中国学者王逸舟认为，多边机制已经成为一个全球性网络，但并非都是积极的、有利的，如何区分它们很重要。谈到多边主义，应该是权利和义务的平衡。有时候多边效率比较低、有时候要承担更多的义务，你也要参与、也要贡献，不能只拿不给。在研究多边主义的时候，跟过去在封闭条件下研究不同，必须在新的国际社会、国际秩序下去看，要考虑需要你付出什么、取得什么，保持一个平衡点。中国人的实用主义考虑多一些，只图对自己有好处的事情，但现在情况复杂化了，某些曾属于国家主权的事情，在多边制度中必须有所让渡。如何在国际社会更好实现自身利益，同时为国际社会做更大努力，既非常重要，又不易实现，需要深入研讨。

多边外交的特点：需要与其他国家协调，受到一定的约束，制约效应难以避免；具有社会化效应，有机会获得广泛支持，当然取决于国家的形象和名声；由于扩散的互惠性，效率有限，容易出现搭便车行为。但是，在全球化时代，各个国家的社会文化都受到冲击。只有抓住全球化的机遇，才有可能在全球化的竞争中获得利益。无论国家是考虑何种利益的收获，绝对利益还是相对利益，都必须承认这两种利益的统一性，因而必须兼顾获得两种利益。

多边主义和多边外交都是属于中性的，多边外交就是运用多边主义去实现国家利益。国家利益分为两大类，一是绝对利益，即该利益既是自身利益同时也是其他国家的利益所在。二是相对利益，即该利益的获得不具有共享性，只能作为某一国家利益而存在。全球化的过程要求国家追求各自相对利益的同时，也必然面临着对于共同的绝对利益的关注，因为后者在某种意义上具有更普遍更基础的意义。如何处理绝对和相对利益就是多边外交所面临的机遇和挑战。

多边外交赋予中国的机遇：第一，多边外交为中国的经济发展赢得一个稳定安全的国际环境；第二，它为中国的和平发展提供了广阔的平台，参加多边组织和活动越多，世界更了解你，更认同中国，认为中国是个积极融入世界和遵守国际规则的国家；第三，多边外交可以帮助提升中国的国家形象，通过参与多边组织的活动，承担一定的责任，让世界认识一个负责任的中国；第四，通过多边外交，阻止“台独”，维护国家的领土完整；第五，中国作为发展中国家，可以更好地与广大发展中国家合作，寻求机会扩大在多边组织中影响力。当多边条约是非歧视性时，其对成员国的约束是同样的，那么越有实力的国家受到的相对约束就越多。

同样，多边外交也带来了一些挑战。在多边的外交活动中，多边外交达成的成果变成了一种准法律步骤，越来越多地威胁到传统的国家主权。参加国际组织是一种行为规范，在这个网络中，各种各样的社会化效应和制约效应难以避免，因此一些国家坚持不加入国际组织。例如，1985 年瑞士拒绝加入联合国（直到 2002 年公投后才决定加入）；挪威在 1972 年和 1994 年先后两次公投，都决定不加入欧洲共同体。在西方国家为主导的组织中，美、欧等国家往往会按照自己的价值观和利益，通过组织的条款和程序来制约后加入者和发展中国家。[①]

作为联合国五个常任理事国之一，中国积极参与联合国的

① ［英］克里斯托弗·希尔：《变化中的对外政策政治》，上海人民出版社，2007 年版，第 205 页。

维和行动和国际人道主义救援，让国际社会看到了中国的力量、信心和国际责任感。这既是对联合国事业的支持，也是中国走向世界的机会。联合国多边主义的一个特点就是其普世性的价值意义，中国需要在联合国多边外交和其他外交途径之间进行选择和平衡。[①] 中国通过联合国这个舞台，加强了与发展中国家的合作，提升了自己的国际地位。坚持以联合国为主导的多边主义是符合中国利益的，选择参与和推动那些符合中国利益也符合联合国发展需要的多边主义合作模式，并主动开创适合中国需求的国际多边合作模式。[②] 与此同时，随着中国力量的上升，西方力量担心在西方将更多的钱用于联合国的时候，中国却通过对发展中国家的双边援助来挖西方的墙角，以更少的代价获取更多的利益。因此，通过联合国框架内的多边国际制度，制约和规范中国的国际行为，是西方发达国家的共同目的。[③] 中国既是国际体系的“维护者”，同时又是“改革者”。既要维护与利用联合国的稳定与有序运行，又要构建更加公正合理的国际新秩序，这就面临着一定的利益博弈，如何协调均衡是个挑战。

经过 14 年的谈判，2001 年中国正式加入 WTO，这是中国融入经济全球化进程，应战经济全球化挑战的一个标志。作为世界上最大的发展中国家和在国际经贸事务中举足轻重的国家，中国加入 WTO 后将对多边贸易体制内的力量对比、对于纠正该体制内现有的不平衡和推动发展问题的解决，将产生不可低估的影响。经过 30 年的改革开放，中国经济取得了有目

---

① 杨洁勉主编：《国际体系转型和多边组织发展：中国的应对与抉择》，时事出版社，2007 年版，第 31 页。

② 同上，第 32 页。

③ 同上，第 32 页。

共睹的发展，已经成为世界第四大经济体。截止目前，已经有77个国家承认了中国完全市场经济地位。但美、欧等国家依然不承认中国市场经济地位。美、欧等发达国家对于新加入WTO的成员有一些歧视性措施，在《建立WTO协定》中第12条规定："任何国家或在处理其对外贸易关系及本协定和多边贸易协定规定的其他事项方面拥有完全自主的单独关税区，可按它与WTO议定的条件加入本协定。此加入适用本协定及所附多边贸易协定。"其中，"与WTO议定的条件"被人们称作加入WTO的"入门费"。事实上这是歧视性条款，也是美、欧等成员维持其影响力，从新成员身上谋取贸易利益的依据。在特殊保障措施和发展中国家待遇问题上，采取"具体问题，具体分析"，给予中国的发展中国家待遇并不完整。实际上，总量上中国是第四大经济体，但按照人均一算，的确还是一个发展中国家。关键是西方国家怎么看，这对中国又是一个挑战。

2003年，上海合作组织成员国签署通过了《上海合作组织成员国多边经贸合作纲要》。上海合作组织成功的制度化安排，是中国以国家实力为后盾，尝试建立周边安全合作机制。中国是以发展中国家的身份，倡导多边主义实践，而非以领导者的态度参与各国的谈判，因此，受到地区国家的欢迎与支持。胡锦涛主席在上海合作组织发表的讲话中指出：上海合作组织奉行开放、不结盟的原则，从一开始就不是一个封闭、排他的组织，并强调该组织与联合国、东盟、独联体和欧亚经济共同体等国际及地区组织建立的联系。中国正在努力将该组织的合作领域扩大到经贸、能源、文化和教育等。但同样面临着一些不确定性。中亚国家与美国也保持着经济军事上的往来，它们需要美国的经济援助和安全保证。

在这个由中国倡导的组织中，无法避免一些中亚国家在扩散互惠下的搭便车行为。

总之，中国的多边外交还有许多路要走。不仅需要有积极的态度，还需要有正确的观念和定位，运用智慧来处理国际事务，通过多边舞台树立一个健康宽容和谐的中国形象。

三、中国多边外交与国家形象

中国推行多边外交，一定要做好有得必有失的思想准备。多边主义和独立自主的关系。若要推行多边主义，就要付出一定代价，就要在独立自主外交上有所妥协。这是多边主义和多边外交的内在本质所决定的。因此，中国如何运用多边外交来树立一个负责任的、有自信的国家形象，这既是机遇又是挑战。

多边外交是一把双刃剑，运用好了，事倍功半，反之，事半功倍。因为一旦开展多边外交，我们的一言一行就要在全世界面前展示，国家形象显得越来越重要。国家形象问题是中国当前最棘手的难题。中国的国家形象没有跟上时代和自身发展的步伐。西方国家对中国的看法自然摆脱不了认知的偏见和戒心。而中国对自己的看法，又往往在自负与自卑之间不停摇摆，有时候充满自信，有时候又缺乏起码的安全感。[①] 一个主要的情感倾向是常常过于强调自身，因而难以理解对手。这虽达不到完全的自恋（在实权领导者中也并非

① 刘明：《当代中国国家形象定位与传播》，外文出版社，2007 年 1 月，第 9 页。

少见），但同样伤害对外关系。正如罗伯特·肯尼迪在古巴导弹危机后所指出的，不能设身处地从他人角度设想（移情作用）是最致命的错误。你很难预测或理解他们的回应，而且这意味着你不能够在别人退让的时候让他们有台阶可下。人们常常认为他人应该基于与自己同样的假设而采取行动，否则他们就是敌对的野蛮人、为社会所不容。民族主义经常制造后一种效果。①

要树立一个良好的国家形象，关键是中国首先要有一个定位，采用什么立场来开展多边外交。新现实主义理论的解释是，多个行为体之间的合作行为是以利益为目的的战略互动的结果，在缺少交往、信任和第三方强制的非合作性博弈中，也能达到合作的结果。新现实主义的解释并非注定毫无意义。但是新现实主义方法确实有其局限性，它忽视了合作还依赖于一套事先产生却又未被认识到的因素，包括集体信念、假定的习惯和共有价值观。反思主义则认为：如果国家的特性仅仅是利益和战略，那么将不会产生合作的结果。对游戏规则的共同理解，行动是否得到准许的程度，选择和结果之间的联系以及博弈中行为体的本质，都是重要的前提条件。这样说，是为了使我们认识到，共同的理解和交往理性，是与工具理性同样重要的。② 罗伯特·基欧汉在2002年出版的《局部全球化世界中的权力与治理》一书中，明显地借鉴了建构主义的观点。他指出："制度既为人类行为所造就又建构人类行为，这既是个体主义的又是制度主义的。"

---

① ［英］克里斯托弗·希尔：《变化中的对外政策政治》，上海人民出版社，2007年7月，第130页。

② ［美］约翰·鲁杰：《多边主义》，浙江人民出版社，2003年版，第93页。

在谈到自利与理性的概念时，他指出："一个人的自我利益不能与其主导信念或认同区分开来。"因此他认为在研究国际制度时应该将理性主义与反思主义结合起来。作者认为，中国的多边外交也应该既重视现实主义的合理性，也要结合反思主义的长远性。

定位对国家国际政治地位的提高是有辅助价值的，客观认识自己的国家实力和国际政治环境的变化是界定国家角色的前提基础。中国在多边外交中的处境是：在西方主导的组织机构中的相对被动和受牵制，受到不可分割性的约束，但也存在扩散互惠带来的搭便车便利；而在中国倡导的组织机构中的相对主动，又会面临扩散互惠造成的他人搭便车。中国兼现状维护者与渐进改革者于一身。作为地区性大国的中国，不再以"挑战者"的身份试图打碎现存国际体系，而是在积极参与国际体系的基础上，谋求对国际体系的改造，对国际规则施加影响，争取更多的话语权。[①]

在体系主导大国与中国的相互影响不对称、西方对中国的认知定式和不适应中国的快速发展的情况下，在围绕国际机制展开的多边外交活动中，中国在兼顾自身国家利益和主权的基础上，需要承担必要的责任、树立良好的声誉和尽可能地做到公正透明。要求一个国家克制、甚至放弃某些领域内的单边或双边的利益。多边外交的多边性决定了多边外交的包容性。

1. 声誉：一国在遵守国际机制、履行国际承诺方面，声誉的好坏影响着它的形象和达成国际协议的能力。这很大程度上

---

① Robert G. Sutter, Chinese Foreign Relations: Power and Policy since the Cold War, Romman & Littlefield Publishers, Inc. 2008, p. 45.

取决于参与者信守诺言的意愿和能力的预计。履行承诺的意愿和倾向有助于获得其他国家的信任，提高自身的协议达成能力，增加多边合作的获利机会。也必须从战略的高度来看待和注重其遵守机制、履行承诺的声誉。声誉具有不随国家角色的变化的普适意义。中国也只有遵守国际机制和保持履行国际承诺的声誉，才能在多边外交中赢得更多的主动性。尽管，各国政府也许是因为强硬乃至愿意欺辱弱国才重视声誉，而不是因为遵从承诺才重视之。[①]

2. 责任：它包含两个相互联系的部分。第一部分是正式的义务，即由于个人所扮演的角色而对他人承担的义务，但这只是合理限度中的责任。责任的第二部分含义指的是"责任人"内化的义务感。即"自己承担责任，就意味着不指责他人的过错。这经常被看作是成人的定义。在即将沉没的船上，船长是最后一个离船的人——他要承担责任。从这个意义上讲，责任就是负担决策及其后果，不管这样是否公平合理"。相反，不负责任的行为就是无视自己对他人的实际义务，不在乎后果如何——即便这种后果也涉及自己的利益。[②] 一个负责任的大国承担着机制建设的领导责任，并且是国际机制创建者和维持者，承担着解决公共物品供给不足等问题。大国推卸责任必然造成公共物品的供给不足，使包括自身在内的所有成员国的利益受损。中国作为一个在全球事务中影响力日益上升的大国，在各种国际机制的创建和维持中，不仅要积极参与，还要发挥积极的领导作用。

---

① ［美］罗伯特·基欧汉：《局部全球化世界中的权力与治理》，北京大学出版社，2004年5月，第241页。

② ［英］克里斯托弗·希尔：《变化中的对外政策政治》，上海人民出版社，2007年7月，第344页。

3. 公正透明：中国作为发展中大国，就意味着中国需要努力实现各种体现发展中国家偏好和需求的全球性公共物品的供给。中国在国际事务中一贯主张正义，主持公道，反对霸权主义，为维护世界和平，促进共同发展发挥了建设性作用。“针对当前存在着的不合理、不公正国际政治经济旧秩序，中国坚定地站在发展中国家一边，坚决主张在平等互利、协商一致、求同存异、循序渐进的基础上，开展多层次、多渠道、多形式的国际安全对话和国际经济合作”。作为一个地区性大国，中国的关注点与其他发展中国家不尽相同。例如，在核裁军、防扩散等问题上，中国的立场比较接近于发达国家，这样在多边组织的讨论和谈判中就会与发展中国家发生矛盾，有时甚至站在它们的对立面。这就需要中国耐心地讲事实，阐明自己的立场和处境，不是一味地回避。同时也要适当考虑对方的利益，并且运用反思主义强调的对游戏规则的共同理解、行动是否得到准许的程度、选择和结果之间的联系等细节来说服对方。

中国需要对发达国家提出的各种制度设计方案进行审慎和科学的分析，对其可能造成的利益分配结果必须具备清楚的认识，力求国际机制以公正的原则作为各种具体规则制定的依据。例如在环境保护、知识产权问题上，既要表明中国对这些问题的重视，还要强调它们决定了，中国的经济社会健康有序持续发展，同时也要用事实向发达国家说明中国的困难：过度的知识产权保护不利于像中国这样的发展中国家及时运用和升级环境保护技术，包括发展中国家民众的医疗健康水平。让西方明白，世界是相互依存的，气候恶化和疾病传播等不再是“各家自扫门前雪”的事情。全球化既要尊重发达国家的创新，也要兼顾发展中国家的创业历程。

总之，中国的多边外交为中国的外交和发展拓展了更大的空间，只要中国拥有大国的宽容、积聚中国人的智慧和逐渐增强的自信和豁达，中国的发展道路会更坚实、更宽广。

图书在版编目（CIP）数据

世界市场的新变化与非稳态国际体系/上海社会科学院世界经济与政治研究院编. —北京：时事出版社，2008.8

ISBN 978-7-80232-167-0

Ⅰ. 世… Ⅱ. 上… Ⅲ. 国际市场—理论研究 Ⅳ. F740.2

中国版本图书馆 CIP 数据核字（2008）第 107154 号

出 版 发 行：时事出版社
地　　　址：北京市海淀区万寿寺甲 2 号
邮　　　编：100081
发 行 热 线：（010）88547590　88547591
读者服务部：（010）88547595
传　　　真：（010）68418647
电 子 邮 箱：shishichubanshe@sina. com
网　　　址：www. shishishe. com
印　　　刷：北京百善印刷厂

开本：787×1092　1/16　印张：19.25　字数：232 千字
2008 年 8 月第 1 版　2008 年 8 月第 1 次印刷
定价：38.00 元